微店运营推广

打造人气 促进销量108招

[第2版]

徐茜◎著

人民邮电出版社
北京

图书在版编目（CIP）数据

微店运营推广 ：打造人气、促进销量108招 / 徐茜著. -- 2版. -- 北京 : 人民邮电出版社, 2017.9
ISBN 978-7-115-45738-7

Ⅰ. ①微… Ⅱ. ①徐… Ⅲ. ①网络营销 Ⅳ. ①F713.36

中国版本图书馆CIP数据核字(2017)第163200号

内容提要

本书是畅销书《微店运营推广》的升级版，重点增加了社群、移动APP、直播平台、视频平台等引流方法以及获取精准客源、赚钱小技能、微店创业成功案例等内容。书中从两条线进行讲解：

一条是技巧线，重点讲微店引流、微店运营、获取客源、赚钱技能、成交秘诀、促销方法、做好服务、管理客户等内容。

一条是实操线，通过步步实战，讲解创建微店实操、引流实操、加好友实操、店铺推广实操等。

本书适合想要创建微店的创业者、已经拥有微店的新手、想学习更多微店运营经验技巧的商家、企业微店运营人员、微店客服人员等，还可以作为拥有微店的企业指导内部人员学习微店运营的教材。

◆ 著　　　徐　茜
　责任编辑　恭竟平
　执行编辑　刘瑞莲
　责任印制　周昇亮

◆ 人民邮电出版社出版发行　　北京市丰台区成寿寺路 11 号
　邮编　100164　　电子邮件　315@ptpress.com.cn
　网址　http://www.ptpress.com.cn
　大厂聚鑫印刷有限责任公司印刷

◆ 开本：700×1000　1/16
　印张：15.75　　　　2017 年 9 月第 2 版
　字数：308 千字　　　2017 年 9 月河北第 1 次印刷

定价：49.80 元

读者服务热线：(010)81055296　印装质量热线：(010)81055316
反盗版热线：(010)81055315
广告经营许可证：京东工商广登字 20170147 号

前言

写作驱动

随着微信的火热、手机的普及与网上购物的进一步发展，越来越多的人开始加入微店创业的热潮中。每个人在日常生活中的吃、住、行、游、购、娱，都可以通过微店来解决，尤其是当大家工作越来越繁忙，微店还可以解决大家缺乏购物时间与精力的困扰。

在网购热潮的大趋势下，商家不能只会用淘宝开店，还要成为一个微店运营达人，用微店为自己创造更多的财富。

怎样创建微店，才能够快速通过，而且方法便捷，甚至运营起来更加省心方便呢?

怎样运营微店，才能够获得更多的粉丝与顾客，还可以成功将粉丝转换为顾客，帮助自己轻松提高销售量呢?

怎样推广微店，才能够实现微店创业、打造爆款商品、人气店主、销量之王，成为人生赢家呢?

本书就是为了解决这些问题而诞生的，在第 1 版的基础上增加了许多微店创业者提出的问题和宝贵的建议，然后以实用性、新颖性、技巧性为核心，力求打造精品。

互联网的发展带来的是信息快速更替、环境日新月异的市场，商家要想成为微店运营推广高手，就必须时刻关注微店发展的新动态、新政策、新技巧，只有这样才能利用微店创造出更大的财富。

本书不仅是在原有图书内容基础上的加深、加广与加精，在分析微店引流、寻找店铺精准客源以及成功案例经验借鉴等方面与市面上已有的书也有较大差异。笔者潜心收集并整合最新的微店运营推广技巧，集众家所长于一体，同时做到差异创新，只希望获得读者的认可。

笔者在本书中为微店创业者介绍了怎么开店的 13 个实战操作、怎么引流的 11 个技巧、寻找精准客源的 9 个实战操作方法、如何运营的 14 个技巧、如何促销的 11 个技巧、如何成交的 9 个技巧、如何赚钱的 9 个技巧、如何服务的 10 个技巧、怎么管客户的 13 个技巧、10 个成功案例分析与经验借鉴等，对微店运营推广的各方面细节进行了深入且详细的分析。

本书内容

本书内容大概框架如下图所示。

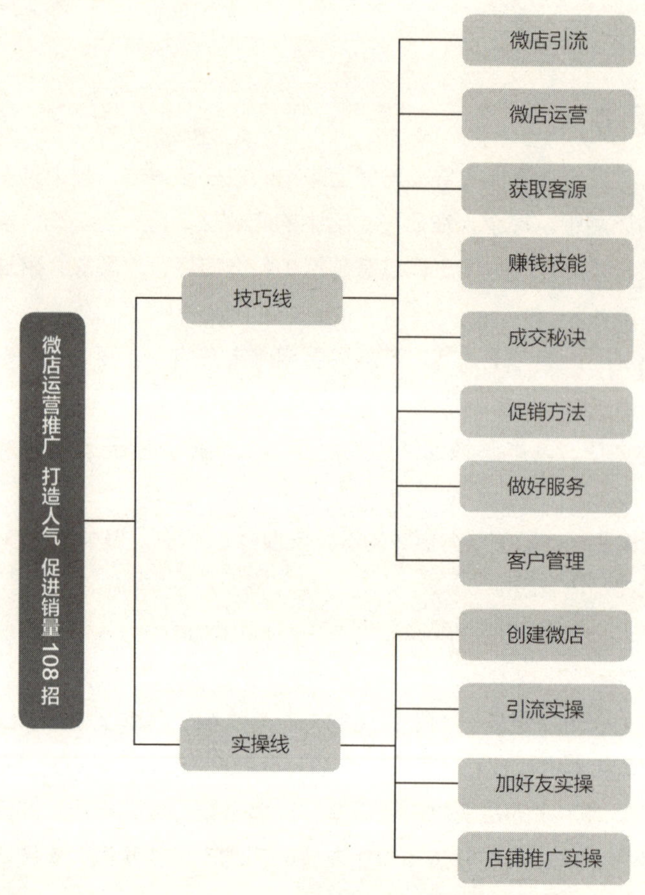

作者售后

本书由徐茜著。参与编写的人员还有苏紫荣、刘胜璋等人，在此表示感谢。由于作者知识水平有限，书中难免有错误和疏漏之处，恳请广大读者批评指正。

目录 Contents

第 1 章 怎么开店？简单快捷建立手机商店

第 2 章 怎么引流？让顾客快速找到商家

第7章 如何赚钱？微商必知的赚钱小技能

第8章 如何服务？将客服服务做到极致

第9章 怎么管客户？圈人、圈地、圈钱！

第10章 有何借鉴？微店创业的成功案例

第 1 章

怎么开店？
简单快捷建立手机商店

随着智能手机的普及，以及各种店铺 APP 的出现，越来越多的商家选择开个手机店铺。开通一个手机店铺，在帮助人们实现手机创业梦想的同时，也更加方便人们的生活。本章笔者将为大家介绍几种常见的可以开手机店铺的 APP。

要点展示

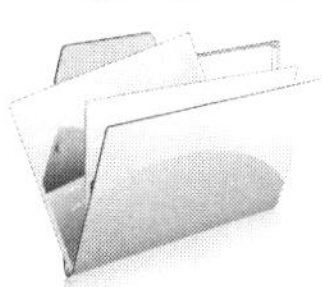

- 微店 APP 有什么特色？
- 开个萌店做萌主怎么样？
- 微店网是如何推广赚钱的？
- 开家拍拍小店来赚钱！
- 个人能开通微信小店吗？
- 京东微店怎么开？
- 怎么开通有赞微小店？
- 微盟的微盟旺铺在哪里？
- 手机开店就是开旺铺！
- 微猫店铺怎么样？
- 点点客代理商能挣钱吗？
- 怎么在手机上开淘宝店？
- 如何下载 APP 将手机变成旺铺？

001 微店APP有什么特色？

微店由北京口袋时尚科技有限公司开发，是帮助卖家在手机开店的APP，微店不像传统电商过度依赖于平台（如淘宝/天猫/京东），而是依赖于店主的客户以及与客户保持联系的渠道。

微店需要店主更重视对客户的管理和长期培育，也更重视品牌的建设。图1-1所示是微店图标，用户下载安装时要认准正版微店应用。

▲ 图1-1 微店图标

悄然崛起的微店，成了各大网络商铺密切留意的对象，在市场的激烈竞争中，微店生存了下来，并且有越来越多的新人涌入，来势之凶猛，前途之宽广不可小看。

微店的店主不再以平台为中心（通过简单粗暴的流量采购、广告推广来获得销量），而是下载手机APP客户端，通过微博、微信这样的沟通渠道，直接联系到客户，从而带来销量。作为移动端的新型产物，任何人通过手机号码和微信号即可在微店上开通自己的店铺，并通过一键分享到其他社交平台来宣传自己的店铺并促成成交。微店降低了开店的门槛并简化了复杂手续，回款快，而且不收任何费用。

无论是想要开店的创业者，还是力图转型的企业商家，都可以选择微店平台进行开店，因为它拥有众多的优势，这些优势具体体现在以下几个方面：

- **快捷开店。**微店降低了开店的门槛并简化了复杂手续，用户可以在短时间内创立一家属于自己的店铺。
- **免费开店。**用户在微店平台开店完全免费，所有交易不收取任何手续费。
- **快速回款。**微店每天会自动将前一天货款全部提现至用户的银行卡，以便及时回款。
- **付款方式多样。**微店平台支持信用卡、储蓄卡、支付宝等多种方式付款。
- **充足的货源。**微店平台为用户提供了充足的货源渠道，解决了用户开店的货源问题。

- **安全有保障。**微店平台为用户提供了认证体系，保障商家店铺的安全，且微店与中国平安财务保险公司合作，给用户提供更多保障。

002 开个萌店做萌主怎么样?

萌店，是上海微盟企业发展有限公司推出的一个移动社交电商平台。2016 年 9 月，萌店 APP 宣布了品牌升级的消息，此次升级主要从三个方面着手，具体如图 1-2 所示。

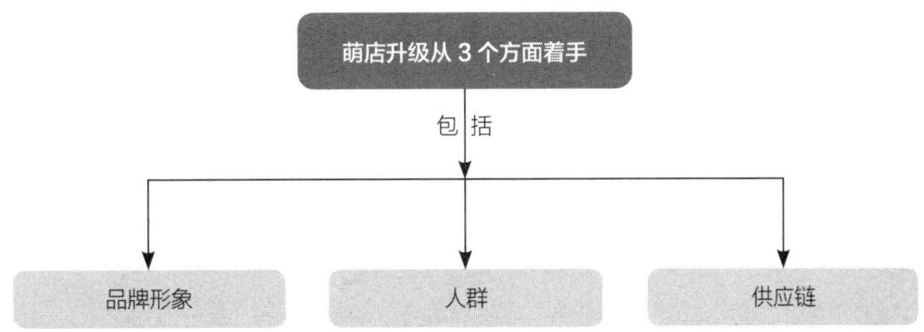

▲ 图 1-2 萌店升级从 3 个方面着手

据悉，萌店在进行全新的品牌定位之后，将专注于美食与生活消费领域，致力于打造“朋友圈的美味生活”。图 1-3 所示是萌店现在的图标。

▲ 图 1-3 萌店图标

随着萌店的不断改进，其在同类 APP 中的竞争力也在不断增强。萌店 APP 竞争力的不断增强，主要得力于其本身拥有的几项功能，这几项功能具体如图 1-4 所示。

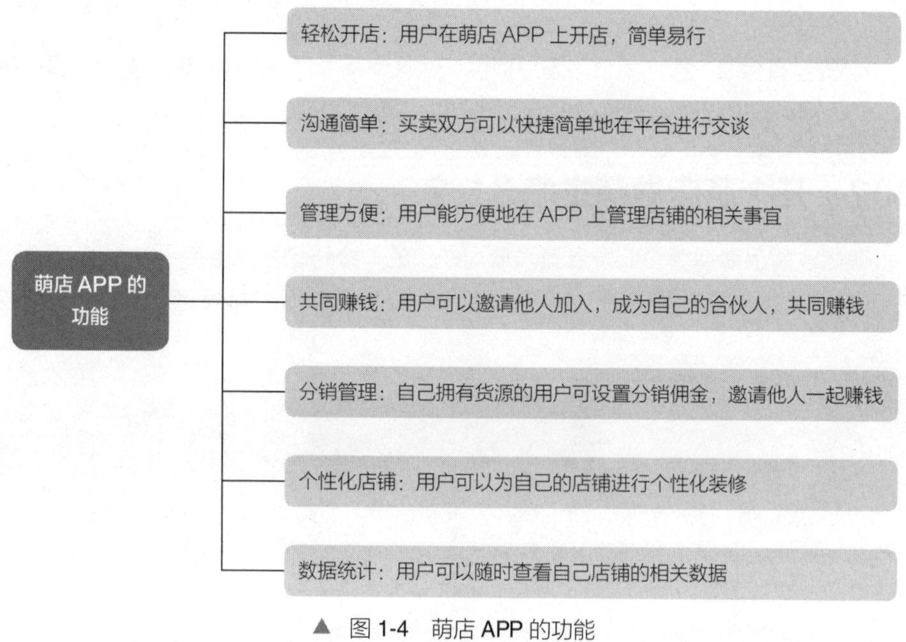

▲ 图1-4　萌店APP的功能

除了上述功能之外，萌店APP还具有以下几个方面的优势，具体如图1-5所示。

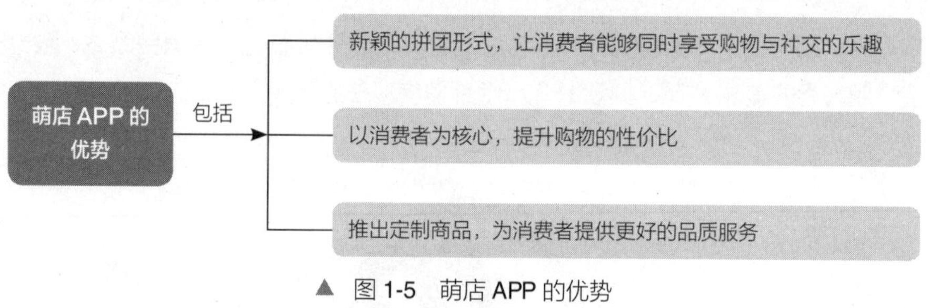

▲ 图1-5　萌店APP的优势

003　微店网是如何推广赚钱的？

微店网是由深圳市云商微店网络科技有限公司推出的一个云推广电子商务平台，微店网既为网民提供了一个创收的平台，又为商家提供了一个优质的网络销售渠道，节省了推广宣传的费用。

传统电子商务平台仅仅是交给商家一个独立的店铺，当商家弄明白了这个店铺是怎么操作、怎么发布商品的之后，却发现：虽然很多人都在这个平台上购物，但是自己的商品却排在搜索、分类几千甚至上万页商品的末尾，消费者看不到，商品根本销售不出去。

如果商家想要改变这种情况，就只能花几万甚至十几万元的广告费，到平台首页上做广告，或者不断地压低商品价格，有些时候，甚至还要亏本把商品销售出去。

为了改变这种现状，微店网做了一个创新，就是云销售的电子商务模式。微店网为网民创造了一个新的角色——微店主，不需要任何费用，普通用户免费注册就成为了微店主，每个人都有一个“微店”，他们只需要做宣传、做推广，让顾客、消费者从自己的店铺里购买商品，他们就可以获得“佣金”。

其实，商家进驻到微店网平台上来，他们所发布的商品不仅仅是在自己的店铺里，微店网做了一个云端产品库，商品发布后都会达到云端产品库，而每一个微店都是与云端产品库相关联的，也就是说，商家发布的产品，在每一个微店里，都可以找到和出售，如图 1-6 所示。

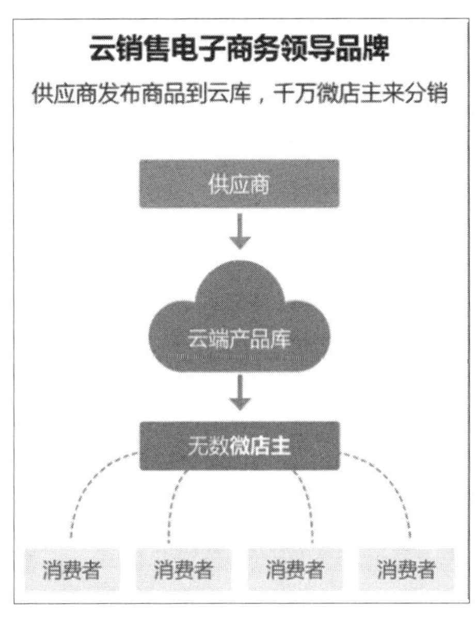

▲ 图 1-6 云销售的电子商务模式

在微店网开微店无需资金成本、无需寻找货源、不用自己处理物流和售后，比较适合作为大学生、白领、上班族的兼职创业平台。

004 开家拍拍小店来赚钱！

拍拍小店，是由京东集团旗下的拍拍微店改名而来的。用户开一家拍拍小店即可拥有京东精选商品库，只要通过转发或者是代理即可以轻松赚钱。

图 1-7 所示是拍拍小店的图标。

拍拍小店拥有京东和腾讯官方的支持，它具有微信支付、多渠道推广等功能，是一款非常简单的开店软件。该软件拥有以下几方面的特色，具体如图 1-8 所示。

▲ 图 1-7 拍拍小店图标

产品特色：
【一步开店】卖家仅需填写店铺名称就能轻松开通微店
【京东分销】精选优质京东商品，轻松转发代理能赚钱
【零手续费】开店完全免费，所有交易不收取任何手续费
【担保交易】拍拍网提供诚信担保，让您的顾客购买无后顾之忧
【支付方式】支持微信支付、手Q支付、财付通支付方式，无需办理各种手续
【商品分享】将商品分享到QQ、朋友圈、微博，方便卖家提升店铺访问量
【管理方便】随时随地上传商品、管理订单、查看营收，并可一键分享至多个社交平台
【卖家圈子】精心打造卖家圈子，附近好店、笔记动态、店铺经营交流等等助您轻松经营

▲ 图 1-8 拍拍小店的特色

005 个人能开通微信小店吗？

微信小店的出现是微信有序开放的一个新标志，也是微信在电子商务领域的一种新探索，必然为商家以及整个电子商务生态带来新的无限可能。

此外，微信小店的推出可以更好地规范微信公众平台的生态环境，建立统一标准的接入服务，为业界拥抱移动互联网搭建更好更便捷的平台。

想做微信小店，就必须要满足一定的条件，图 1-9 所示是微信公众平台给出的开通微信小店的条件，以及对微信小店功能的相关介绍。

然而要开通微信支付，商家就必须开通微信认证。目前为止，个人类型的公众账号是不支持微信认证的，这也就意味着个人类型的公众账号还无法开微信小店。

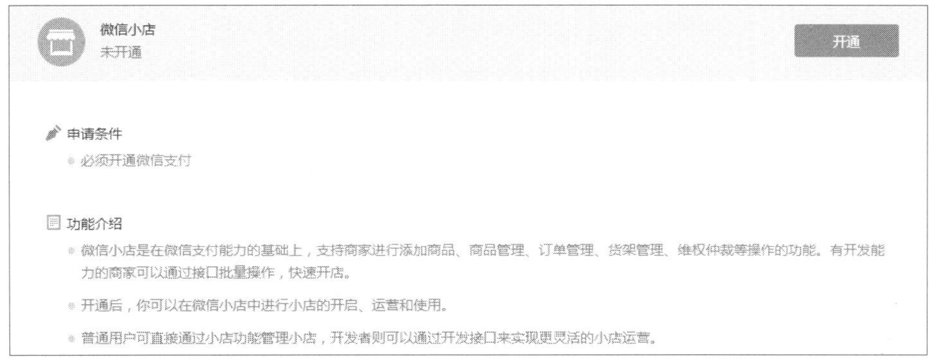

▲ 图 1-9 微信公众平台给出的开通微信小店的条件以及对微信小店功能的介绍

006 京东微店怎么开？

在京东微信公众号上，人们可以看见各种类型的商家。这些商家在入驻京东商城的同时就相当于也借助京东微信公众号，进入京东微店。京东微信公众号上的微店的主要功能如下：

（1）独家的流量入口

京东公众号上的商家，拥有京东公众平台提供的流量入口。消费者可以通过微信关注“京东 JD.COM”公众号，进入京东商城购物，如图 1-10 所示。

▲ 图 1-10 微信购物入口

（2）便捷的管理

当消费者在京东的微信公众号上购买商品之后，就能够使用京东公众号为用户提供的订单追踪、管理以及维权等功能。这对京东公众号上的微店商家来说，节省了管理客户的时间。

（3）便捷支付体验

接入多种移动支付方式，根据用户场景提供最便捷的支付体验，图 1-11 所示是微信购买支持的付款方式（左）和手机 QQ 购买支持的付款方式（右）。

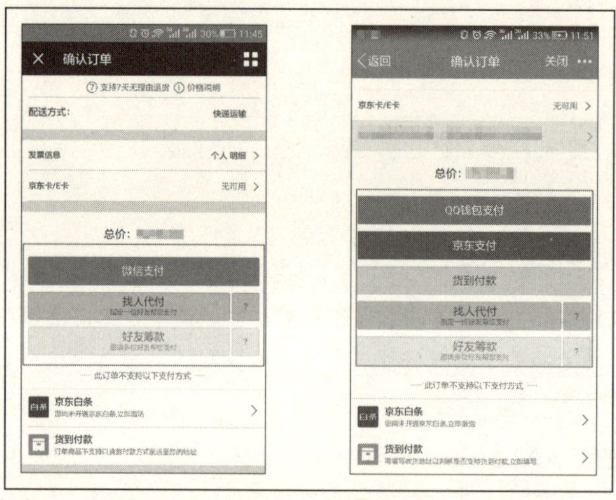

▲ 图 1-11　便捷支付

（4）多种用户触达渠道

用户可以通过微信与客服沟通，只要在“个人中心”界面的“客户服务”中选择客服方式即可与客服进行沟通，如图 1-12 所示。

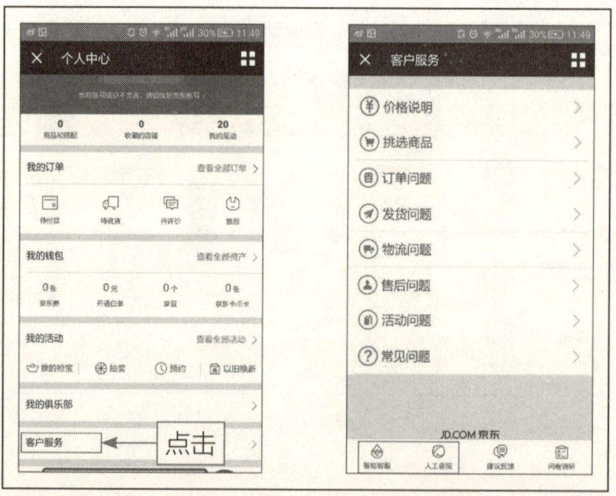

▲ 图 1-12　通过微信与客服沟通

007 怎么开通有赞微小店？

有赞，原名叫“口袋通”。使用有赞，商家可以快速、低成本地搭建一个属于自己的有赞微小店。

在有赞计算机版的首页上有一句宣传语“手机开店神器，没货也能开店”，如图 1-13 所示。由此可见，商家如果要开通一个有赞微小店是十分方便的。

▲ 图 1-13 “有赞微小店”首页

有赞开店的具体方法如下：

① 首先，用户需要在手机应用商城中输入“有赞微小店”搜索词，然后再点击“下载”按钮，如图 1-14 所示。

② 执行此操作后，即可下载该 APP，图 1-15 所示为正在下载该 APP 的界面。

▲ 图 1-14 点击“下载”按钮

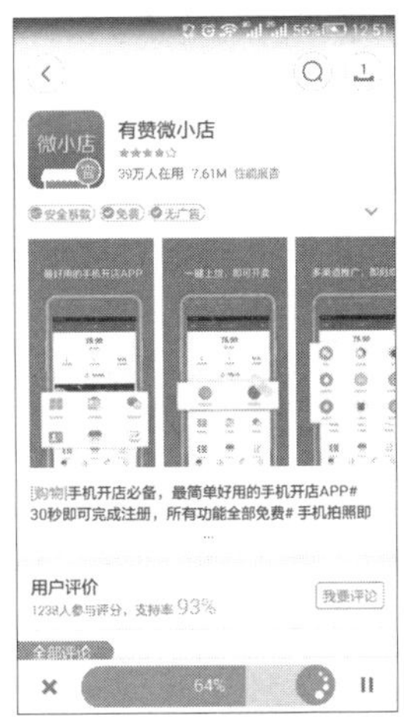

▲ 图 1-15 正在下载“有赞微小店”APP

③ 下载并安装成功之后，用户点开该 APP，即可进入带有“登录”“免费注册”按钮的页面，然后用户点击该页面上的“免费注册”按钮，如图 1-16 所示。

④ 执行此操作后，即可进入“注册”页面，在该页面用户需要输入自己的手机号码，输入完成后点击“下一步”按钮，如图 1-17 所示。

▲ 图 1-16　点击“免费注册”按钮

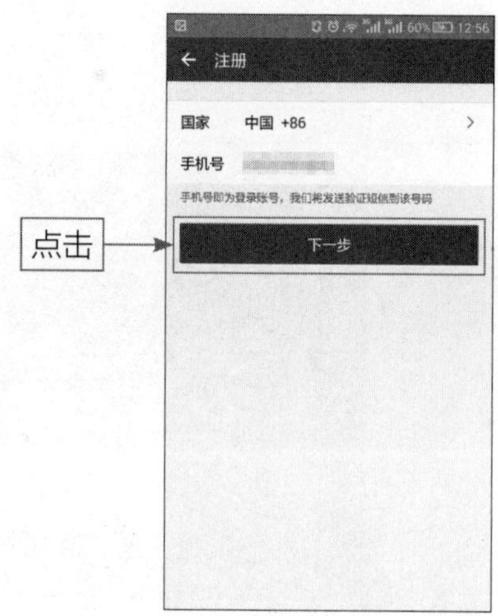

▲ 图 1-17　点击“下一步”按钮

⑤ 执行此操作后，即可进入输入验证码的页面，用户输入手机接收到的验证码，然后点击“下一步”按钮，如图 1-18 所示。

⑥ 执行此操作后，即可进入设置密码和个人昵称的界面，用户输入好密码和昵称之后，即可点击“完成注册”按钮，如图 1-19 所示。

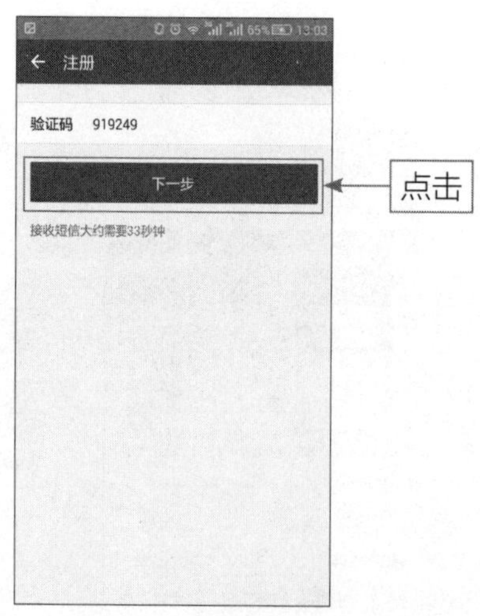

▲ 图 1-18　点击“下一步”按钮

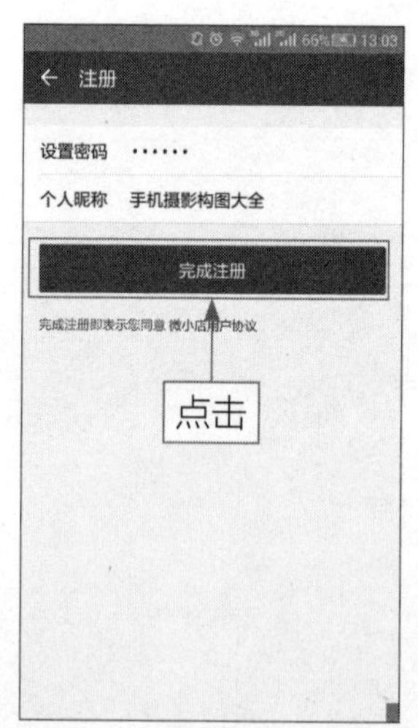

▲ 图 1-19　点击“完成注册”按钮

⑦ 执行此操作后，即可进入“创建微小店”页面，在该页面用户需要输入自己店铺的名称，然后点击“立即开店”按钮，如图 1-20 所示。

⑧ 执行此操作后，即可进入自己店铺的首页，如图 1-21 所示。

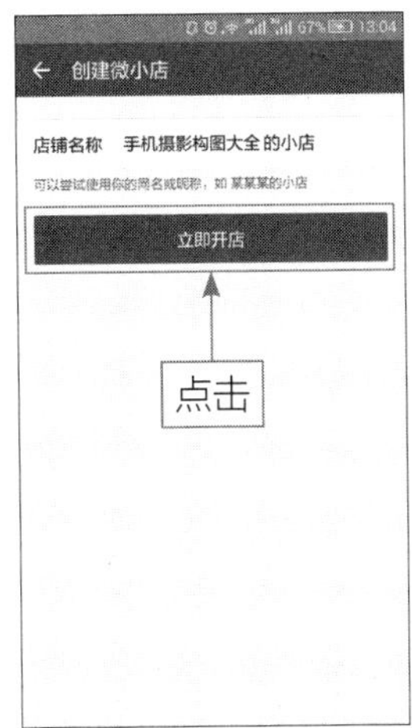

▲ 图 1-20 点击“立即开店”按钮

▲ 图 1-21 用户店铺页面

008 微盟的微盟旺铺在哪里？

微盟旺铺是微盟推出的一款升级组件产品，它是基于微信小店的第三方解决方案，能够满足移动电商运营的核心需求。

微盟旺铺具有以下几方面的功能，具体如图 1-22 所示。这些功能，能够帮助商家更好地管理自己的店铺。

1. 版面风格设计
微盟旺铺手机端及管理端全新设计，全新风格 ，在原微信商城基础上进行了1200处用户体验细节修改。
2. 店铺装修功能
店铺模板完全组件化，十几种组件，多种样式，可自由拖拽组合出百套以上风格。微盟旺铺采用傻瓜式设计，商家可以方便在后台操作，组建个性店铺。
3. 商品管理
商品类目、属性、规格与微信小店完全同步，可无缝迁移，分类顺序自由变换，规格属性快速添加，自定义标签助力营销。
4. 订单管理
维权、发货独立管理，商品评价尽在掌控。
5. 运费模板
多种计价方式，同城包邮，偏远地区加价邮。
6. 营销管理
未支付订单提醒 、支付成功提醒 、确认收货提醒让客户不再流失，会员积分、会员优惠促进二次购买。
7. 多种支付方式
微信支付、支付宝支付、银联支付、会员卡余额支付、货到付款，多种支付方式，满足用户需求。
8. 微信帮购
分享好友，参与评价决策，让您在好友中体验线下集体逛街的乐趣。

▲ 图 1-22 微盟旺铺的功能

微盟旺铺的开店具体流程如下：

① 首先，商家需要注册微盟平台的账号，商家可以在浏览器的网址栏中输入微盟的网址或者百度输入微盟旺铺，然后进入微盟官方网站，点击首页中的“注册”按钮，如图 1-23 所示。

▲ 图 1-23 点击“注册”按钮

② 执行此操作之后，即可进入“注册”页面，用户需要根据提示填写该页面相应的信息，填写完成之后，点击“马上注册”按钮，如图 1-24 所示。

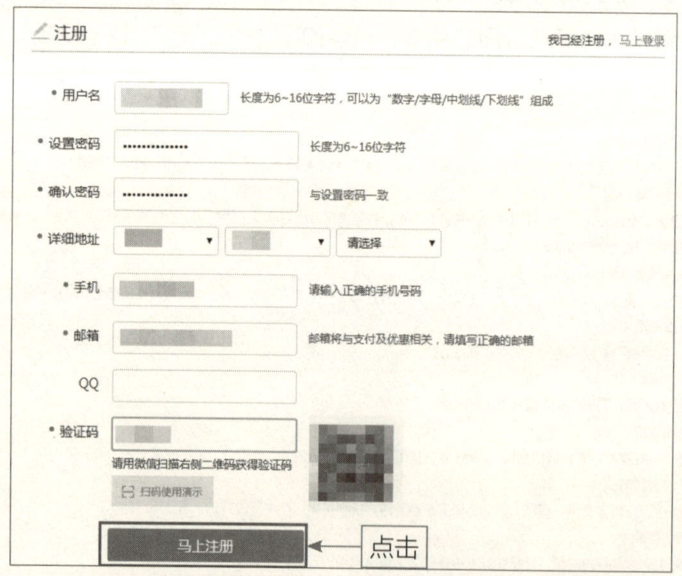

▲ 图 1-24 点击“马上注册”按钮

③ 执行此次操作，即可完成微盟账号的注册。接下来用户可以点击“我的微盟”按钮，进入“我的微盟 / 公众号管理”页面，如图 1-25 所示。

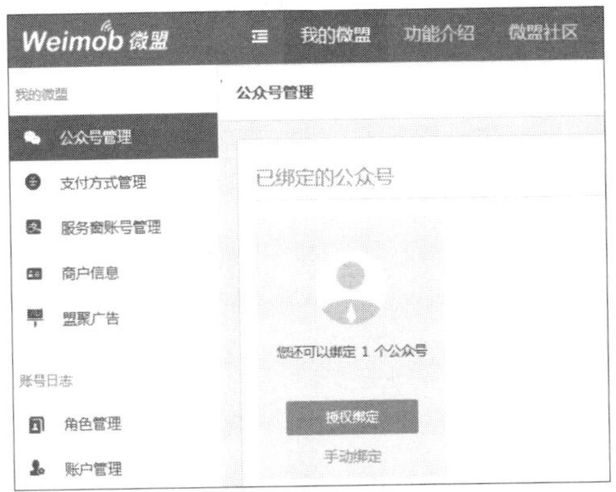

▲ 图 1-25“我的微盟 / 公众号管理”页面

用户可以在该页面绑定自己的微信公众号，绑定公众号的方式有“授权绑定”和“手动绑定”两种，在这里，笔者将以“授权绑定”为例，为大家介绍操作过程。

① 用户只要点击页面上的“授权绑定”按钮，然后就会出现“微信公众号授权”页面，用户只要用公众号绑定的个人微信号扫描页面中的二维码，然后根据提示进行公众号授权即可。成功授权之后，用户则可以在“我的微盟 / 公众号管理”页面，看见自己的公众号，如图 1-26 所示。

▲ 图 1-26 “我的微盟 / 公众号管理”页面

② 然后，用户点击“我的微盟 / 公众号管理”页面中的“进入公众号平台”按钮，即可进入“公众号”页面，用户只要点击该页面左侧的“微盟旺铺”按钮，就可以看见自己公众号的微盟旺铺，如图 1-27 所示。

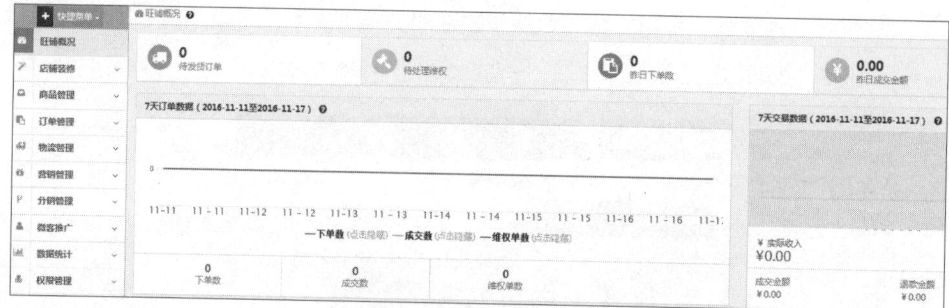

▲ 图 1-27 微盟旺铺

③ 用户在计算机上绑定了自己的公众号之后，只要下载手机版的“微盟”APP，便可在手机上管理自己的微盟旺铺，如图 1-28 所示。

▲ 图 1-28 用户在手机版微盟上管理自己的微盟旺铺

009 手机开店就是开旺铺！

传统电商主要通过计算机屏幕销售商品，由于手机屏幕小、移动支付等原因，他们很难通过移动设备销售商品。而开旺铺 APP 可以通过美妙、简单、有趣的移动购物体验，将传统电商所销售的商品呈现给移动用户。

开旺铺 APP 能够帮助商家，给客户提供丰富有趣的购物体验，商家可以借助开旺铺 APP 收获更多粉丝，实现盈利。

手机注册开旺铺的操作流程具体如下所示：

① 用户需要下载手机版开旺铺 APP，下载后点击该 APP 图标，如图 1-29 所示。然后在首页上点击“新开旺铺”按钮，如图 1-30 所示。

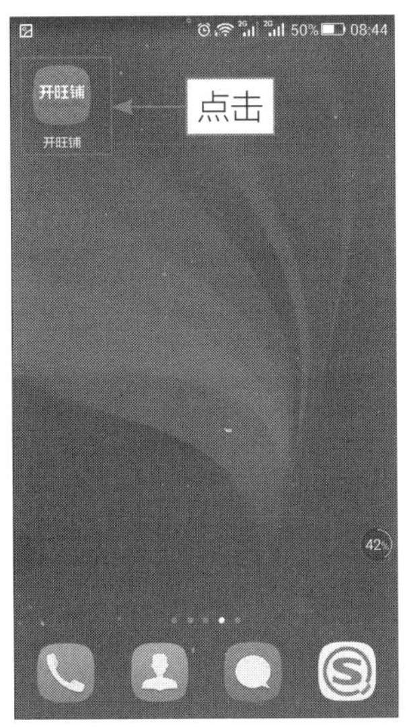

▲ 图 1-29 点击“开旺铺”APP

▲ 图 1-30 点击“新开旺铺”按钮

② 执行此操作后，即可进入“选择店铺风格”界面，在该界面用户可以选择一种店铺风格，在这里笔者将以“甜美”风格为例，选中“甜美”风格的模板，如图 1-31 所示，即可进入“装扮我的店铺”界面，如图 1-32 所示。

▲ 图 1-31 选中“甜美”风格的模板

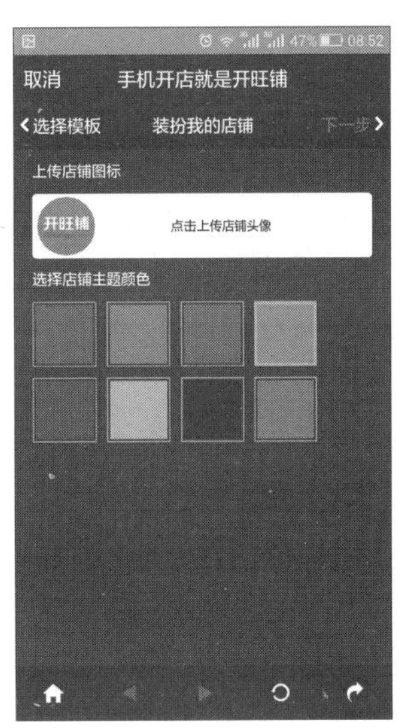

▲ 图 1-32 “装扮我的店铺”界面

③ 在该页面用户需要上传店铺头像以及选择店铺主体颜色，上传成功之后，点击“下一步”，如图 1-33 所示，即可进入“店铺风格预览”界面，如图 1-34 所示。

▲ 图 1-33　上传店铺图标及选择主题色

▲ 图 1-34　“店铺风格预览”界面

④ 用户在“店铺风格预览”界面点击“马上开旺铺”按钮，即可进入“开通我的店铺”界面，用户在该界面需要输入相应的信息，信息输入完成之后，即可点击“马上开旺铺”按钮，如图 1-35 所示，之后即可进入“店铺总览”界面，如图 1-36 所示。

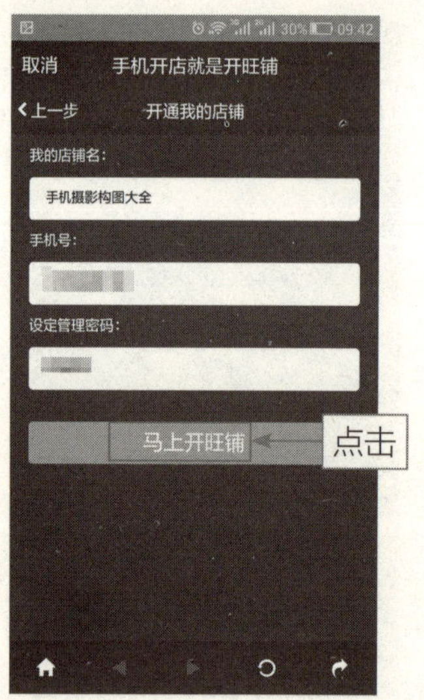

▲ 图 1-35　点击“马上开旺铺”按钮

▲ 图 1-36　“商店总览”界面

⑤ 用户只要在“商店总览”界面，点击“我的旺铺”按钮，如图 1-37 所示，即可进入“我的旺铺”界面查看自己的店铺信息，如图 1-38 所示。

▲ 图 1-37 点击“我的旺铺”按钮

▲ 图 1-38 “我的旺铺”界面

010 微猫店铺怎么样？

微猫是以社会化媒体为切口的社会化电子商务平台，通过微猫，商家能做到低成本、新渠道、快速开微店。图 1-39 所示是微猫官网对其产品的介绍。

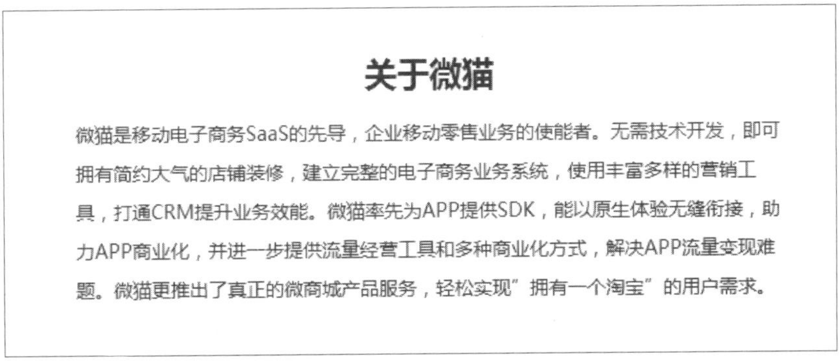

关于微猫

微猫是移动电子商务SaaS的先导，企业移动零售业务的使能者。无需技术开发，即可拥有简约大气的店铺装修，建立完整的电子商务业务系统，使用丰富多样的营销工具，打通CRM提升业务效能。微猫率先为APP提供SDK，能以原生体验无缝衔接，助力APP商业化，并进一步提供流量经营工具和多种商业化方式，解决APP流量变现难题。微猫更推出了真正的微商城产品服务，轻松实现”拥有一个淘宝”的用户需求。

▲ 图 1-39 微猫官网对自己产品的介绍

商家申请入驻微猫的操作步骤具体如下：

① 首先，进入微猫首页，点击右上角的“注册”按钮，如图 1-40 所示。

② 执行操作后，用户需要在相应文本框填写相应的信息，点击“立即注册”按钮，如图 1-41 所示。

▲ 图 1-40　点击“注册”按钮

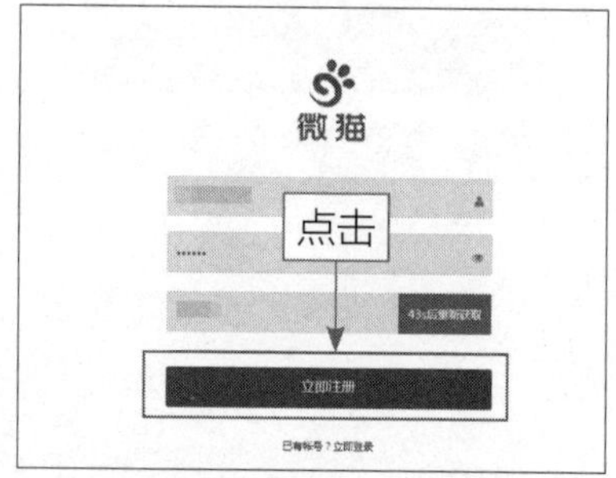

▲ 图 1-41　点击“立即注册”按钮

③ 执行此操作后，即可进入概况页面，如图 1-42 所示。

▲ 图 1-42　“概况”页面

④ 然后，用户可以点击该页面左侧的“店铺”按钮，进入“店铺 / 全部页面”，

如图 1-43 所示，商家可以在该页面对自己的店铺进行设置。

▲ 图 1-43 “店铺 / 全部页面”页面

011 点点客代理商能挣钱吗？

点点客将微信、微博纳入企业营销的整体体系，率先研发出 20 套行业版微信产品，并协同微信 APP 和微信代运营业务，实现利润最大化。图 1-44 所示是点点客的首页。

▲ 图 1-44 点点客首页

点点客的产品与服务主要可以分为 4 大部分，这 4 个部分具体如下所示：

- 商品电商软件；

- 服务电商 O2O；
- 微信营销工具；
- 移动广告投放。

同时，这 4 个大部分下又有其他产品与服务，具体如图 1-45 所示。

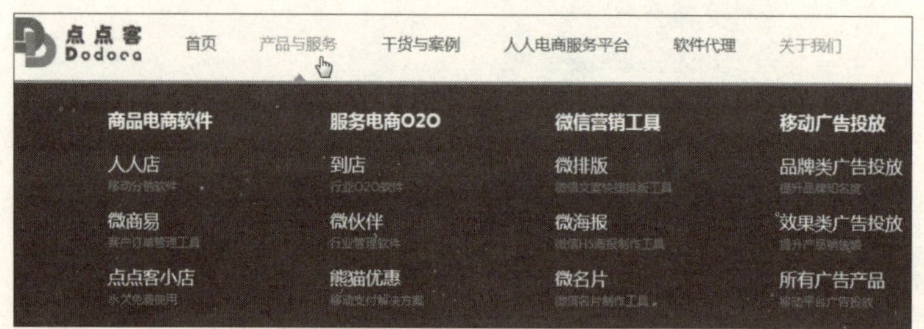

▲ 图 1-45　点点客具体产品与服务

在点点客上，商家变现的流程有 4 个步骤，分别是：展示、获客、转化、复购，具体如图 1-46 所示。

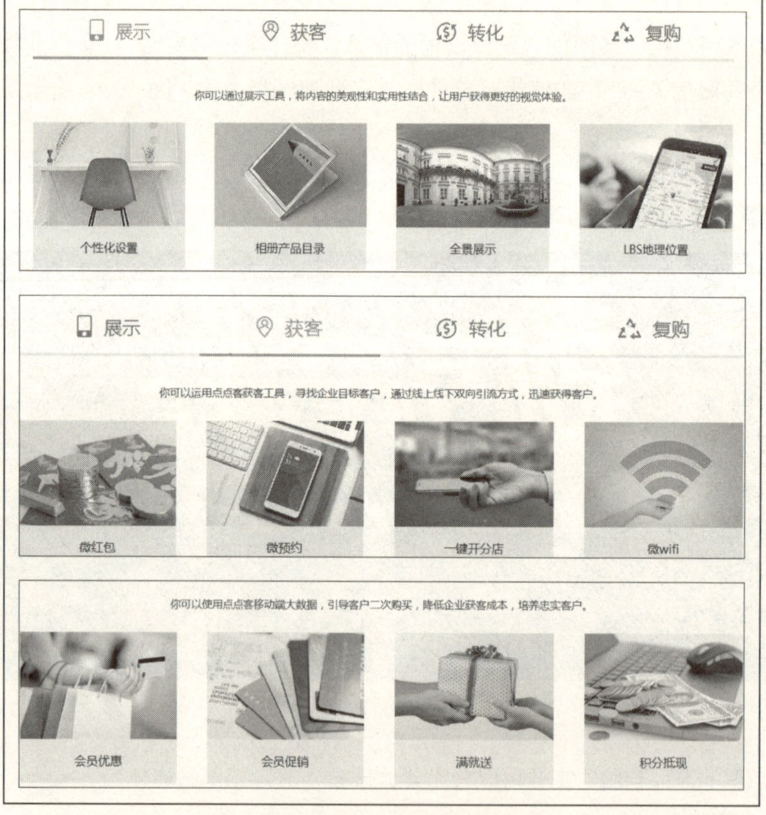

▲ 图 1-46　点点客变现的流程

012 怎么在手机上开淘宝店？

目前在淘宝网注册的店铺非常多，整个平台一年的营业额也非常可观。商家开一家淘宝店，拥有以下几点优势。

- 淘宝网是中国最大的网店聚合平台，人流量大生意就多。
- 在网上开店成本比实体店要低，在淘宝开店比较容易经营，而且信息传播广，能吸引大量的顾客前来购买。
- 在淘宝网开网店不仅操作简单，而且功能全面，许多复杂的设计都不需要用户自己处理。同时，淘宝推出的阿里旺旺以及支付宝平台，极大地加强了网络环境的安全和诚信体系的建立。
- 在淘宝网上开店前途比较光明，只要店主肯努力，肯花时间，提供好的货物，好的服务，慢慢地信誉度就会越来越好。

在淘宝开店之前，需要进行支付宝的实名认证和绑定，然后才能在淘宝上进行申请开店。图 1-47 所示是开创成功的手机淘宝店铺示例。

▲ 图 1-47 手机淘宝店铺示例

013 如何下载 APP 将手机变成旺铺？

商家如果要使用手机开微店，无论是管理店铺，还是进行交易，都需要下载相对应的手机 APP。

接下来，笔者将以“微店”APP 为例，介绍下载与注册微店的方法，帮助商家们做好开微店的准备工作。

1. 二维码下载

二维码可以认为是网络链接，用户通过手机扫描二维码后，可以直接跳转至微店APP的下载页面，通过二维码下载APP的具体步骤如下。

① 首先用户需要通过计算机进入微店主页，找到其二维码下载链接，如图1-48所示。

② 然后，打开手机扫描功能，或者有扫描二维码功能的应用，并将摄像头对准二维码，如图1-49所示。

▲ 图1-48 找到二维码

▲ 图1-49 扫描二维码

③ 扫描完毕后，手机上就会出现“使用以下方式打开”提示框，提示框中会出现两种浏览器选择，用户只要选择其中的一种浏览器即可，在这里笔者以选择“搜狗”浏览器为例，然后点击“仅此一次”按钮，如图1-50所示。

④ 执行此操作后，即可进入相应的下载界面。在下载界面，用户只要点击“安全下载”按钮，即可下载“微店”APP，如图1-51所示。

⑤ 执行此操作后，就会出现“下载任务”界面，在该界面商家可以看见正在下载的“微店”APP，如图1-52所示。

⑥ 下载成功之后，用户只要在手机桌面上，点击“微店”APP图标，即可进入APP首页，如图1-53所示。

▲ 图 1-50　点击“仅此一次”按钮

▲ 图 1-51　点击“安全下载”按钮

▲ 图 1-52　正在下载的微店 APP

▲ 图 1-53　微店 APP 首页

⑦ 接下来，用户就需要开始注册店铺。用户需要打开“微店”APP，然后在微店 APP 首页点击“注册”按钮，如图 1-54 所示。

⑧ 执行此操作之后，即可进入“注册”界面，用户在该界面要输入自己的手机号，如图 1-55 所示。

▲ 图 1-54　点击“注册”按钮

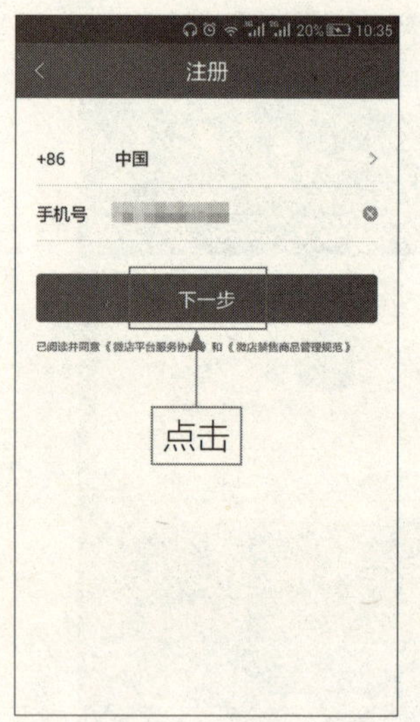

▲ 图 1-55　点击“下一步”按钮

⑨ 执行此操作后，即会弹出“确认手机号码”提示框，用户需要点击提示框上的“确定”按钮，如图 1-56 所示。

⑩ 执行此操作后，即可进入“设置密码”界面，用户需要在该界面设置密码，输入完成之后，然后点击“注册”按钮，如图 1-57 所示。

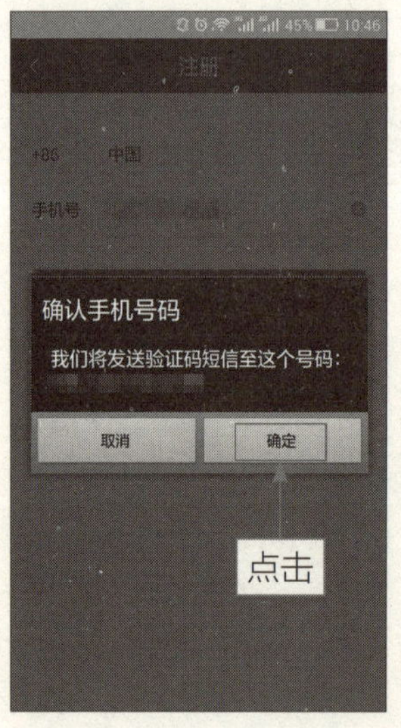

▲ 图 1-56　点击“确定”按钮

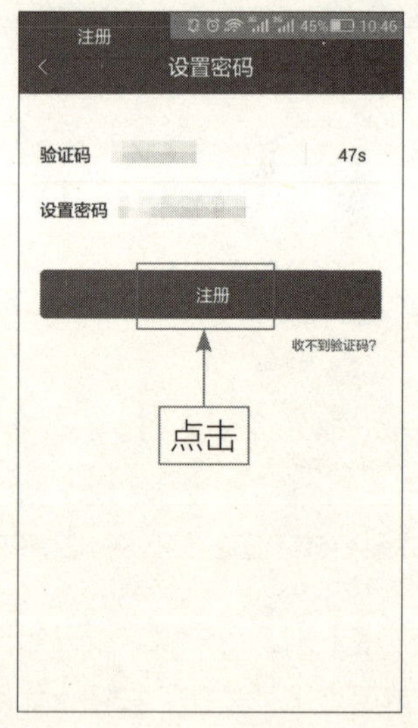

▲ 图 1-57　点击“注册”按钮

⑪ 执行此操作后，即可进入“创建店铺”界面，如图 1-58 所示。用户可以在该页面创建自己的店铺，创建成功后，如图 1-59 所示。

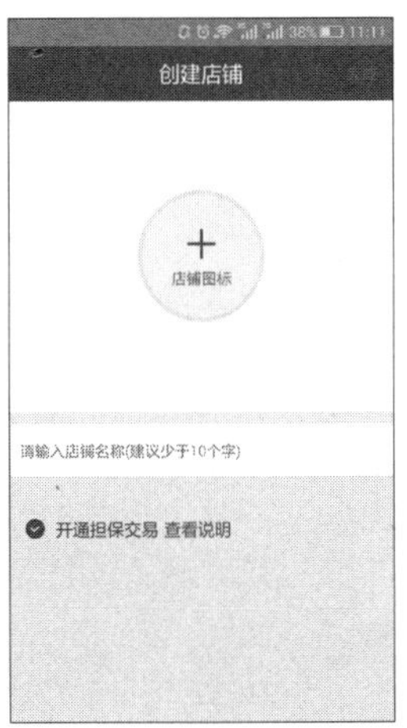

▲ 图 1-58 “创建店铺”界面

▲ 图 1-59 创建成功的店铺

2. 应用市场下载

人们购买手机时，可以发现现在大部分手机中都会预先装好一个应用市场，这个市场中有各种各样的应用软件，人们如果想要在手机上装上某种软件，只要进入手机预装的应用市场即可下载该软件。如果用户手机中没有预装的应用市场，他们也以先安装一个应用市场，然后在应用商城中下载应用。

接下来，笔者将以“华为应用市场”为例，为大家介绍通过应用市场下载“微店”APP 的操作。

① 首先，用户需要打开“华为应用市场”，然后在搜索栏中输入关键词“微店”，如图 1-60 所示。

② 执行此操作后，用户需要点击应用后面的“下载”按钮，如图 1-61 所示。

▲ 图 1-60 输入关键词“微店”

▲ 图 1-61 点击“下载”按钮

③ 执行此操作后，即可开始下载软件，如图 1-62 所示。

④ 软件下载完之后，用户就可以在手机界面上看见“微店”APP，如图 1-63 所示。

⑤ 然后，用户可点击“微店”APP 图标进入微店 APP 的首页，再进行微店店铺注册，注册微店店铺的方法同上述的二维码下载法中的店铺注册方法一样，笔者在这里就不再赘述。

▲ 图 1-62　下载软件

▲ 图 1-63　“微店”APP

第 2 章

怎么引流？
让顾客快速找到商家

对于经营微店的商家来说，拥有流量才是拥有客源的前提，因此商家需要做好一系列的引流工作。本章，笔者将为大家介绍一些微店引流的方法，帮助商家打造人气爆棚的微店。

要点展示

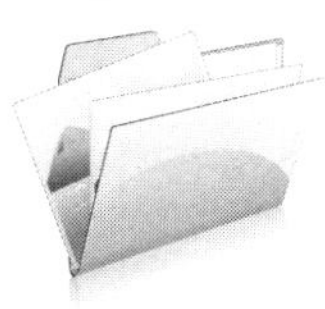

- 如何利用微信引流？
- 如何利用 QQ 引流？
- 如何利用微博进行推广？
- 如何利用百度来引流？
- 如何利用社群引流？
- 如何利用移动 APP 引流？
- 如何利用直播平台引流？
- 如何利用视频平台引流？
- 如何利用论坛平台引流？
- 如何利用分类平台引流？
- 如何利用红包引流？

014　如何利用微信引流？

微信是时下用户量最多的社交软件之一，对微店商家来说是获取流量的好地方。下面笔者来介绍一下利用微信引流的方法。

1. 将自己手机里的联系人导入微信

导入手机联系人是一种非常简单的引流方法，其具体操作如下所示：

① 首先点击微信界面右上角的“+”按钮，如图 2-1 所示。

② 然后点击“添加朋友”选项，如图 2-2 所示。

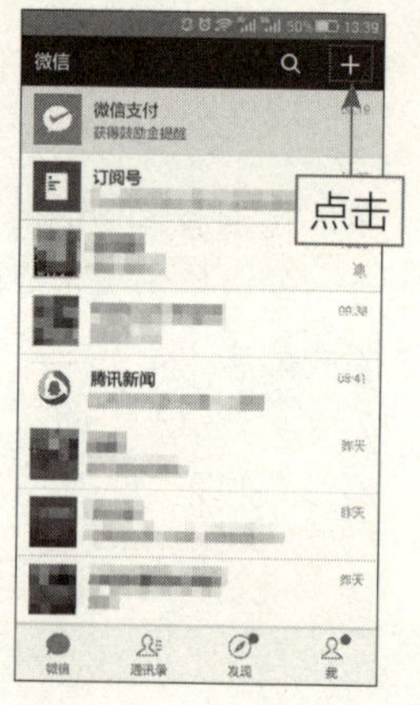

▲ 图 2-1　点击“+”按钮

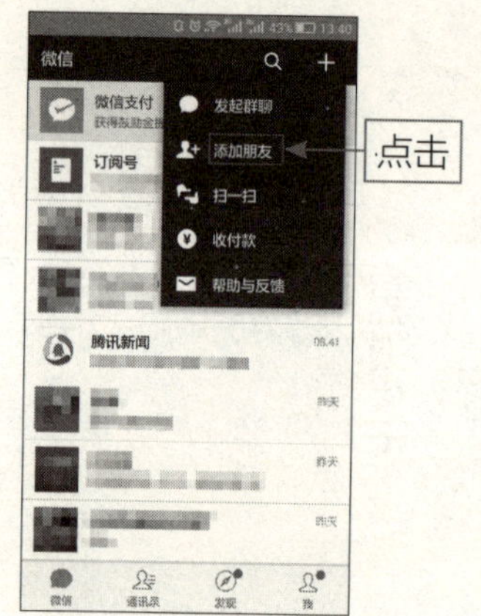

▲ 图 2-2　点击“添加朋友”选项

③ 进入“添加朋友”界面后，再点击“手机联系人”选项，如图 2-3 所示。

④ 弹出“通讯录朋友”界面，最后点击右边的“添加”按钮，即可导入手机联系人，如图 2-4 所示。

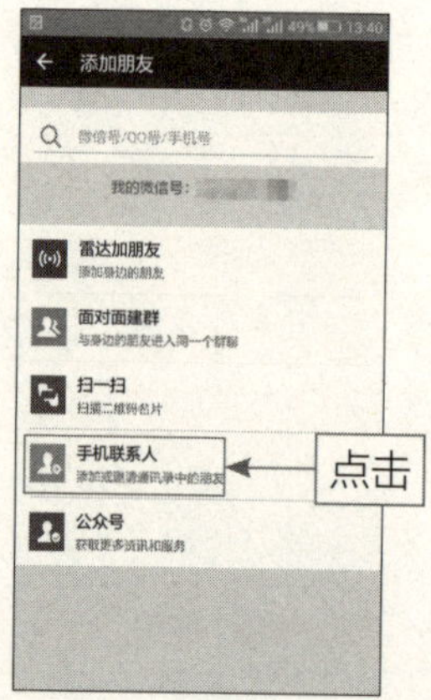

▲ 图 2-3　点击“手机联系人”选项

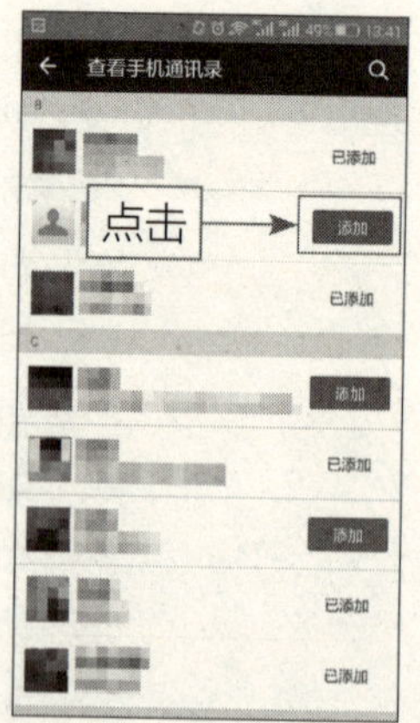

▲ 图 2-4　点击“添加”按钮

2. 善用雷达去加人

当微店商家在某个场合同时认识很多人时，微店商家如果逐个去扫二维码或者搜账号添加好友，那加人就需要耗费很多的时间。因此，微店商家要学会使用更加便捷的方式来提高添加的效率。

微信上有一个便捷的工具，那就是雷达加朋友。

这个方法能够同时添加多人，因此对于多人聚会等活动很有帮助，下面介绍一下具体的操作方法。

① 点击微信界面右上角的“+”按钮，弹出相应菜单，点击“添加朋友”选项，进入“添加朋友”界面，点击“雷达加朋友”选项，如图 2-5 所示。

② 执行操作后，即可显示“雷达添加朋友”界面，如图 2-6 所示。

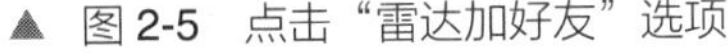
▲ 图 2-5 点击“雷达加好友”选项

▲ 图 2-6 “雷达添加朋友”界面

使用这个方法添加朋友，需要大家同时开启“雷达加朋友”，然后就可以依次添加搜索到的人，雷达可以反复开启，直到所有人都添加完为止。

当然，这种方法也有其缺陷——可能会扫到不认识的人，当有人恰好也在使用雷达加朋友时，就比较容易混淆。

专家提醒

微店商家在用雷达同时加多人为好友时，需要注意的是一定要告知对方自己是谁，填写好加人验证信息，在好友通过后微店商家要立即给对方设置好备注。

3. 利用各种微信群收获流量

与朋友圈、公众平台等微信社交功能相比，微信群具有更强的穿透性，用户必须通过微信群“互动”才能体现其价值。但是好多微店商家每天都在微信群里晃荡，仍然不知道微信群应该怎么玩才能快速加人，下面来介绍一下怎么利用微信群引流。

微信群是社交O2O的线上平台，很多人都是在线上微信群里认识，然后发展到线下，加微信群是能够扩大自己社交圈的。

但是微信群作为一种交流的渠道，最痛恨的是广告，所以软文推广成为主流，如果软文内容质量够高、推送时间卡得到位、目标微信群选择得当，那么引流的效果一定很好。

既然微店商家要借助微信群引流，那么就需要掌握一定的玩转微信群的技巧，这些技巧有以下几种，具体如图2-7所示。

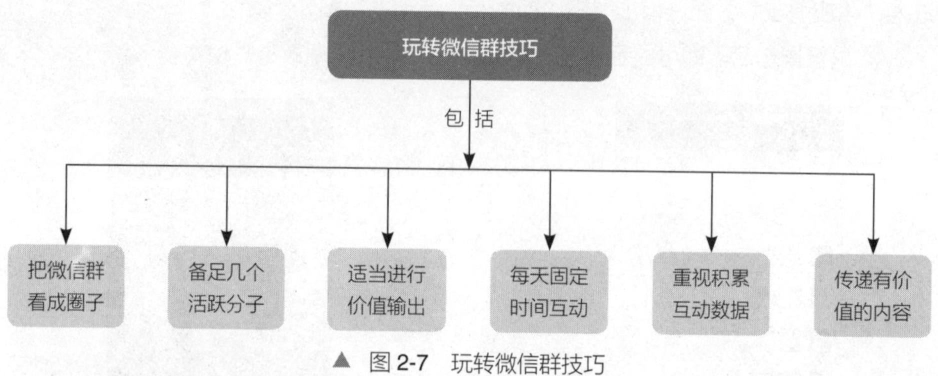

▲ 图2-7 玩转微信群技巧

4. 利用朋友圈收获流量

要想在朋友圈发挥出文案的作用，就必须要知道朋友圈用词的几种技巧，这几种技巧具体如下所示：

（1）日常生活词汇

在朋友圈发布内容是为了让许久未联系的亲朋好友了解他们的近况，所以微店商家发布的文字一定要像一面镜子一样记录自己生活的点滴，反映自己的心情状态。

（2）网络流行词语

有时可以用网络上的流行语来抒发自己的情感，这样可以将自己的生活状态与最新流行事件相联系，也可以只是单纯地表达自己对某个事物的看法。

例如“节操碎一地了”“真是作死了啊”等，这两个状态中的“节操”“作死”都是网络中的流行词语。

（3）语气词、拟声词、感叹词的运用

为了表达更加强烈的情感，有时候就不得不用一些语气词、感叹词等来加重语气，例如“吗”“吧”“呢”“啊”“呀”等。

（4）多样化类型

朋友圈中的句子长短不受限制，可以是一个词，一个短语，一个短句，还能像写

诗一样把一个长句分离成几个短句。

(5)口语化语言

语体一般分为书面语体和口头语体，根据不同的社交场合，可以选择不同的语体，朋友圈是个相对自由表达的空间，所以口语语体更容易被灵活运用。

5. 利用微信公众平台收获流量

微店商家想要通过微信公众平台进行引流，就要对微信公众平台有个全方位的了解，从中掌握一定的引流技巧，以下4点就是必须要掌握的微信公众号引流技巧，具体如图2-8所示。

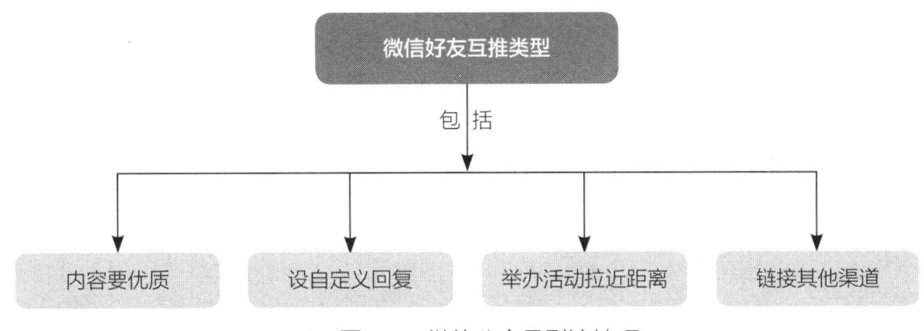

▲ 图2-8 微信公众号引流技巧

6. 利用微信好友互推收获流量

在这里要提一下微信新规，对于微信新规的解读是——未禁止公众号互推。什么意思呢？就是说微信团队并没有禁止所有公众号进行互推，但是禁止以利益交换为前提，且具有恶意营销性质的公众号互推行为。

了解了微信的新规之后，微店商家可以把微信好友互推分类，也就是具体应该和什么样的好友进行互推，具体如图2-9所示。

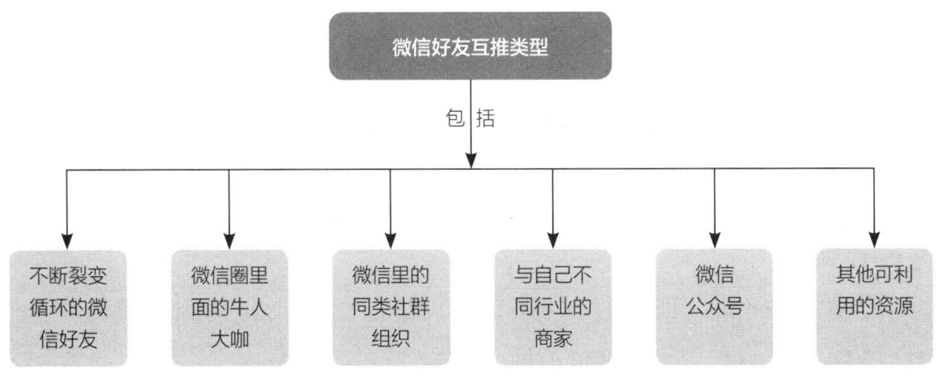

▲ 图2-9 微信好友互推类型

015 如何利用QQ引流？

作为最早的网络通信平台，腾讯QQ资源优势和底蕴，以及庞大的用户群，都使得它成为微店商家必须巩固的阵地，QQ群、QQ空间就是你引流的前沿。

接下来，笔者将为大家介绍几种利用QQ引流的方法。

1. QQ空间引流取得流量

QQ空间是微店商家可以充分利用起来进行引流的一个好地方，具体方法有以下几种，如图2-10所示。

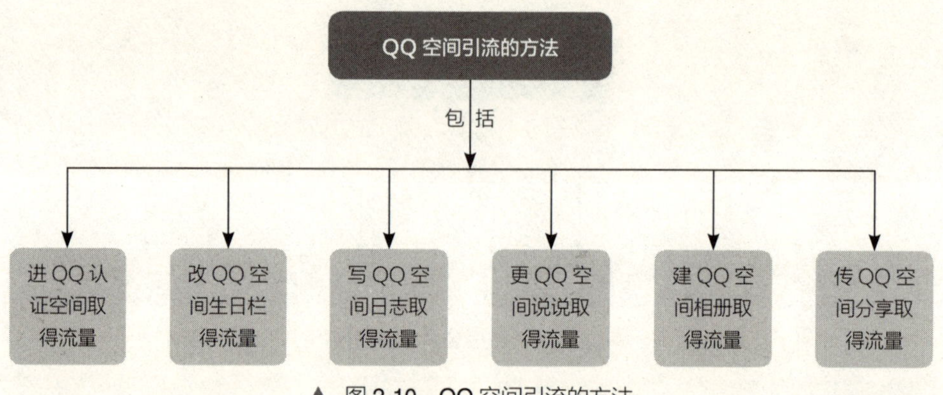

▲ 图2-10 QQ空间引流的方法

2. QQ群取得流量

现在QQ群分出了许多热门分类，微店商家要获得流量就可以通过查找同类群的方式，加入进去。进入群之后，不要急着引流，先在群里混个脸熟，之后可以在适当时期发布广告引流。

3. QQ其他方法取得流量

除了上述方法之外，还有一些被我们忽视的QQ的其他功能也可以帮助微店商家获得流量。

- **通过QQ个性签名取得流量**

QQ个性签名引流的具体操作：

① 首先，在个人QQ中调出个人资料卡界面，然后点击该界面中的个性签名，如图2-11所示。

② 执行此操作后，即可进入“历史签名”界面，然后点击该页面右上角的“写签名”按钮，即可进入“编辑签名”界面，如图2-12所示。微店商家如果要宣传自己的微店，那么就可以把自己微店的网址放上去，再点击图2-12所示的“发布签名”

按钮，这样就可以完成 QQ 个性签名引流的操作。

▲ 图 2-11 找到“个性签名”的位置

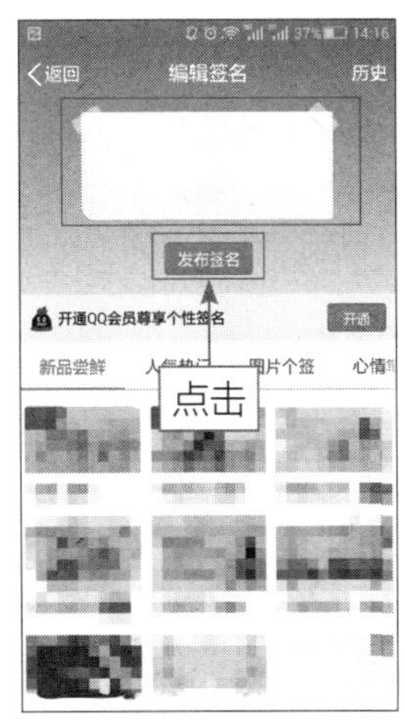

▲ 图 2-12 点击“发布签名”按钮

- **超级 QQ 取得流量**

超级 QQ 是腾讯公司推出的无线 VIP 服务，下面介绍一下超级 QQ 引流的方法，如图 2-13 所示。

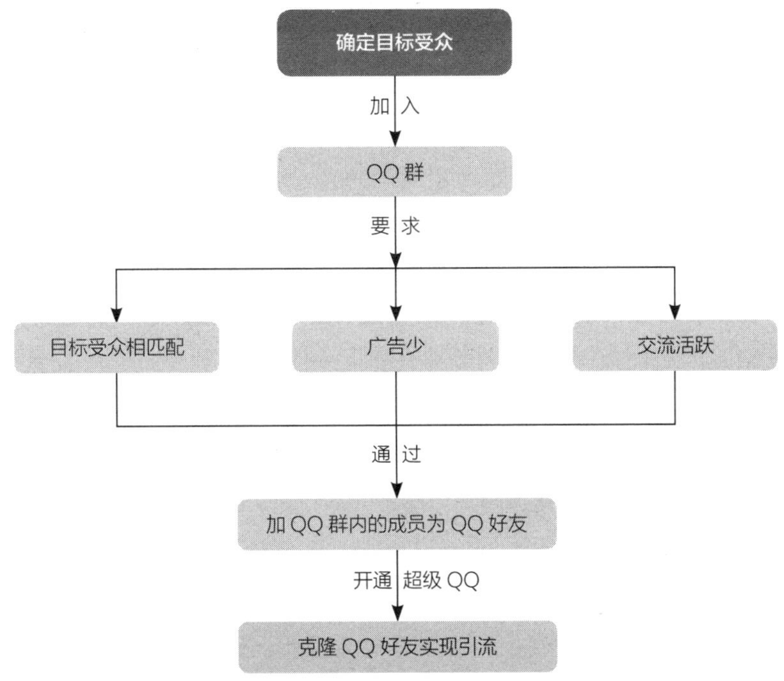

▲ 图 2-13 超级 QQ 引流的方法

016 如何利用微博进行推广？

微博引流，就是以微博为引流媒介，以求在最短的时间内将我们想要传达的信息以裂变的方式传播出去。

微博引流能在第一时间让更多的人了解微店商家及其产品，进而提高微店商家的成交量。运用微博引流具有以下几个优点，如图 2-14 所示。

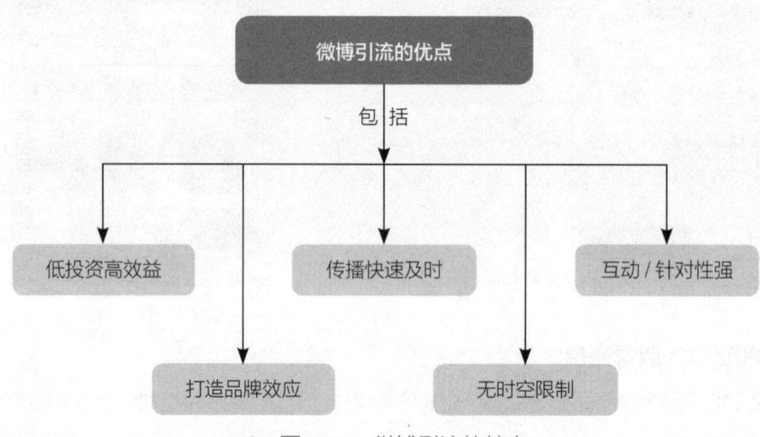

▲ 图 2-14 微博引流的特点

微店商家要想在使用微博引流时达到流量转换的最大化的效果，需要牢牢记住的以下几点建议。

1. 积累信誉度

做微店商家没有信誉是不可能卖得出产品的，想要赚钱，那就先要把自己店铺的信誉做起来。

微店的信誉是慢慢积累起来的，如果想要别人对你的微店评价好，那么微店商家平时对待自己的客户就要真诚，保证自己产品的质量，不欺骗客户，这是拥有回头客的首要因素。

2. 传递产品的内容、价值

通过微博引流，内容才是灵魂。微店商家既然想通过微博来引流，那么对微博里发布的内容就要深思熟虑。

微店商家要不着痕迹地将自己经营的产品信息嵌入到微博内容中去，要让人看不出这是一条产品宣传微博。

如果微店商家能够将自己的产品信息很自然地融合在微博内容里发布出来，而又不会让微博用户反感的话，那就成功一半了。

3. 以客户为中心

利用微博引流，微店或产品要以受众的客户体验为主，要让受众到微店里来时，很信任你，而不会对产品或是其他方面产生怀疑。

要做到这些，就需要微店商家站在受众角度去考虑问题。把握住受众的心理，微店的信誉度自然会提高，相信回头客也会多起来。

017 如何利用百度来引流？

当你问别人问题的时候，是不是常常会得到“百度一下你就知道”这样的回答？这句话其实就足以显示出百度的实力了，这么多年过去了百度也依然是人们获取信息、查询资料的重要平台。所以用百度平台引流，一定是微店商家不可错过的选择，而且如果受众能在百度平台上找到微店商家的相关信息的话，微店商家就等于获得了流量入口。接下来，笔者将为大家介绍几个借助百度平台引流的方法。

1. 巧借百度百科获得流量

当我们进行百度关键词搜索时，搜出的该关键词相关信息的第一页中一定少不了百度百科词条。微店商家运用百度百科引流是所有引流方法中使用率最高的之一，且其还具有宣传费用少、效率高、流量实用性高等特点，那么微店商家如何运用百度百科引流呢？具体有两个方面需要明确。

（1）谨记百度百科撰写的规则

微店商家撰写百度百科词条一般是选择人物型的百科，需要撰写的内容有个人简介、个人信息、经历、特长、荣誉等。

人物型百科撰写需要满足百度百科的收录和编辑规则，违反要求词条将无法通过系统审核，具体规则如图 2-15 所示。

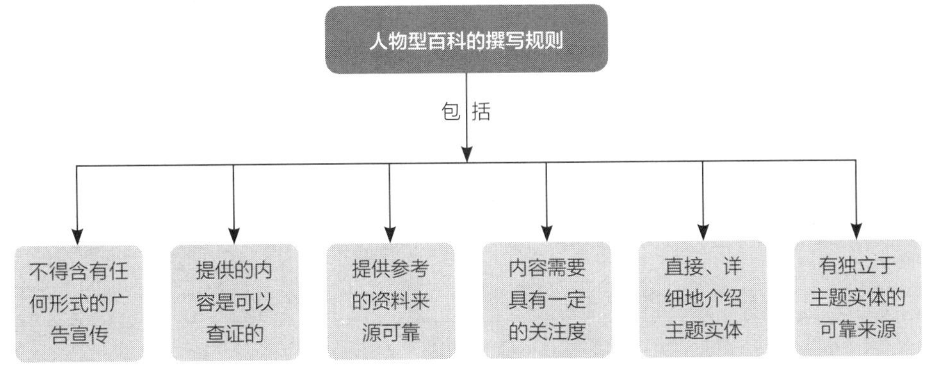

▲ 图 2-15　人物型百科的撰写规则

专家提醒

百度百科中任何有关个人、机构或产品的宣传以及内容中含推销或宣传的内容，都不会通过审核。

而且写百科的时候，过于自夸、虚假的内容也很难通过审核，所以写百度百科时可以以第三方角度去写，多提炼与自己微店相关的成绩、荣誉。

百度百科具有一定权威性，所以编写起来会有一定的难度，但是只要能够掌握一定的方法，写起来就会相对简单很多，以下就是编写需要掌握的一些小窍门：

- 写百科之前，多浏览一下别人写的百科，学习别人写百科的方式，吸取别人长处，用到自己写的百科中。
- 学习百度百科的写作规则是重点，知道百度百科的规则，就能避免一些常见的问题，提高审核的通过率。
- 每个人都有自己擅长的和不擅长的，从自己最擅长的部分开始。

在介绍完撰写百度百科该遵守的规则之后，接下来笔者将为大家介绍用百度百科引流取得成功的方法。

（2）用百度百科引流取得成功的方法

百度百科并不是宣传工具，它的性质更像是我们用的辞海，是具有权威性的代表，所以百度百科里是绝对严禁做直接引流的，但是用间接的方式引流还是可以的，具体可利用的地方如图2-16所示。

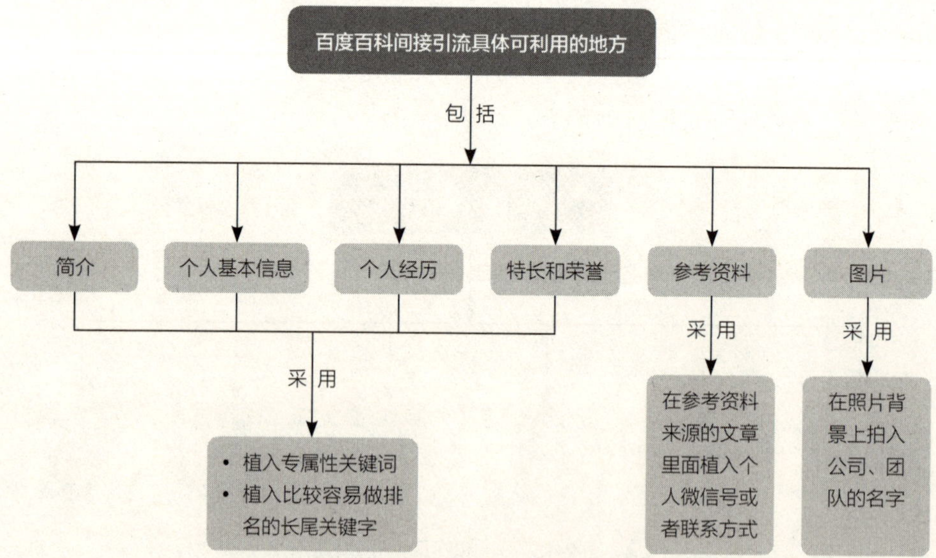

▲ 图2-16 百度百科间接引流具体可利用的地方

2. 借助百度贴吧获得流量

百度贴吧是一个以兴趣为主的平台，人们经常会在这里对各种各样喜欢的东西进行讨论、交流，是微店商家引流常用的平台之一，贴吧引流的操作技巧有以下几点。

（1）选符合自己需求的贴吧

微店商家要选择百度贴吧发帖来提升自己的流量的话，那就需要针对自己的情况选择适合的贴吧，下面是选择冷门贴吧和热门贴吧的区别，如图 2-17 所示。

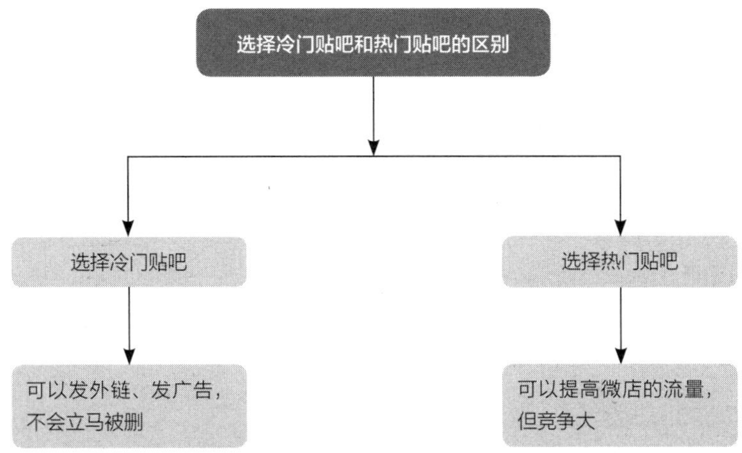

▲ 图 2-17 选择冷门贴吧和热门贴吧的区别

（2）用软文的形式发宣传帖

帖子的内容是在贴吧发帖最重要的部分了，这一部分把控得好坏会直接影响贴吧引流的效果，具体如图 2-18 所示。

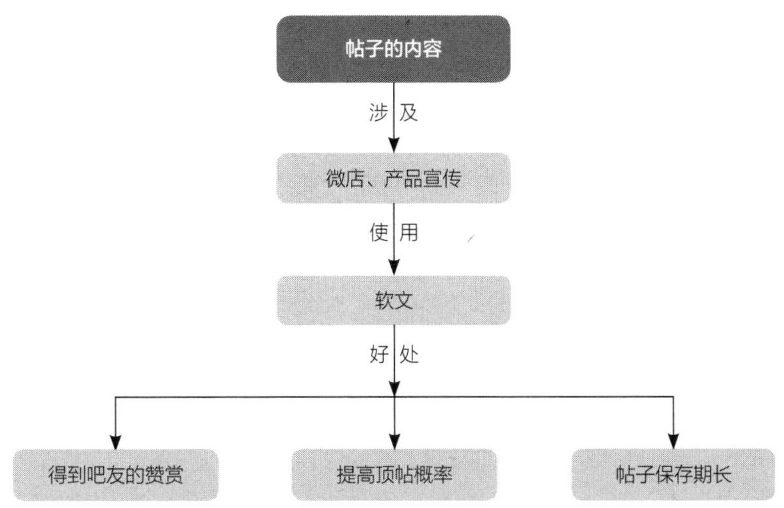

▲ 图 2-18 帖子的内容一定要是软文

（3）发帖引流要结合当下时事、热点

帖子要想成为贴吧中的热门帖，内容一定要结合热点，比如一些时事新闻或者娱乐八卦，具体如图2-19所示。

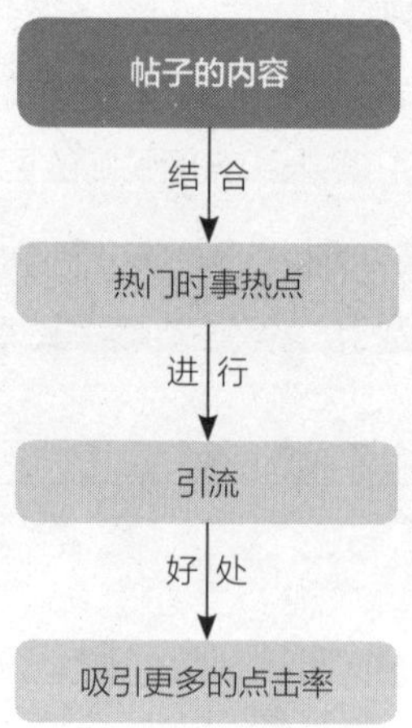

▲ 图2-19　帖子内容结合时事热点进行引流

3. 百度其他方法获得流量

微店商家如果想要获得更多流量的话，除了上述方法还可以用到百度平台的其他一系列渠道去获得流量，具体有以下几种方法。

（1）巧借百度文库获得流量

众所周知百度文库是一个互联网分享学习的开放平台，那么要怎么利用百度文库进行引流呢？

- **标题设置带“尾巴”。**百度文库的标题中最好包含想要推广的长尾词，如果关键词在百度文库的排名还可以，就能吸引不少的流量。
- **内容选择要优质。**在百度文库内容方面，推广时应尽量撰写、整理一些原创内容，比如把一些精华内容做成PPT上传到文库。
- **不可忽视小细节。**百度文库中不可忽视的小细节有两点：一是要注意内容的排版，阅读起来舒服的内容更容易被接受；二是注意文库的存活时间，文库很快就被删掉便实现不了效果。

（2）巧借百度经验获得流量

百度经验的权重虽没有百度百科、知道、贴吧高，但作为一个高质量的外链效果还是不错的。下面笔者将介绍百度经验的引流方法的设置，如图2-20所示。

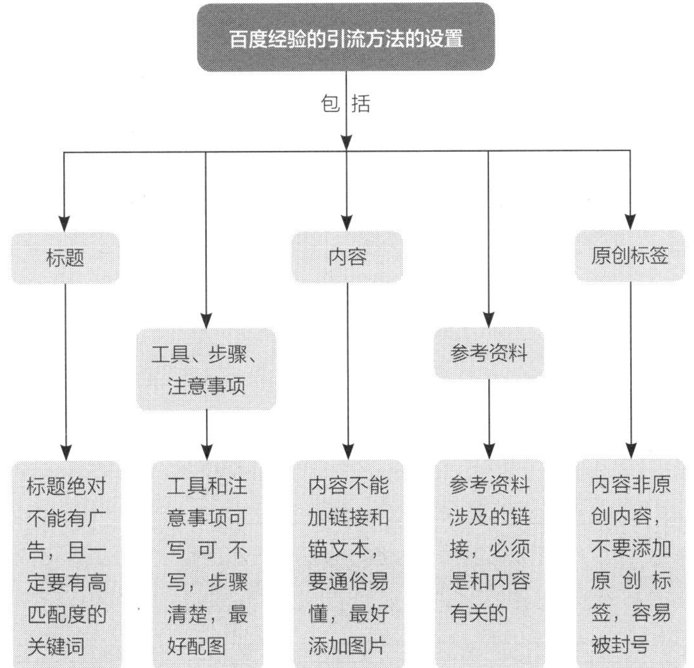

▲ 图 2-20 百度经验的引流方法的设置

（3）巧借百度知道获得流量

“百度知道”采用互动的方式，让用户可以在此搜索和分享各种知识问答。百度知道引流指在百度知道上，通过回答问题的方式，把自己的广告有效地嵌入到问题的回复中去。

有人说：把简单的招式练的炉火纯青就是绝招。不可否认，百度知道是一个很宽广的平台，但如今的问题是，在百度知道上发广告是不被允许的，如何利用百度知道来提升引流的效果，是每一个微店商家要考虑的问题。

很多人不想采取百度知道法引流，一是觉得烦琐，不会回答问题；二是没有合理的广告技巧。下面为大家介绍如何在百度知道里回答问题。

首先，微店商家进入“百度知道”首页，登录自己的百度知道账号，然后点击“我的知道”按钮，跳转至“个人中心”页面，再点击“添加＋”按钮，弹出相应菜单，在“在此输入兴趣关键字”文本框中输入关键字，点击“搜索兴趣”按钮，进入相应界面，点击相应选项，点击“完成”按钮。

点击“完成”按钮后，进入“等我答”页面，如图 2-21 所示。在该页面微店商家可以选择自己会回答的问题，弹出相应文本框，如图 2-22 所示。在该文本框中输入问题答案，输入答案后，点击“提交回答”按钮即可回答问题。

▲ 图 2-21 “等我答”页面

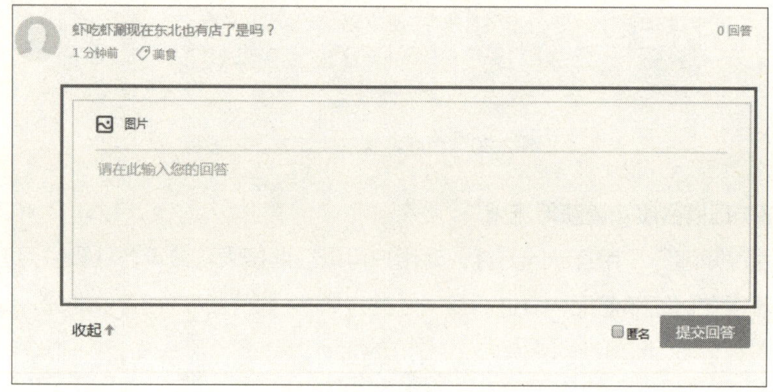

▲ 图 2-22 弹出相应文本框

018 如何利用社群引流?

借助社群引流，指的是微店商家借助 QQ 群、微信群、微博群等一系列的社群去为自己的微店吸粉引流。

QQ 群、微信群引流的方法笔者在前面已经介绍过，在这里笔者就不再赘述。在这里笔者为大家介绍以下社群引流的优势。微店商家只有了解了这些优势，才能够更好地进行社群引流。社群引流的优势主要体现在以下几点：

1. 传播快

虽然不能与大众媒体的广泛传播相比，但社群引流是在一个圈子里，并且这个圈子的人群全是精准用户或是精准的潜在用户，所以传播速度非常快。

2. 独有生态

社群可以凭借多元化的社交来建立独有的生态，并且生态里的人群都有一个共同的喜好或特点。

一般来说，兴趣类社群占所有类型的社群比例是非常高的，具体来讲，有以下3类细分社群占据主流，如图2-23所示。

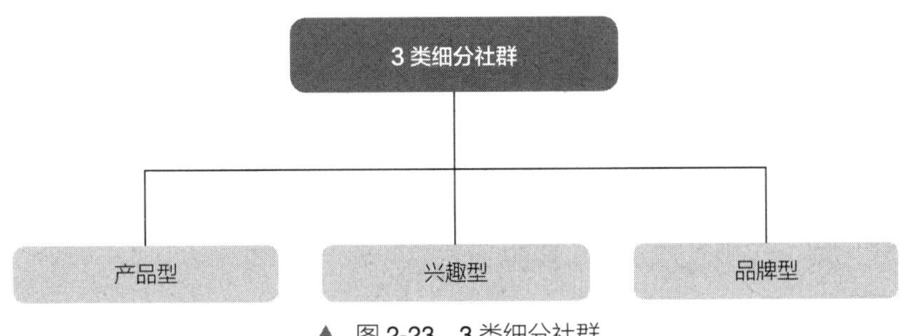

▲ 图2-23 3类细分社群

3. 针对性强

社群引流，不但可以进行普遍性的宣传推广活动，对那些特定的目标组织或具有特殊性的人群也可以进行宣传活动。不管社群是以怎样的初衷建立起来的，必定具有相似的生活形态、认知与消费形态、人口特性等。

由此可见，社群是具有很强的针对性的。只要微店商家抓住人群聚集的初衷，并结合产品的定位，那么其引流效果一定会更加具有穿透力。

4. 人群黏性

基于社群的互动，问答和评论，更容易使社群人员建立起对微店商家产品或服务质量的动态评估，增加产品与品牌的附加值，形成很强的品牌忠诚度，从而建立起消费黏性和信誉。

5. 氛围好

社群的传播，能够达到很好的深度，甚至引发购买高潮。只要微店商家宣传的内容能激起消费者的认同，在心理上引起共鸣，在社群中有消费者采取了购买行动，那么这一购买行动很有可能迅速感染周围其他人，形成小范围的购买高潮。

6. 实效性长

社群的主要特点是以人际关系、口碑、兴趣为核心。微店商家只要将这三者处理好，就能够在社群中获得更好的口碑，并且这种良好的口碑还会长久地流传下去，以产生长久的时效性。

7. 精准性强

目标人群的双向互动是社群营销的主要特点之一。与单向传播相比，这种双向互动传播的方式，更有利于实现精准的营销。社群营销从3个方面出发，可使社群成员在社群中快速、及时地得到自己想要的资讯，达到精准性强的效果。

8. 口碑扩散快

社群引流是一种直接的引流方式，它是针对集中的目标人群进行的一种引流方式。这种方式因其集中度比较高，所以消费者的信任度也比较高。

同时，社群是消费者的主要集散地，所以社群先天具有相对应的统一认知习惯与消费习惯，这会使得宣传的影响力呈明显趋势上升。

019 如何利用移动APP引流？

利用移动APP引流，指的是微店商家借助市面上一些用户量多的APP来为自己的店铺进行引流。

这些移动APP包括的范围非常广，如我们最常用的手机QQAPP、微信APP、新浪微博APP以及其他的一系列APP。这些APP本身就拥有大量的粉丝量，能够为微店商家引流提供很大的帮助。

微店商家在借助这些APP进行引流的时候，可以根据自己经营的产品类型，去选择重点进行引流的APP。例如，微店商家经营的产品是美妆类的，那么微店商家就可以将自己引流的重点放在美妆类的APP中，如丽子美妆、抹茶美妆等。这样微店商家吸引的人群精准度会更高。

020 如何利用直播平台引流？

随着直播的日渐火热，越来越多的人开始借助直播平台进行商业活动。这对微店商家来说，也是一个非常好的为自己的微店引流的方法。

目前市面上火热的直播平台有很多，如花椒直播、一直播、虎牙直播等。这些直播平台拥有大量的用户，这对微店商家来说是一个庞大流量资源地。

在直播平台上，拥有众多的播主，他们直播的内容也是各式各样。微店商家利用直播引流这一方式，能够根据自己微店经营的产品进行相关的直播。

例如，如果你是卖女装的微店商家，那么你就可以直播怎样进行服装搭配，微店商家还可以自己做模特，换上自己店里的服装，向观看者展示穿上服装的效果；再例如，如果你是卖化妆品的微店商家，那么你可以直播教化妆，这样你经营的化妆品就能够展示在观看者的面前，如果效果不错，自然而然就会有很多的观看者想要购买你家的产品，然后微店商家就可以适时地告诉观看者购买你家产品的方法，这样就能够实现引流。

微店商家利用直播平台进行引流，能够加深与粉丝的互动性，获得的引流效果也会更好，是微店微店商家引流的一种好方法。

021 如何利用视频平台引流？

目前市面上的视频平台非常多，例如爱奇艺、搜狐视频、腾讯视频、土豆等，微店商家可以借助这些视频平台来进行引流。

微店商家借助视频平台引流的方法有转发视频、自制视频两种。接下来，笔者将为大家介绍这两种引流方法的具体操作。

1. 转发视频

转发视频是指微店商家在视频平台上寻找那些与自己经营的产品有关联的一段视频，在与视频制作者或者上传者进行沟通，取得授权之后，然后将视频下载下来，分享到其他的平台，吸引人们观看，然后微店商家与观看者之间建立一个互动关系，同时在互动的过程中选择适合的时间将他们引导到自己的微店店铺或者微信上。

例如，微店商家是经营健身产品的，那么就可以寻找一些健身视频，并且与该视频的制作者或者上传者进行沟通，获得该视频的使用权限，再将该健身视频下载下来，然后将这些健身视频转发到微博、微信等平台上，吸引他人观看，同时微店商家可以与观看者之间形成一个互动，并在互动过程中，微店商家可以向观看者透露出自己正在经营健身类的产品的信息，如果观看有需求的话，可以来找自己购买。

2. 自制视频

自制视频指的是微店商家自己拍摄一段视频，并在视频中嵌入自己的联系方式或者是店铺地址，然后将视频上传到各大视频平台上，吸引人们观看。人们在观看视频的时候，就必然会看到微店商家留下的联系方式或者店铺地址，那么如果观看者有兴趣的话，就会主动联系或者进入微店商家的店铺，这样就能够实现引流。

微店商家在自制视频的时候，可以制作搞笑、热门话题、煽情等类型的视频，因为这些视频相对来说会更受人们喜欢，这对微店商家的引流也会更加有利。

022 如何利用论坛平台引流？

论坛引流具有针对性强、适用范围广、实现口碑宣传、引流氛围柔和、投入少见效快等特点。所以在选择论坛时，需要注意以下几个技巧。

1. 论坛选择

微店商家如果要利用论坛引流的话，最主要的是要做好论坛的选择，需要考虑的有以下几点。

- 选择与你微店行业相关的论坛。
- 优先考虑能签名的论坛。
- 能当上管理员的论坛更利于引流。

在介绍完选择论坛需要考虑的几个方面之后，接下来笔者将为大家介绍注册账号相关的内容。

2. 注册

选择好合适的论坛之后，我们就需要拥有一个自己的账号，注册账号要注意的小技巧有以下几个：

- 注册一个用户名，最好和微店有相关性。
- 尽可能完善资料，保证高信誉度。
- 用自己的真实照片、产品图片或者能够吸引别人眼球的图片做头像。

微店商家在清楚了注册需要掌握的小技巧之后，还需要了解论坛积分相关的事情，接下来笔者将为大家介绍论坛积分相关的内容。

3. 积分

要想在一个论坛里能够拥有更多的权限、发的帖能被更多人关注，我们需要积累更多积分，积分可以给我们提供更多方便，获取积分我们需要注意的有以下几点：

- 了解积分规则，了解赢得更多积分的方法。
- 了解注册后会员的权限及在论坛中的权利。
- 了解论坛管理员、版主信息及帖子的侧重方面，这样才能做出更精的帖子。
- 帖子的主题一定要与热门话题结合，能引起争议就更好了，这样参与的人会更多，起到的引流作用也会更好。

微店商家在清楚了获取积分需注意的事项之后，最后还需要了解经验相关的事情，接下来笔者将为大家介绍经验相关的内容。

4. 经验

作为一个论坛新人，我们最主要要做的是积累经验，因此我们需要时时遵守以下的规则：

- 刚注册的用户不能在帖子里发链接、广告，违者会被禁言。
- 刚进论坛先到处回复一下别人的帖子，可以积分。
- 一个论坛里面可以注册多个账号。

- 如果账号积分太多就去注册一个小号，避免出错被站长封杀。

023 如何利用分类平台引流？

微店商家还可以通过 58 同城、大众点评、赶集网等这些分类平台进行引流。在这些平台上，微店商家可以以招兼职或者是招代理的形式发布招聘信息，吸引那些有意愿的人主动联系微店商家，成为自己的代理。这样一来，微店商家在获得流量的同时，为自己的产品找到了代理，可谓是一举两得的方法。

但是，微店商家在发布招聘信息的时候，一定要将招聘内容写清楚，不然有可能就不能通过平台的审核，从而导致发布的信息无用。

024 如何利用红包引流？

“红包”在近年来是相当火爆的，在微信和 QQ 上都有发红包的功能。不管是微信还是 QQ，红包功能都非常受欢迎，也为广大微店商家提供了一招绝妙的引流方法。接下来，笔者以在已经建好的微信群发红包为例，为大家介绍一下在微信群里发红包引流的具体步骤：

① 首先，微店商家需要选择好自己要发红包的微信群，进入“群聊”界面，如图 2-24 所示。

② 然后，点击“群聊”界面最右下角的“+”按钮，然后即会弹出相应界面，微店商家需要在该界面选中“红包”选项，如图 2-25 所示。

▲ 图 2-24 “群聊”界面

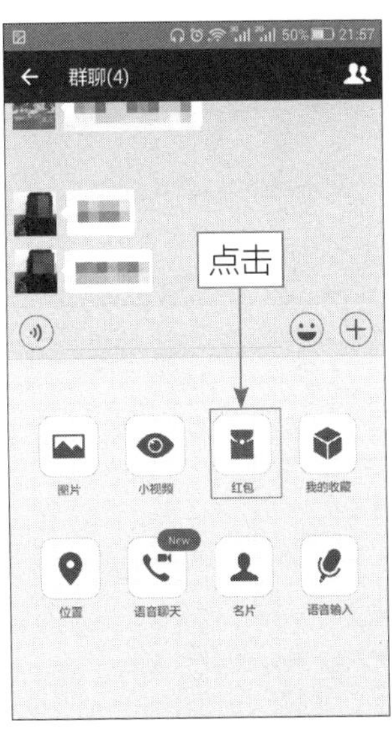

▲ 图 2-25 选中“红包”按钮

③ 执行此操作后，即可进入“发红包”界面，微店商家需要在该界面中填写红包个数和金额，如图2-26所示。

④ 填写完成之后，微店商家需要点击“发红包”界面中的“塞钱进红包”按钮，如图2-27所示所示。

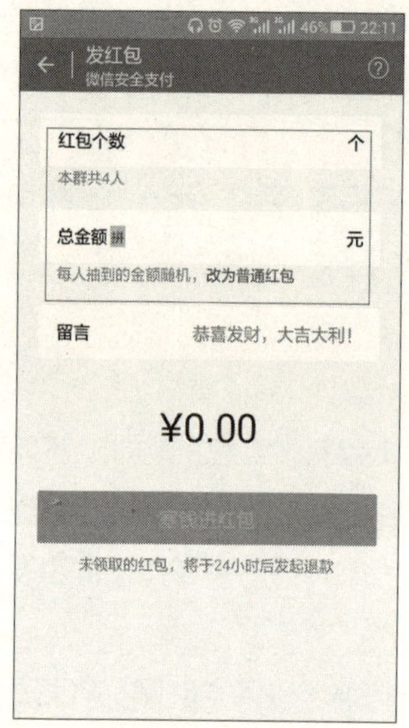

▲ 图2-26 填写信息

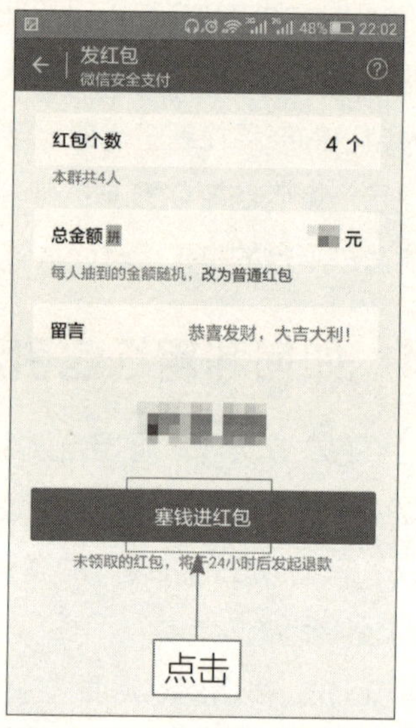

▲ 图2-27 点击“塞钱进红包”按钮

⑤ 执行此操作后，就会立马弹出“选择支付方式”界面，微店商家只要点击该界面中的“确认支付”按钮，然后就会显示支付过程，支付成功后，红包就发送成功了。

第 3 章

客源在哪？
获取精准客源的 9 种方法

微店商家在寻找客源的时候，不但要注重数量，同时也要注重质量，有时候获得一个精准客源，甚至比获得十几个一般客源更重要。那么商家要怎样才能够获得精准的客源呢？本章，笔者将为大家介绍获取精准客源的 9 种方法，帮助商家挖掘更多精准用户。

要点展示

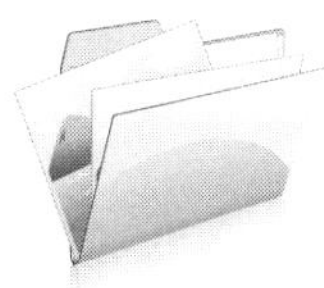

- 怎么加本地好友？
- 怎么加同城宝妈？
- 怎么加小白微商？
- 怎么加行业好友？
- 如何选择“妈妈圈”发帖？
- 怎么加小区好友？
- 怎么加幼儿园宝妈？
- 怎么加同城上的女老板？
- 适合团队的地推如何做？

025 怎么加本地好友?

微商在经营自己的微店的时候，需要找准自己的客源。既然要找准自己的客源，那么就必须要清楚，哪些人会是自己的客户。

其实，对于微店商家来说，自己所在地区的人就是很好的客源。本地客源相对于其他城市的客源来说，更加能够帮助微店商家节约快递成本。能够节约快递成本主要有两个方面的原因，具体如图 3-1 所示。

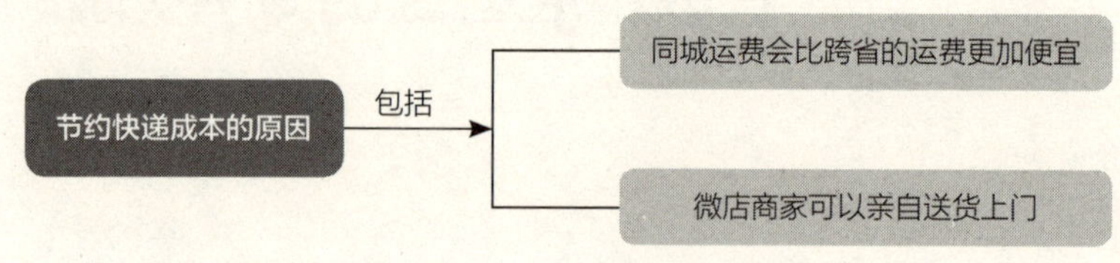

▲ 图 3-1 节约快递成本的原因

同时，因为是本地资源，微店商家在开发这些好友的时候，会更加容易赢得对方的信任，而且因为是本地的，所以商家与好友之间更容易找到共同信息，也更容易找到聊天切入点，资源转化率也就会更高。

既然加本地好友、开发本地资源具有这么多的好处，那么微店商家要如何加本地好友呢？其实，在互联网社交如此普及的当下，微店商家要获得本地好友资源，是一件非常容易的事情。相信大部分的微店商家都会使用微信、QQ、论坛、贴吧等社交软件，而这些常用的社交软件，就能够成为商家寻找本地好友的切入口。

以微信为例，商家可以通过以下 3 种方法来借助微信加本地好友，具体如图 3-2 所示。

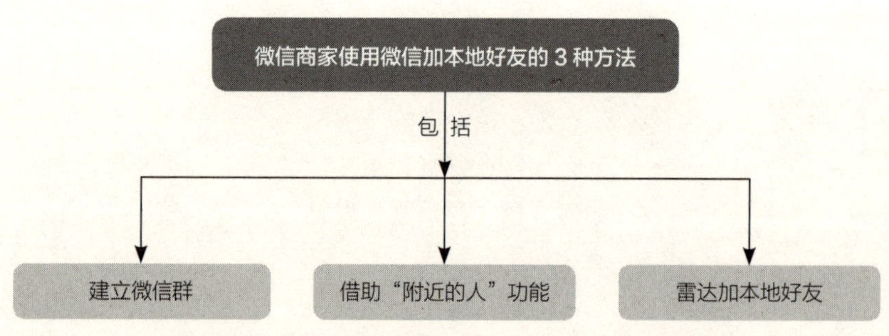

▲ 图 3-2 微信商家使用微信加本地好友的 3 种方法

1. 建立微信群

在微信中，商家要进入微信群并不能像 QQ 一样通过查找本地群就能够进入，而是需要别人分享群二维码，然后商家通过扫描该二维码才能进入。这对微店商家来说，是比较不方便的。

所以，微店商家可以自己创建一个微信群，然后再邀请本地好友进入，并经常在群里为大家提供一些跟本地生活有关联的信息。只要微信群能够提供价值，那么群里的其他成员就会邀请自己的朋友也加入该群，慢慢地商家建立的微信群就会扩大。

商家自己建立微信群，相对于商家进入他人创建的微信群来说，资源会更加可靠，而且微信群管理的主动权也掌握在商家自己的手中，这对微店商家长期的发展是比较有利的。

建立微信群的方法，笔者在前面的章节中也有介绍过，在这里就不再赘述了。

2. 借助“附近的人”功能

微店商家借助微信添加本地好友，除了采用自己建立微信群的方法之外，商家还可以通过微信提供的“附近的人”的功能来实现。

那么，微店商家要如何使用微信中的“附近的人”功能来添加本地好友呢？接下来笔者将为大家介绍具体的操作方法，其具体操作如下所示：

① 首先，商家需要打开自己的微信，然后在“微信”界面点击“发现”按钮，如图 3-3 所示。

② 执行此操作后，即可进入相应的界面，商家需要在该界面点击“附近的人”按钮，如图 3-4 所示。

▲ 图 3-3 点击“发现”按钮

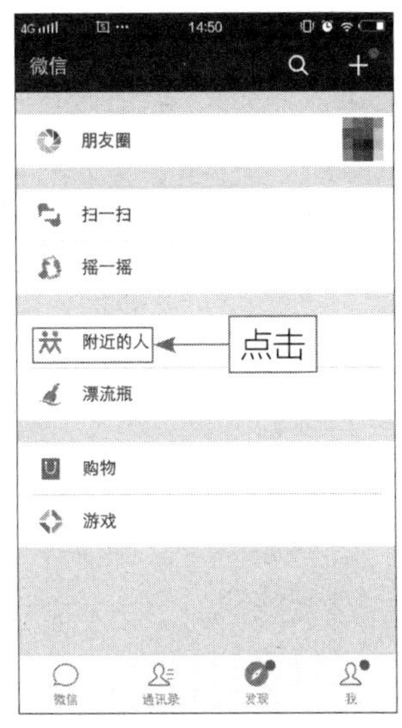

▲ 图 3-4 点击“附近的人”按钮

③ 执行此操作后，即可进入“附近的人”界面，在该界面商家需点击“开始查看”按钮，如图 3-5 所示。

④ 执行此操作后，会弹出“提示”框，商家需要点击该提示框中的“确定”按钮，如图 3-6 所示。

▲ 图 3-5 点击“开始查看”按钮

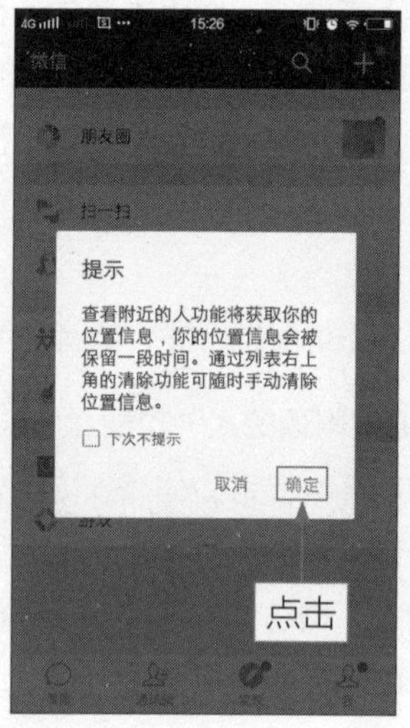

▲ 图 3-6 点击“确定”按钮

⑤ 执行此操作后，即可进入“附近的人”界面，商家在该界面可以看见很多附近的人，如图 3-7 所示。

⑥ 商家可以主动加这些人为好友，但是商家在加附近的人时，最好先辨别一下，尽量添加那些符合自己微店商品受众的人，不要随便谁都添加，以防添加一些心怀不轨的人。

▲ 图 3-7 附近的人

专家提醒

需要注意的是，商家在使用微信“附近的人”这一功能添加本地好友的时候，要确定自己微信的定位功能和GPS定位功能是打开的，不然就无法实现微信定位，那么自然就不能搜索到商家附近的人。

3. 雷达加朋友

在微信上，除了有“附近的人”功能之外，还有一个“雷达加朋友”的功能，“雷达加朋友”功能，添加的就是身边的朋友，商家也可以借助这一功能来添加本地的好友。

雷达加朋友的具体操作方法，笔者在前面引流的章节已经介绍过了，在这里就不再赘述了。

026 怎么加同城宝妈？

微店商家要获得更多的客源，那么就不能错过宝妈这一群体。宝妈，指的是怀有宝宝或者已经生下了宝宝的女性群体。

之所以说不能错过宝妈这一群体，是因为这一群体中的大部分女性，不但是网购的主力军之一，而且因为她们或有孕在身或是需要在家照顾孩子，不能够工作，导致她们也是微商的主力军之一。

微店商家加宝妈，不但能为自己增加更多的客源、说不定还能给自己的微店店铺找到更多的代理。这对微店商家来说，是一件一举两得的事情。微店商家在加宝妈的时候，最好添加同城宝妈，因为相对其他地方的宝妈，同城的宝妈方便管理。那么，商家要怎么添加同城宝妈呢？商家可以加同城宝妈 QQ 群、或者是她们经常去的网站、论坛、贴吧等。

微店商家如果要加入同城宝妈群，那么就可以在自己的 QQ 中进行搜索。以手机操作为例，微店商家加群的具体操作如下所示。

① 首先，商家需要在手机上登录并打开自己的 QQ，登录之后会进入“消息”界面，在“消息”界面商家需要点击右上角的“+”按钮，如图 3-8 所示。

② 执行此操作后，即可弹出相应的选项框，商家需要点击其中的“加好友”按钮，如图 3-9 所示。

③ 执行此操作后，即可进入“添加/找人”界面，商家需要点击该界面中的“找群”按钮，如图 3-10 所示。

④ 执行此操作后，即可进入“找群”界面，商家在该界面中输入“上海宝妈”等搜索词，然后再点击下方的“找群：上海宝妈”选项，如图 3-11 所示。

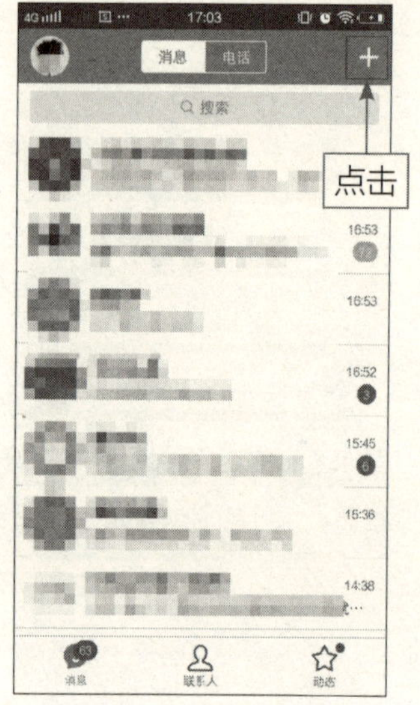

▲ 图 3-8　点击“+”按钮

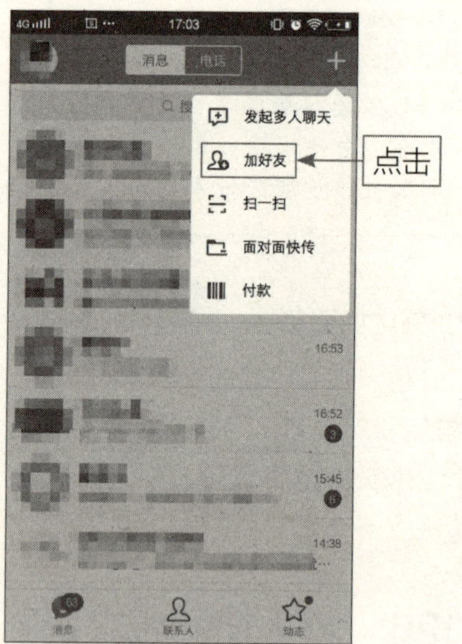

▲ 图 3-9　点击“加好友”选项

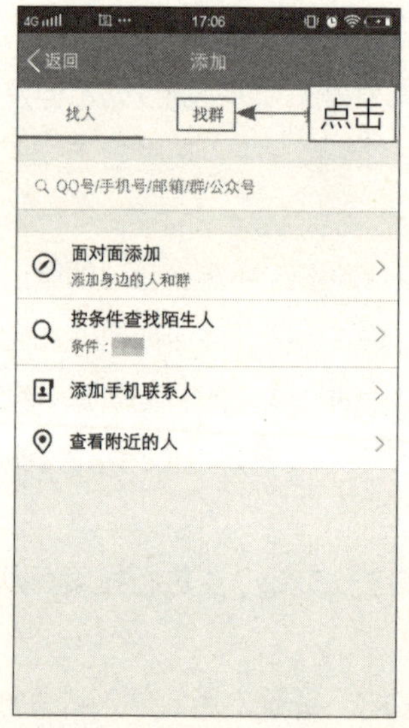

▲ 图 3-10　点击“找群”按钮

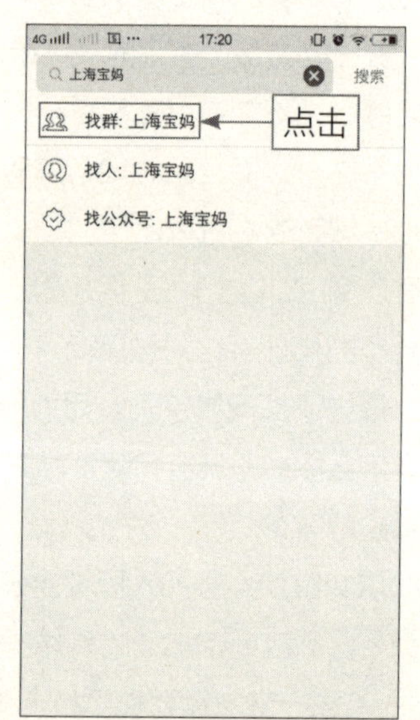

▲ 图 3-11　点击“找群：上海宝妈”选项

⑤ 执行此操作后，即可进入“查找结果”界面，在该界面商家可以看见很多相关的群，如图 3-12 所示。

商家可以挑选其中几个人比较多，比较符合自己要求的群，然后申请加入，商家在申请加入这些群的时候，可能会需要填写验证信息，在填写验证信息的时候，为了确保通过的可能性大一点，商家不要直接填写自己是微店商家，因为，现在很多的人会比较反感有人在群里打广告，而不让微商这一类人进入。

▲ 图 3-12 搜索出的相关的群

微店商家进入这些群之后，可以先跟群里的人搞好关系，建立一定的友谊之后，就可以单独将群中符合自己产品客户定位的群友添加为自己的好友。当他们同意商家的好友申请之后，就可以进行长期的开发，将其转化为自己的客户。

如果商家想要寻同城宝妈常逛的网站，且商家自己所处的地区是上海，那么可以在电脑中的浏览器中搜索“上海同城宝妈”“上海同城辣妈”之类的关键词，就会出现各种相关的网站、论坛，如图 3-13 所示。

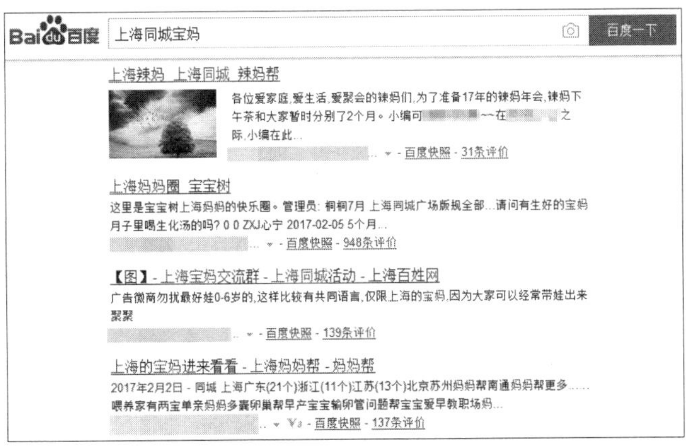

▲ 图 3-13 搜索出的相关的网站

搜出这些网站之后，商家可以点击自己想要进去的网站浏览、发帖，与上面的用户进行互动，然后在时机成熟之后，就可以将他们引导到自己的微店中或是将他们发展成自己微店的代理。

027 怎么加小白微商？

随着微商行业的火速发展，有越来越的人加入到微商的队伍之中。在这些微商中有一部分人是做得非常成功的，他们有自己的团队，并且团队在不断地扩大，但是大部分人是跟风加入到这个行业的，他们什么都不了解，也什么都不会，做得不怎么样，还属于小白的范畴，他们需要他人的带领。

这一部分小白微商，可能在其他微商看来是没什么价值的，所以大部分微商在吸粉的时候，都拒绝加这些小白微商。然而对于微店商家来说，这些小白微商却是一种不可多得的资源。因为这些小白微商，很有可能就成为了微店商家的代理。能够为壮大微店商家的队伍出一份力。

那微店商家要怎样才能加这些小白微商呢？其实，微店商家只要找到这些小白微商的聚集地，就可以加到大量的小白微商。小白微商们会经常出现在各种贴吧、QQ群、论坛里，因为他们会经常在这些地方发广告信息。

通常，这些小白微商在发广告信息的时候，都会留下自己的微信号、微信二维码、QQ等联系方式，微店商家只要通过他们留下的联系方式，就可以轻松加到大量的小白微商。

为了使大家更加清楚加小白微商的方法，接下来，笔者将以在贴吧寻找小白微商为例，为大家进行加人的实际操作，帮助大家熟练掌握整个流程。

微店商家如果要进贴吧加人的话，那么就必须要有一个属于自己的百度贴吧账号，因为只有拥有百度贴吧账号，才可以顺畅地浏览他人发的帖子，而且如果商家要在贴吧发帖、留言的话，也必须要有账号才能够操作。

以电脑操作为例，商家要注册百度贴吧账号，其具体的操作流程如下所示：

① 首先需要进入百度贴吧官网首页，在首页上点击“注册”按钮，如图3-14所示。

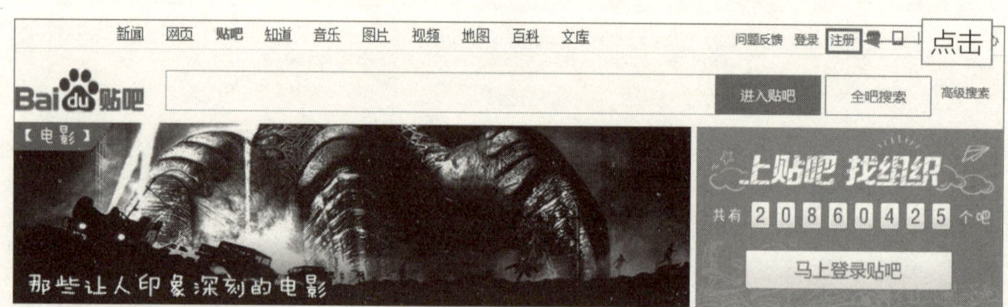

▲ 图3-14 点击“注册”按钮

② 执行此操作后，即可进入相应的页面，在该页面，商家需要填写相应的信息，信息填写完成之后，商家只要点击该页面中的“注册”按钮，如图 3-15 所示，即可注册一个属于自己的百度账号。

▲ 图 3-15 点击“注册”按钮

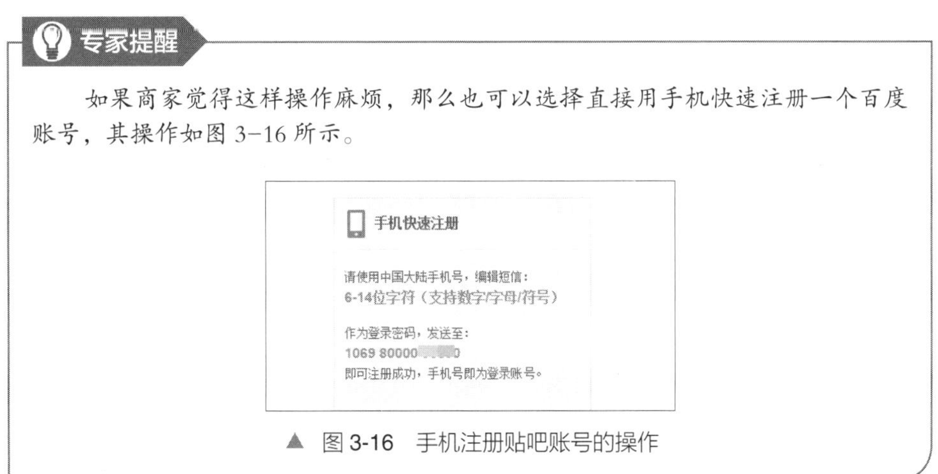

专家提醒

如果商家觉得这样操作麻烦，那么也可以选择直接用手机快速注册一个百度账号，其操作如图 3-16 所示。

▲ 图 3-16 手机注册贴吧账号的操作

③ 账号注册成功之后，商家可以登录并返回到百度贴吧的首页，商家需要在首页的输入栏中，输入自己要查找的贴吧。

④ 如果是卖女装的微店商家，那么商家就需要在输入栏中输入跟女装相关的词，如“微信女装”，输入之后就会有相应的贴吧出现，商家只要选择其中的一个贴吧，点击即可，如图 3-17 所示。

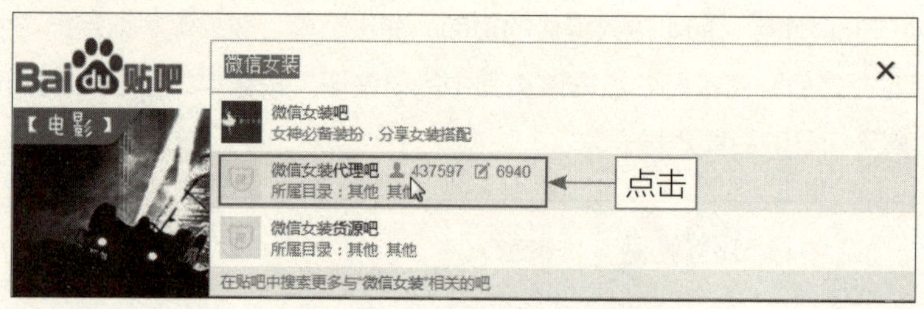

▲ 图 3-17 点击其中的一个贴吧

⑤ 执行此操作后，即可进入相应的贴吧，如图 3-18 所示。

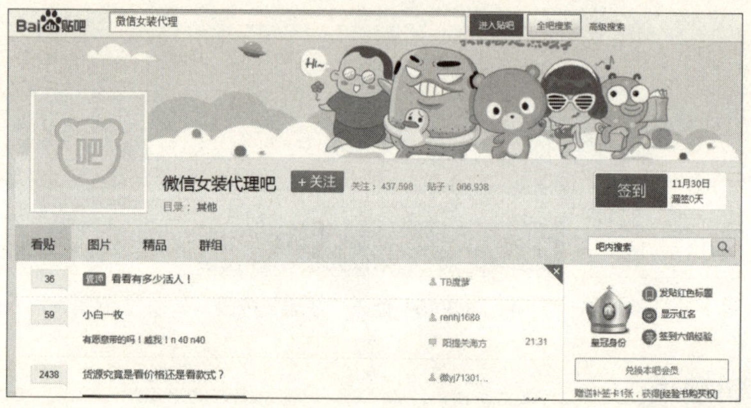

▲ 图 3-18 进入相应的贴吧

⑥ 在该贴吧，商家就可以看见吧友们发的各种帖子，商家可以找那些主动求人带自己或者回复数量多的帖子，然后点进去查看吧友的留言，图 3-19 所示是吧友发布的一条主动找人带自己做微商的帖子。

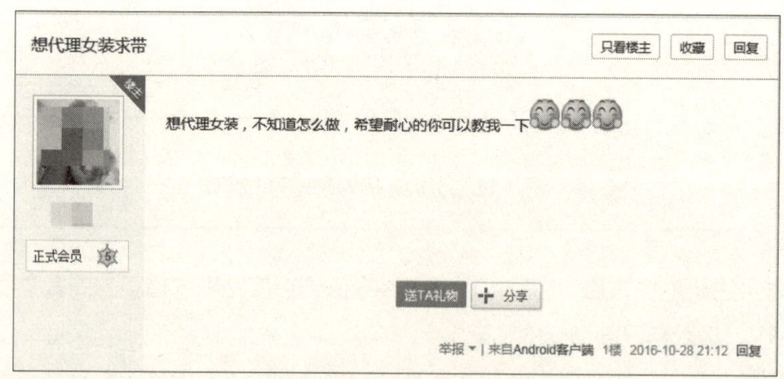

▲ 图 3-19 吧友发布的帖子

商家可以在该帖子下留下自己的微信号让对方加自己，如果发帖人留下了自己的联系方式的话，那么商家也可以直接加发帖人为好友。

微店商家可以通过这种方法加大量的小白微商，然后让他们成为自己的代理，再对他们进行系统的培训。

只要微店商家能够真正地教他们怎么经营，相信他们大部分的人都是非常愿意跟着商家一起打拼的。

专家提醒

商家要给他们进行培训，那么就需要有培训资料，商家可以将自己平时开店经营的经验整理出来，也可以借鉴相关的书籍，然后结合书中的知识整理出来，一点点教给他们。

就算他们没能够成为自己的代理，但是说不定他们也能够在商家的店铺购买东西，成为商家店铺的消费者。

028 怎么加行业好友?

微店商家除了可以加小白微商之外，也可以考虑加跟自己同行业的好友，也就是说，微店商家可以加一些同样开微店的人。

微店商家加同行业好友的方法，其实跟加本地好友、同城宝妈、小白微商的方法类似，都可以通过微信群、QQ 群、贴吧等渠道去寻找、添加，不同之处，就是在搜索相对应的 QQ 群时，要将搜索人群从本地好友、同城宝妈等转换为 ×× 微商交流群而已。

而搜索贴吧，其实只要进入一个贴吧，里面就会有大量相同行业的好友，商家只要通过他们留下的联系方式进行联系，即可添加很多同行业的好友。

商家在寻找开微店的好友时，可以考虑划分不同的对象，这些对象具体可以分为两部分，如图 3-20 所示。

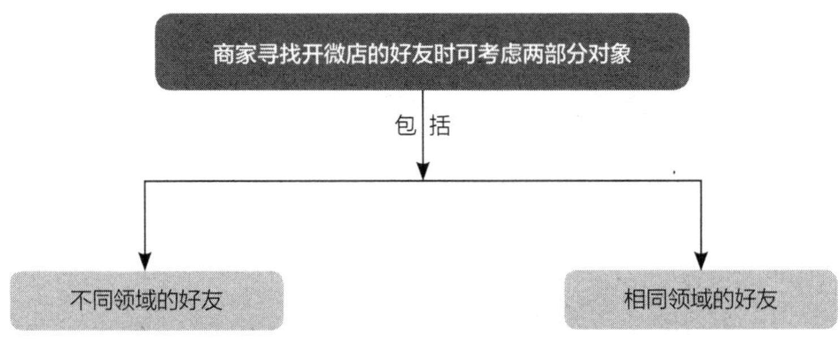

▲ 图 3-20 商家寻开微店好友时可考虑两部分对象

1. 不同领域的好友

微店商家添加不同领域的好友，指的是商家去添加那些跟自己店铺所卖的商品不一样的微店商家。

也就是说，如果商家自己是卖女装的，那么商家就可以去添加卖护肤品、卖彩妆、卖零食等其他领域的微店商家。

因为，这些领域的微店商家好友跟商家自己售卖的不是同一种产品，双方之间不存在竞争，这对商家来说具有以下几个方面的好处，具体如图3-21所示。

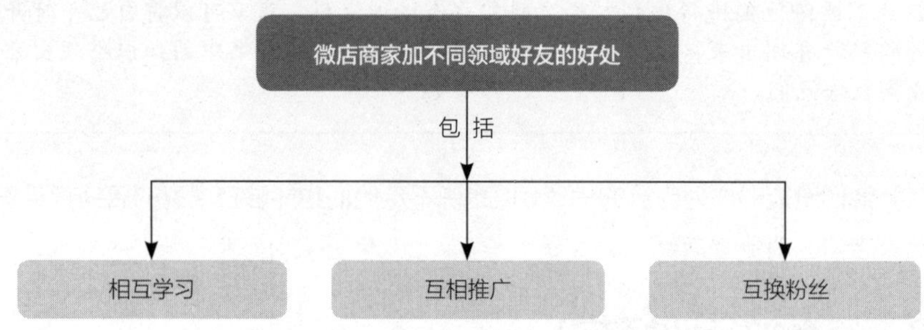

▲ 图3-21 微店商家加不同领域好友的好处

这样商家之间就能够实现共同发展、共同盈利的目标。值得注意的是，微店商家在添加这些行业好友之后，要从中挑选出那些跟自己实力相当，自己信得过且会带来效益的合作对象。

2. 相同领域的好友

微店商家添加相同领域的好友，指的是商家去找那些跟自己店铺所卖的商品一样的微店商家。也就是说，如果微店商家自己卖的产品是女装，那么商家就去添加那些同样卖女装的微店商家，如果商家自己卖的是零食，那么商家就去添加那些同样卖零食的微店商家。

添加相同领域的好友，对商家来说具有以下几个方面的好处，具体如图3-22所示。

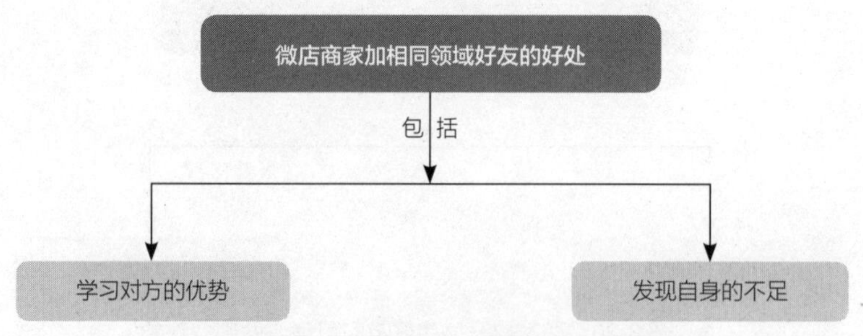

▲ 图3-22 微店商家加相同领域好友的好处

029 如何选择“妈妈圈”发帖？

之前笔者有讲过在贴吧或者网站、论坛添加同城宝妈，添加了这些宝妈之后，就需要跟她们进行互动。要跟宝妈们进行互动，最好的切入点当然就是与孩子相关的内容。

所以，微店商家可以在相应的贴吧、论坛发一些关于孕期怎样养胎、怎样培养小孩、怎样与小孩相处、美食、烹饪等相关的帖子，加强与她们的互动。

商家如果自己有这方面的经验，那么就可以以自己的实际经验为例，商家如果没有这方面的经验，那么就可以多翻阅一些相关的书籍、资料，丰富自己的知识，这样才能够在与她们互动的过程中为她们提供有用的、有价值的东西，才能够吸引她们的关注。

商家在与这些宝妈互动的时候，要与她们从朋友做起，不能一开始就直接推销自己的店铺或者商品，不然容易引起反感。

关于发帖，商家又要如何操作呢？每个贴吧都有其发帖的规则，商家要在该贴吧发帖的话，那么在发帖前就必须查看该贴吧的发帖规则，只有掌握了发帖规则，才能减少被删帖的概率。当商家已经熟悉了要发帖的贴吧的发帖规则之后，就可以开始发帖了。接下来，笔者将以在百度贴吧中的某一个与宝妈相关的贴吧发帖为例，其具体操作如下所示。

① 首先，商家在已经登录百度贴吧账号并且已经关注要发帖的贴吧的前提下，进入该贴吧，然后在点击该贴吧“发表新帖”下方的输入栏，如图 3-23 所示。

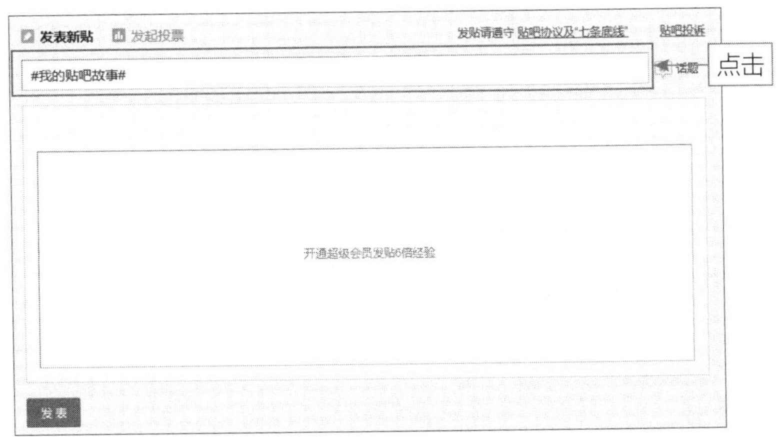

▲ 图 3-23 点击输入栏

② 执行此操作后，就会出现相应的发帖标题前缀，商家只要选中该标题前缀，并且删掉“# 我的贴吧故事 #”，然后再输入帖子的标题即可，如图 3-24 所示。

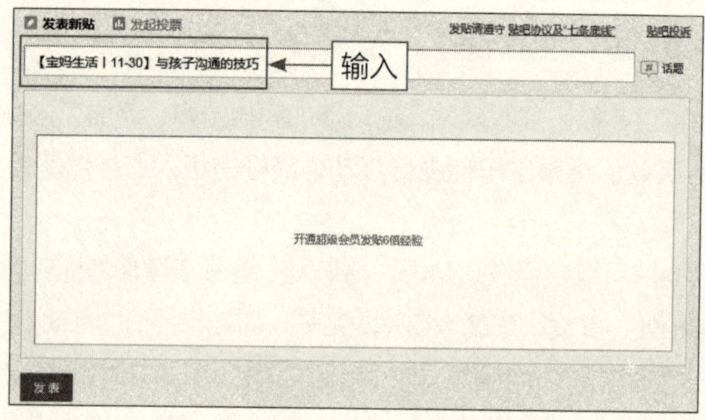

▲ 图 3-24 输入帖子标题

③ 输入标题之后，商家即可点击下方的大输入框，输入正文，如图 3-25 所示。正文的内容，商家可以按照自己的意愿来写，笔者在这里只是做一个示范。

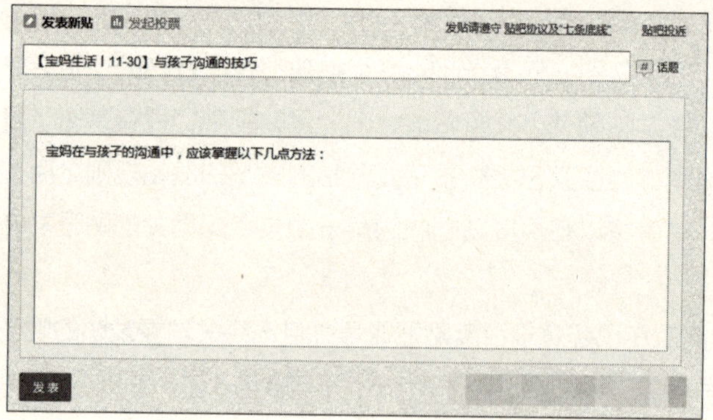

▲ 图 3-25 输入帖子正文

④ 商家的正文输入完成之后，即可点击下方的“发表”按钮，如图 3-26 所示，将自己的帖子发表。

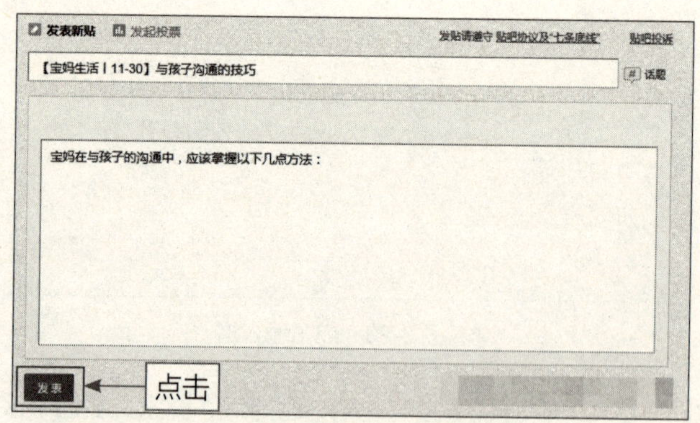

▲ 图 3-26 点击“发表”按钮

⑤ 执行此操作后，商家即可成功在贴吧发表一篇帖子，如图 3-27 所示。

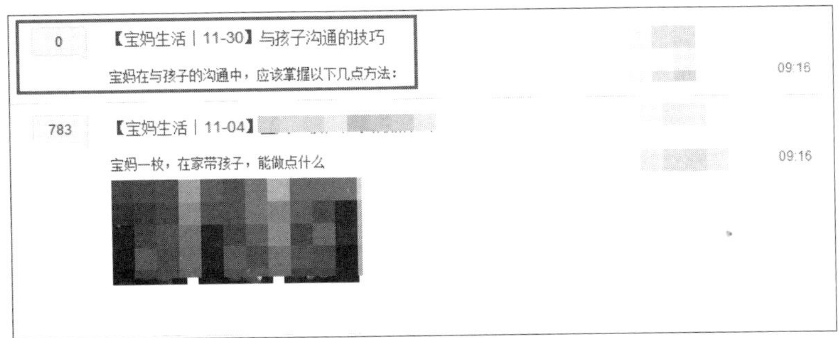

▲ 图 3-27 发帖成功

030 怎么加小区好友？

微店商家既然要扩展自己的客源，那么就要学会用好每一份资源。除了上述所说的线上找客源的方法之外，商家又怎么能够错过自己身边的资源呢？

商家居住的小区，就拥有大量的顾客群，微店商家如果能够充分挖掘这一部分资源，相信能够收获不少的好友。

微店商家要添加自己小区的好友有很多的方法，接下来笔者将为大家介绍几种实用的方法，具体如图 3-28 所示。

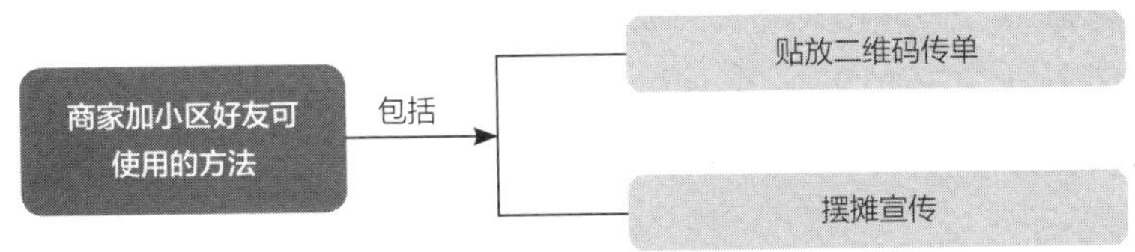

▲ 图 3-28 商家加小区好友可使用的方法

1. 贴放二维码传单

微店商家可以制作一些印有自己微信或者店铺的二维码的宣传单，并且在这些宣传单上写上对自己和店铺的介绍、扫描二维码能够带来的优惠，然后将这些印有二维码的传单贴放在自己小区门口的公告栏。当然，前提是商家所在的小区的宣传栏允许贴放二维码宣传单。

小区门口是小区好友们每天都要经过的地方，如果他们有兴趣的话，就会扫描传单上的二维码。

除了将传单放在小区门口的宣传栏之外，微店商家还可以跟小区的商店的店主商量，将自己的二维码传单放在他们的店铺里，让他们给自己推广，前提是商家必须给小区商店店主一定的好处。

2. 摆摊宣传

有的小区附近的街道会有很多的小吃街，这些小吃街有的就可以摆摊，商家可以在这些地方摆一个小摊宣传、推广自己的商品。同时，商家可以将自己的二维码宣传单和小礼品带上，让有兴趣的人扫码，扫完之后现场赠送小礼品。

通常，人们扫完码之后，都会看看商家摆放的商品，因为有实物在，他们会更加相信，说不定就会现场购买商品。如果有人要直接购买商品的话，商家可以先让他们购买，同时还可以对他们说如果关注自己的微信或者店铺，以后去自己的微店购买将会更加优惠，这样也可以将他们吸引到自己的微店中。

031 怎么加幼儿园宝妈?

在前面章节，笔者介绍了线上加同城宝妈的方法，其实，线下也有很多加宝妈的方法，例如在幼儿园设摊加宝妈。

在幼儿园设摊加宝妈要怎样实现呢？接下来，笔者将为大家介绍几种加幼儿园宝妈的方法，具体如3-29所示。

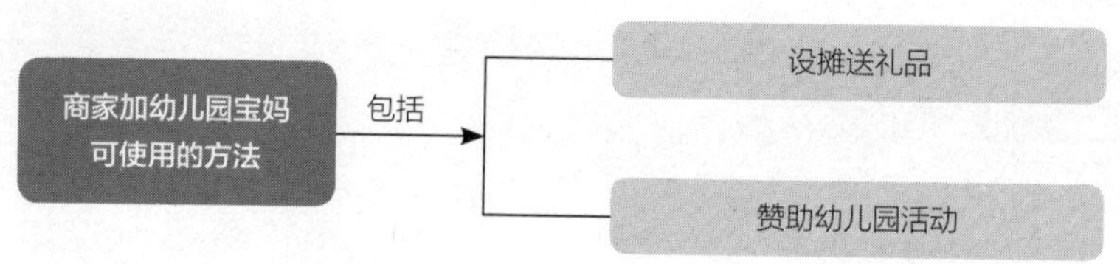

▲ 图3-29 商家加幼儿园宝妈可使用的方法

1. 设摊送礼品

商家要加幼儿园宝妈为好友，那么就需要到幼儿园附近，这样才能够接触到自己的目标群体。

商家可以在幼儿园附近设立一个小摊，小摊上摆放一些吸引人的玩具，如小气球、小红旗等，或者摆放一些学习用品，如铅笔、写字本、卷笔刀等。借助这些小玩具、小用品吸引过往的孩子和宝妈。

同时，商家要规定，只要扫描自己的二维码，就能够领取一样小礼品，这样自然就能够获得大量的宝妈群体的关注。

当然，商家要在幼儿园门口设摊送礼品，首先要在获得园方的同意之后才可实施，不然会受到对方的驱赶。

专家提醒

需要注意的是，商家在幼儿园每口设摊送礼品时，要选好时间。因为有时候，时间不对是收获不到好效果的。笔者个人认为，早上在幼儿园门口设摊是不适合的，因为早上宝妈们送小孩子上学赶时间，没空理会商家在路边设立的小摊。

笔者建议，商家可以在幼儿园下午放学时摆摊，一般这时宝妈、家长们的时间会比较充裕。但是，具体的情况还是要看商家所选择的幼儿园的情况而定。

2. 赞助幼儿园活动

现在很多的幼儿园都会举行各种活动，如文艺节活动、亲子活动等，如果可以的话，商家可以给幼儿园举行的这些活动提供一些赞助，但是必须要让幼儿园方帮商家宣传商品，或者让他们帮助商家推广商家的店铺、微信二维码。

商家在赞助这些活动的时候，不仅可以单独赞助，还可以邀请一些其他类型的商家一起跟自己赞助。

例如，幼儿园要举办一次文艺活动，会邀请孩子的家长来观看演出，幼儿园方需要准备一些零食、饮品、气球、装饰品之类的东西。

如果商家自己店铺是卖零食的，那么就可以赞助零食，同时商家还可以邀请一些卖装饰品、饮料的商家和自己一起赞助，这样就可以减少自己的赞助成本。

专家提醒

其实，除了赞助活动之外，商家平时也可以给幼儿园提供赞助，如给幼儿园提供一些教学用的用品，如小黑板、黑板刷、小凳子等，让幼儿园方在平时也帮助自己宣传、推广，说不定能收获意想不到效果。

032 怎么加同城上的女老板？

有一类人，她们对微店商家来说会是很好的资源，尤其是对那些经营品牌女装、护肤品、化妆品之类的微商来说，这一类人就是那些女老板。为什么会说这类人是微店商家的好资源呢？原因有以下几个：

- 拥有足够的资金；
- 拥有广阔的人脉资源；
- 拥有较为自由的时间。

微店商家只要能够让这些女老板成为自己的顾客，那么商家不仅能够赚到她们的钱，还有可能得到她们背后的资源支持，如人力资源、资金资源。因为，如果商家的产品不错，她们在使用后，可能会考虑加入商家的经营，或者是向身边的朋友推荐，这样一来，商家的产品就会被更多的人知晓。

那么商家要如何才能添加到这些女老板呢？商家如果要加这些女老板的话，可以去自己同城的一些招聘网站上看看。有的公司的女老板，在招聘时会留下自己的联系电话，商家可以留下这些电话，说不定这些电话就会是微信号码。这样的话，微店商家就可以通过添加电话号码，添加这些女老板的微信了。

033 适合团队的地推如何做？

上述笔者介绍的加小区好友、加幼儿园宝妈等活动，开展一次不需要太多的人力，商家一个人就可以展开。如果商家要开展适合团队开展的地推活动，那应该怎么做呢？如果商家要开展一个适合团队地推的活动，就需要进行一系列的详细策划。

商家要让自己策划的地推活动收获最大的效果，那么这场地推活动就需要包括以下几个步骤，具体如图3-30所示。

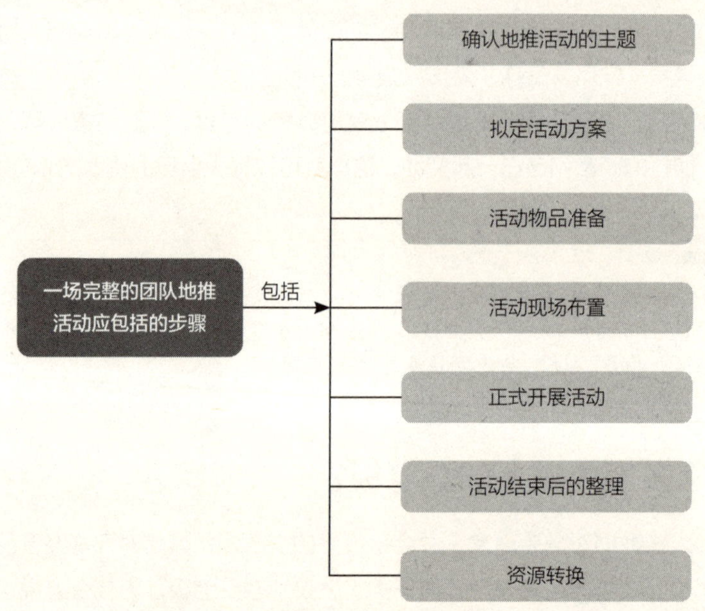

▲ 图3-30 一场完整的团队地推活动应包括的步骤

1. 确认地推活动的主题

团队型的微店商家，要开一场较大型的地推活动，那么就需要策划一个活动主题。商家开展活动的目的就是要吸引人们参与到活动中来，那么商家就需要给人们一个参与的理由，而地推活动主题，就相当于微店商家为人们提供一个大家参与活动的理由。

商家在确认地推活动的主题时，要紧扣活动的主题思想，要让人一看就清楚此次活动的主要内容是什么。

商家在确认地推活动主题时，要尽量将主题做得新颖、有趣一点。地推活动的主题可以根据商家自己的情况来定，如商家可以以“新店送福利，关注获礼品”“倾情回馈，礼品大馈赠”等为主题；商家也可以根据时间来定活动主题，如各种节庆日，如“月圆人更圆，中秋好礼送给你”“喜迎佳节，礼品奖不停”等。商家推出的地推活动主题，可以是多种多样的，只要能够吸引人们关注、参与就可以。

2. 拟定活动方案

商家在确定了活动主题之后，就可以根据活动主题，拟定活动方案。商家在拟定活动方案时，方案至少需要包括以下几方面的细节：

- 活动开始的时间；
- 活动的地点；
- 活动的资金预算；
- 活动所需的物资；
- 突发事件处理方案。

其中，商家在选择举行地推活动的场地时，要尽量选择人流量大的地方，只有人流量大，参与的人才会多。

同时，商家在选择场地时，也要与自己商品的消费人群所在地相结合。也就是说，商家在选择活动场地的时候，要选择自己商品的目标客户常去的，而且人流量大的地方。例如，商家主营的产品是老年人保健品，而老年人聚集的地方就是公园、广场，那么商家就可以将活动地选在人流量多的公园、广场等地方。

3. 活动物品准备

商家要开展一场较大型的地推活动，那么就需要准备一系列活动所需的物品，以下几种物品是商家必须要准备的，具体如图 3-31 所示。

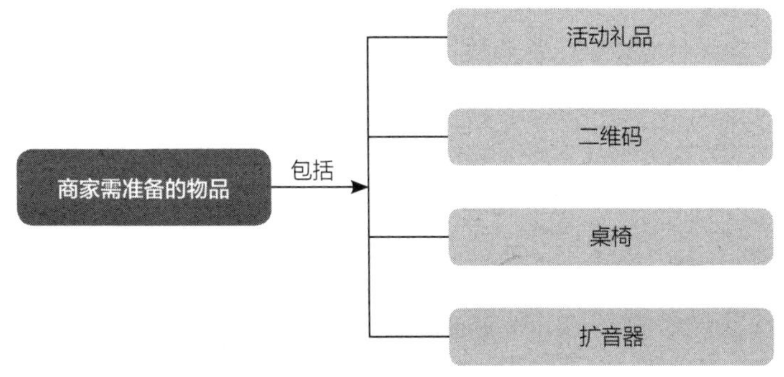

▲ 图 3-31　商家需准备的物品

（1）活动礼品

这是商家举行地推活动必不可少的一项物品。因为，礼品是吸引人们参与到活动中的一个武器。商家在送礼品的时候，可以送自己经营的产品，也可以送其他的东西。

（2）二维码

有二维码，人们才能进行扫码。商家在设置二维码的时候，可以放自己微店店铺的二维码，或者是商家本人的二维码。这样对后期统计总的扫码人数比较方便。

商家可以将二维码放在各种媒介上，主要的媒介包括以下几种，具体如图 3-32 所示。

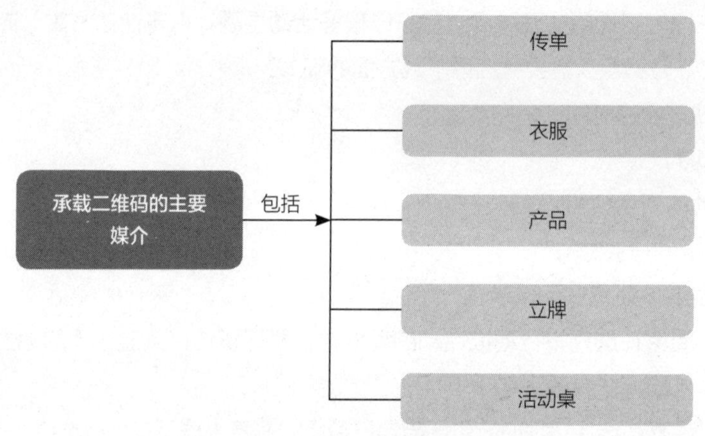

▲ 图 3-32 承载二维码的主要媒介

同时，商家在制作好二维码之后，要先测试其是否能扫描出来、是否正确，免得活动开始后，扫不出二维码，或者二维码错误，而导致整个活动混乱的情况出现。

4. 活动现场布置

地推活动现场布置，也是商家在开展地推活动时必须要经历的一个步骤。一个主题鲜明、有特色的活动现场能够帮助商家吸引更多的人群的关注。

商家在布置活动现场的时候，要根据自己活动的需求考虑是否搭建舞台，如果搭建舞台的话，商家还需要准备音响设备。搭建舞台有好处也有坏处，其好处是，能够吸引更多的人关注，能够提高现场群众的热情与参与度；坏处是，活动成本会更高。

活动的现场布置主要还是看商家自己个人的意愿，但是有吸引力、安全是必须要遵守的原则。

5. 正式开展活动

等一切准备就绪之后，接下来商家要做的事情就是开展活动。商家在活动开始后要时刻把控住活动的进程。

要使得整个活动过程按照计划进行，商家在活动中就要尽可能调动现场的气氛，提高人们的参与热情。如果有意外事件发生，商家一定要及时处理，确保活动能正常进行。

6. 活动结束后的整理

活动结束后，商家团队要对活动成果进行整理，将通过活动得到的关注量整理出来，评估活动效果是否理想。同时，还要进行活动总结，为团队下次开展活动积累经验。

7. 资源转化

最后，商家团队需要做的就是将活动所得的资源进行转化，将这些参与者转化为自己店铺的消费者。

第 4 章

如何运营？
教你从零开始运营微店

学前提示

对于微店商家来说，成功让一家店铺运营起来才是最重要的，因此掌握一些运营微店的方法是每一个微店商家都必须要做到的。本章，笔者将为大家介绍一些运营店铺的基础知识，让大家成功运营自己的微店。

要点展示

- 热销：卖什么最赚钱？
- 微店进货有哪些渠道？
- 微店 APP 如何添加商品？
- 怎样快速将淘宝商品搬到微店？
- 微店的商品分类如何管理？
- 微店店铺基础完善
- 宝贝描述引人注目
- 宝贝图片处理与美化
- 商品定价的规则
- 独具风采的装修
- 微店界面模板应用
- 微店购物支付方式
- 包装与打包技巧
- 合理选择发货物流

034 热销：卖什么最赚钱？

每个商家的微店就是一座在线商城，这个商场连接着无数的消费者和店家。微店店主们想要获得更多的点击量和客户，必须以商品为突破点，只有出售当前市场上热销的商品，才能获得成功。因为热卖产品，代表着大多数人的购物需求。

经过笔者的分析发现，以下几类商品的市场前景是比较乐观的。

1. 美妆产品

所谓美妆产品是指各类化妆品，这类产品一直是网店的热销品。爱美之心，人皆有之，因此美妆产品具有大规模的潜在客户。

图 4-1 所示为微店美妆产品以及相关店铺。

▲ 图 4-1 美妆产品及店铺

按照化妆品的不同效果来分类，主要可以分为以下几大类：

- **清洁型。**主要功效是用来洗净皮肤。
- **护肤型。**这类化妆品如清洁霜、洗面奶、浴剂、洗发护发剂、剃须膏等。
- **基础型。**化妆前，对面部头发的基础处理，这类化妆品如各种面霜、蜜、化妆水、面膜、发乳、发胶等定发剂。
- **美容型。**用于面部及头发的美化用品。这类化妆品指胭脂、口红、眼影，头发染烫、发型处理、固定等用品。

美妆产品市场前景不错，也是传统行业里比较热门的投资项目，但想涉足该行业有一定难度。因为经营者需要了解化妆品的相关知识，如品牌、价位、产品适用皮肤、彩妆的色彩搭配、对消费者的形象设计等，同时还应该对化妆品行业的经营手法有深入的了解。

此外，有意销售美妆产品的微店店主，还必须有正品货源，因为化妆品是相对敏感的产品，如果出售的商品是假货，并对购买的好友产生了危害，受损的就不仅仅是金钱了。

2. 女式服装

女性时装市场一直是服装市场的大头，引领着时尚和潮流，是时髦、天性的代表。女性购置服装的频次和金额是整个服装消费集体中最多的，有得女性时装者得天下一说。所以，女装同样是微店店主寻找店铺商品的良好选择之一，如图4-2所示。

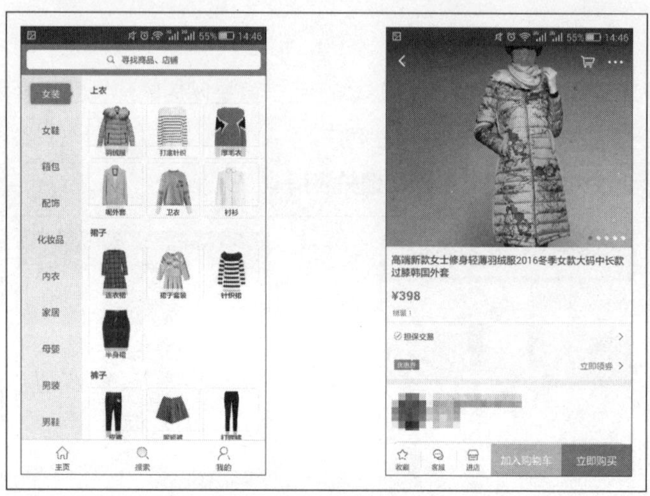

▲ 图4-2 女装产品及店铺

对于初次接触女装的微店店主来说，进货是最大的难题，那么，创业者应该怎样进货呢？可以从以下几点做起。

（1）确定客户定位

每个品牌的服装都有其客户年龄段定位，如20～25岁或者30～40岁。商家找准自己的客户定位，对于经营会比较有利，在后期的拿货、确定商品价格上，客户定位对经营会有一定的帮助。

（2）利润要合理

相对于其他产品来说，女装的利润空间比较大，商家设置合适的利润对于长期的发展是比较有利的。

（3）货品尽可能齐全

试想，如果一个店铺的货品太少，客人能够找到合适的衣服吗？答案是否定的，因此微店店主在进货时，尽量将同一品牌的不同尺码、颜色、款式全部拿全，保证货品多样性。

3. 美食产品

随着互联网购物的发展，越来越多的年轻人开始选择在网上挑选一些美食。网上零食正是由于受到年轻人的喜爱，其热销程度才一直屡升不降。如果微店创业者拥有良好的美食货源，开一家美食店铺是不错的选择，如图 4-3 所示。

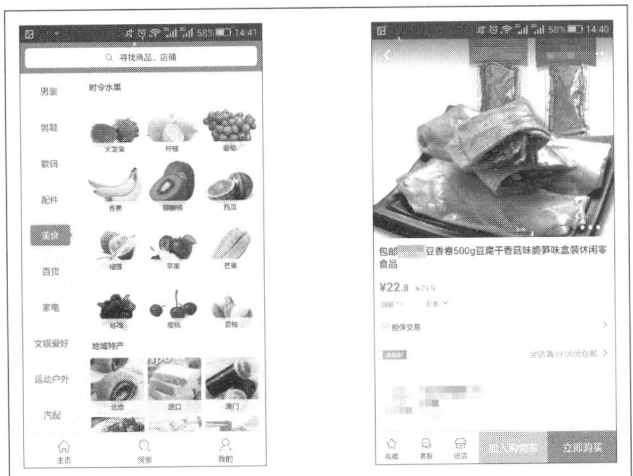

▲ 图 4-3 美食店铺

4. 鞋类产品

目前，通过网络销售鞋子已经普及开来，人们早已适应了不去实体店，而是在网店、微店等平台选购鞋子，然后下单支付，坐等商品上门的消费流程。因此在微店上出售鞋子也是不错的选择，如图 4-4 所示。

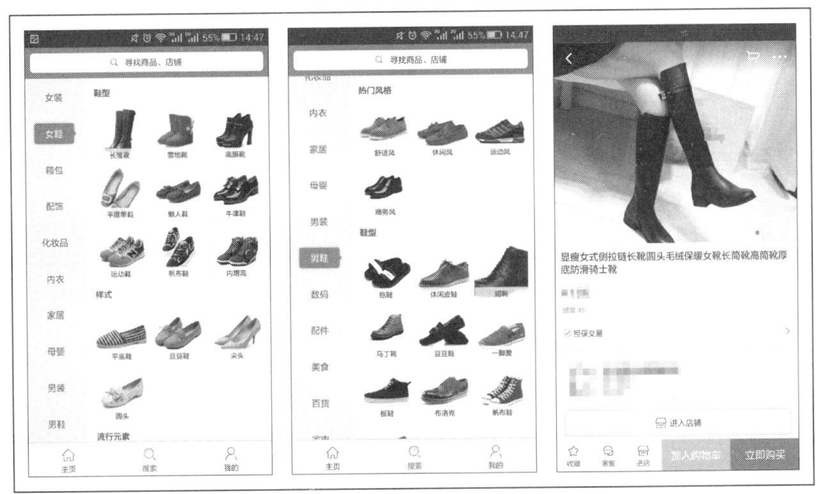

▲ 图 4-4 鞋子微店店铺

在进货方面，微店店主们需要注意以下几点。

（1）进货的渠道

新手刚开始进货，建议选择在所在省会城市的批发市场，这样可以同货主套近乎了解当地的款式及当地的流行趋势。如果是代理模式，一定要确保商品是正品，杜绝假货仿品。

（2）进货的技巧

进货时，要“看、问、比、试”，多观察商品，俗话说货比三家，要每家仔细地看，同种商品比价格，同样价格比质量。

（3）款式的选择及尺码的搭配

现在市场上，大部分批发商是允许商家进货时拼码拼色的，就是说同一种商品，如果它有三个颜色、三种尺码，微店店主可以不将每一种颜色、每个尺码的货都拿全，而是搭配拿货，只拿某个颜色中的一种或者两种尺码。

5. 数码产品

随着社会的发展，人们对数码产品的需求越来越多，投资一家数码产品微店前景是很不错的。目前市面上流行的数码产品包括手机、平板电脑、笔记本电脑、相机等，图4-5所示为数码产品分类以及相关店铺。

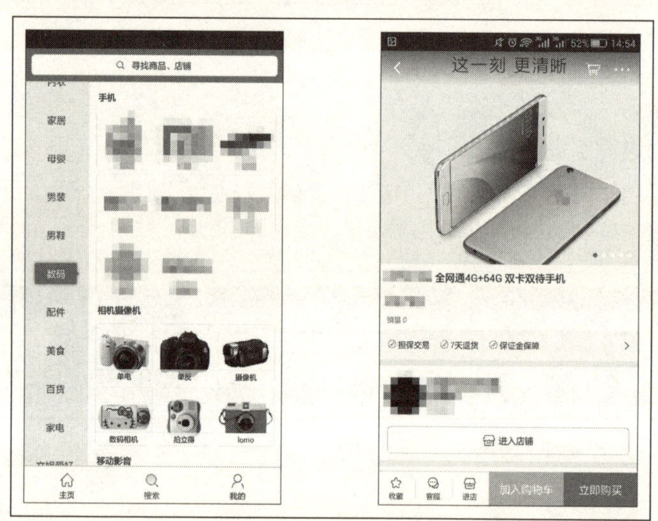

▲ 图4-5 数码产品及店铺

一般而言，数码产品的单件价位在网上交易中属于高价产品，但其毛利率相对而言却不见得高。

所以商家从厂商处拿货后，到网上定价时，一定要与网下大厂商的价格变动保持一致，确保商品的价格是符合市场行情的。

6. 箱包产品

箱包电子商务市场拥有巨大的市场机会，之所以这么说，是因为对于大部分人来说，都会需要用到箱包。

目前，微店平台上的箱包店铺不在少数，分类也是五花八门，如图4-6所示。

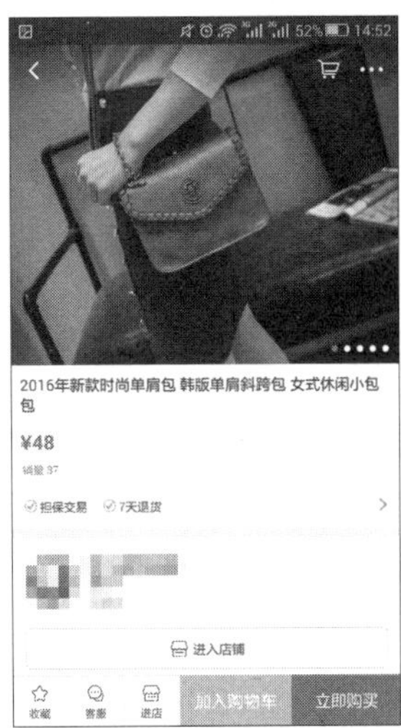

▲ 图 4-6 箱包分类及店铺

那么对于初次接触箱包销售的微店店主来说，应该如何下手呢？经过笔者分析总结，具体方法有以下几种：

（1）高诚信的代理商是成功的基础

微店经营的关键之一就是要寻找正规的上级代理商，要做到这点不容易，网上有不少因为找不对人，被骗了一大堆代理费的案例。所以，如果找代理，尽量找在淘宝或阿里巴巴有店而且有一定信誉度的商家。

（2）质量好的热销品是关键

如果供货商有淘宝店，可以从买家评价那里大体了解到供货代理商的产品整体质量。

此外，发布产品的图片是很重要的事情，一是图片要好看，不然不能吸引人，二是要有实物图。现在，很多供货商为了省功夫，直接从一些官方杂志上下载图片，然后各自生产自己的货，贴自己的产品品牌，然后发布，于是造就了这样的一种情形：同样的图片有很多不一样的品牌，质量当然良莠不齐了。

（3）一手货源要重视

做代理的，本身就是从差价中获利。如果拿的不是一手的货源，是做了代理的代理，那么产品的成本自然就上来了。

就箱包销售来说，自创品牌要想办法向高端发展，因为高端箱包的利润率要远高于低端产品，这就需要从原材料、设计、制作工艺上下大功夫，同时配合强有力的营销手段。

035 微店进货有哪些渠道？

在介绍了市面上热销的产品之后，接下来，笔者将为大家介绍微店商家可以进货的渠道。

1. 批发市场

每个城市一般都有一个比较大的小商品批发市场，产品便宜并且交通方便，因此很多创业者都会去这些地方进货。一般来说，在批发市场进货更有优势，具体原因有以下几点:

- 批发市场的商品比较多，品种数量都很充足，挑选余地比较大，而且很容易实现“货比三家”；
- 能够看到实体货物，质量可以把控；
- 批发市场很适合兼职的微店卖家，在这里进货时间和进货量都比较自由；
- 批发市场的价格相对较低，对于微店来说容易实现薄利多销，也能有利于微店交易信用度的累积。

这里要特别提醒刚开店的商家们，在前往批发市场进货的过程当中，自己要事先想好大约需要进多少东西，花费多少钱，并且一定要保留进货数量价格的清单，清单使商家便于记录进货情况同时也是退换货的凭证。在确定了货源之后，要努力维系住买卖关系，方便下次拿货。

2. 厂家货源

微店商家除了可以从批发市场拿货之外，还可以自己联系厂家，直接从厂家那里去拿货。对于微店店主来说，联系厂家直接进货也是一个不错的进货方式，这样有很多好处

- 减少了周转环节，进价最低，可以薄利多销；
- 从源头直接进货明显降低了进货成本，定价才能低下来，更具竞争力；
- 正规的厂家货源充足，质量有保证，态度较好，如果长期合作的话，可以稳定产和销，保证商品供应，还能争取到滞销换款。

> **专家提醒**
>
> 但是一般而言，厂家的起批量较高，不适合小批发客户。如果微店店主有足够的资金储备，并且不会有压货的危险或不怕压货，则可以去找厂家进货。

3. 外贸尾单货

外贸尾货最初的名词叫“出口转内销”，之前有很多国外公司到中国来加工制造商品，然后运回本国销售。国内厂家在生产完国外的订单后，总会剩下那么一批，比如生产10万件，然后剩下几百件，那这剩下的几百件就叫外贸尾货。一般来说，剩下的这批货物会以非常低的价格卖掉，通常是低于成本价格。

一般的商品流通是厂商成本加利润卖给批发商，批发商再加利润卖到消费者手里。而外贸尾货的批发价通常是低于成本价的，但款式和质量都是和国外的订单属于同一

批货，质量标准要比国内的高。

外贸尾单货的优点就是性价比高，通常商家所销售的几十元钱的产品出口后都标价几十美金或是更高的价格；但缺点是颜色和尺码不全，不能像内销厂家的货品那样齐码齐色。所以，它的价格一般比商场或其他地方更便宜。

外贸尾单货价格通常十分低廉，品质做工绝对有保证，是一个不错的进货渠道。但一般要求进货者全部吃进，所以进货者要有一定的经济实力。

可是，面对鱼龙混杂的外贸货市场，微店店主们应该如何判断其真假呢？下面介绍几点经验供大家参考。

（1）看价格

大多数外贸企业不擅长内贸，一旦产生了尾单货，一般都会选择低价脱手。

（2）看质量

商家要知道真正的外贸尾单货的质量怎么样，这就需要有相当的经验才能辨别，或者手上有真货可作比较。

（3）看包装

真正的外贸尾单货的外包装都是比较简单的，那些包装精美、所有配件都全的商品就值得怀疑了。

（4）看商标

一般尾单货的商标都是最后才贴上去的，有的甚至没有，这并不代表商品不好，或者是质量有问题，而恰恰说明了真货的严谨性。越是替知名品牌加工产品的厂家，它的尾单货就越是不可能有商标，因为越是知名的品牌对商品的控制越是严格，包括包装袋也是一样。

（5）看尺码

一般来说，尾单货特别是服装类的尾单货，有断码现象是非常正常的，尺码几乎不可能齐全。

（6）看瑕疵

有些外贸尾单货是有瑕疵的，不过这些瑕疵并不明显，不容易看出来。

4. 国外打折商品

微店店主们不仅可以在国内寻找货源，还可以利用网络来销售国外的品牌。国外的很多大的商品在换季或节日前夕，价格非常便宜。这对微店商家来说会是一个好时机，因此微店商家们可以直接和国外的厂家联系，取得货源。

如果卖家在国外有亲戚朋友，也可以拿到诱人的折扣在网上销售，这种销售方式正在被一些留学生所关注。

不过在进货之前，买家最好先在论坛上了解产品，有国外代销经验的买家会给出一些注意事项，比如怎么看产品批号、怎么辨识真假货。

此外，国外有些产品没有外包装和说明书，所以商家拿货之前，一定要了解自己要购买的商品，尤其在国内未设专柜的商品。

最后，虽然海外代购在流程上与国内电子商务的购物流程区别不大，但由于海外代购涉及到国际货运，所以价值越高体积越小的商品会越合算。

5. 清仓商品

因为急于处理，这类商品的价格通常是极低的，如果微店店主可以用一个极低的价格吃下，然后转到网上销售，利用网上销售的优势，就能通过地域或时空差价获得足够的利润。

常见的清仓原因有拆迁清仓，微店店主进货时一定要分辨里面是否有陷阱。一般来说，应注意以下两个方面：

（1）是否真的要拆迁

先弄清楚商家所谓的拆迁消息是否可靠，如果只是商家的一个促销手段，那肯定有问题，最好不要进货；否则，如果进来的货物价格过高，在网上就没有竞争优势了。

（2）谨慎挑货

由于商家急需清货，时间紧迫，价格必然很低，这样才能吸引消费者在短时间内决定购买，这时进货就一定要打起精神细心挑选了。

拆迁清仓是偶然事件，无规律可循，微店商家如果将其视为自己货铺货源的唯一渠道或重要渠道，无疑是不可行的。

因此，微店店主们还可以从其他渠道获得清仓商品，如某网站的女装清仓主会场，如图 4-7 所示。

▲ 图 4-7 女装清仓主会场

6. 网络代销

所谓代销或分销，是指供货商想要把自己的产品推向市场而发展销售商，通过销售商的途径将自己的产品销售到市场上的一种模式。

一般现在大家常说的代销，是指网络销售货源商和电商之间的合作。对于资金匮乏、时间不够、周围没有进货市场而又想在网上开办网店或微店的电商而言，最佳货源渠道就是代销。

网络代销的关键在于微店店主只要把产品图片和资料发布在微店里销售，有人在微店下单购买之后，微店店主将把收货人的名字、电话、地址直接发给供货商，就能从中赚取差价。此外，网络代销还有以下几个优点：

（1）选择网络代销可以避免库存压力

做网络代销的话，不存在积压产品的情况，微店店主接了单，就报单给供货商，由供货商家代发货，根本不会因为存货压货的问题而烦恼。

（2）选择网店代销可以降低投资成本

代销基本上不需要任何前期资金投入，如果有的话，也只需要投入一点点成本。

（3）选择网店代销可以大大提升自己的竞争力

微店商家如果选择了一家好的公司、大批发商，不但商品种类齐全，而且款式也是丰富多彩，把这么多产品上架到微店，竞争力自然要强很多。

（4）选择网店代销可以享受批发价格

现在的供货商为了尽快赢得市场竞争，往往对网络代销商给予相当优惠的政策，只要加盟代销商，就可以享受批发会员的批发价格。

036 微店 APP 如何添加商品？

在手机上开微店，最重要的是要掌握大多数人上网时间的“高峰期”，尽可能多地让商品在这个时间段上架。要想掌握商品最佳的上架时间，那么商家首先需要清楚如何在微店 APP 中添加商品。接下来，笔者将为大家介绍在微店 APP 中添加商品的方法。添加微店商品的具体操作方法如下：

① 首先，商家登录微店后，点击“商品”按钮，如图 4-8 所示。

② 执行此操作后，即可进入“出售中”界面，点击页面中的“添加新商品”按钮，如图 4-9 所示。

③ 执行此操作后，即可进入“添加商品”界面，开始填写商品信息。商家需要填写的信息主要包括“商品图片”“商品描述”“价格”“库存”等。图 4-10 所示是成功填写商品信息后的示例。

④ 信息填写成功之后，商家只要点击“添加商品”界面最右上角的“完成”按钮，

即可成功添加商品，如图4-11所示。

▲ 图4-8 点击“商品”按钮

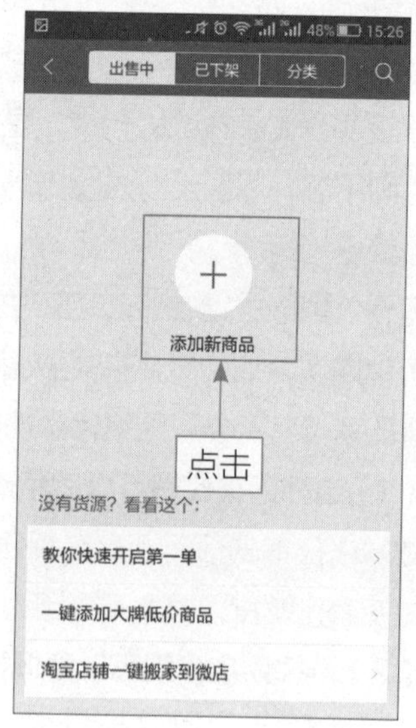

▲ 图4-9 点击“添加新商品”按钮

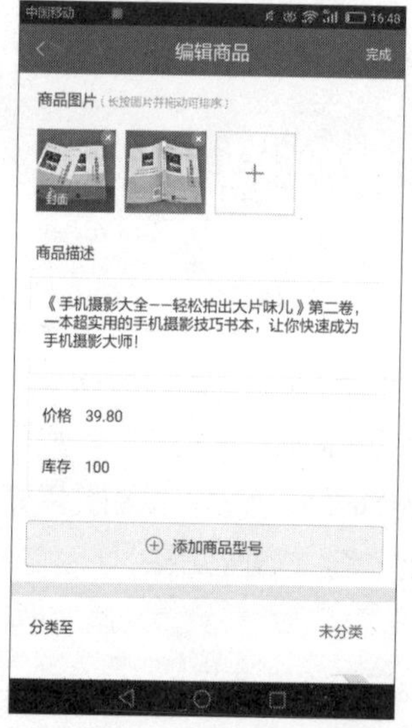

▲ 图4-10 填写商品信息

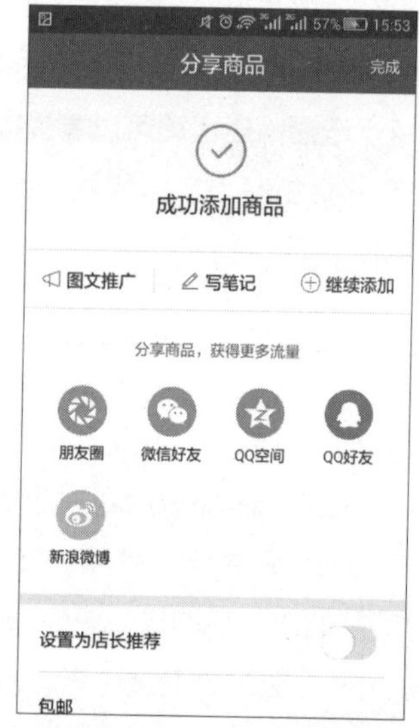

▲ 图4-11 成功添加商品

037 怎样快速将淘宝商品搬到微店？

商家如果有自己的淘宝店铺，那么也可以将自己淘宝店铺中的商品搬到微店中去。在“微店”APP中有一个功能叫“搬家助手”，商家只要使用这个功能，即可将自己淘宝店铺中的商品搬到自己的微店中。

需要注意的是，微店商家在采用“搬家助手”将自己淘宝店铺里的东西搬过来的时候，如果自己淘宝店铺里的商品比较多，那么搬运过来所要花费的时间就会比较长，商家需要有一定的耐心。

接下来，笔者将为大家介绍利用“搬家助手”功能，将自己淘宝店铺中的商品搬到微店的具体操作。

① 首先，商家需要打开微店 APP，点击 APP 首页最右下角的小齿轮，如图 4-12 所示。

② 执行此操作后，即可进入“设置”界面，点击界面中的“搬家助手”，如图 4-13 所示。

▲ 图 4-12　点击小齿轮

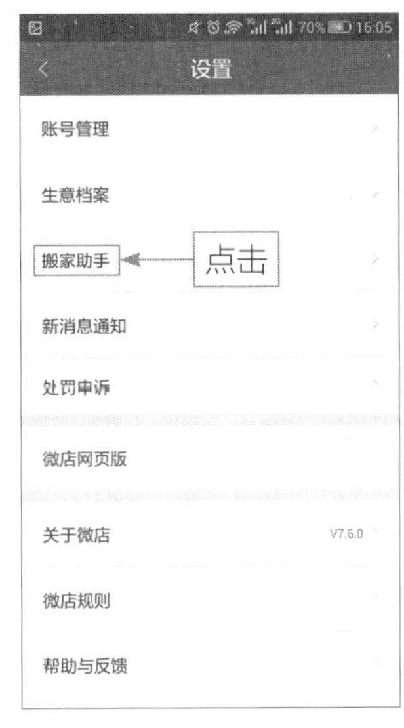

▲ 图 4-13　点击“搬家助手”

③ 执行此操作后，即可进入“搬家助手——微店”界面，在该界面商家可以看见“快速搬家”和“普通搬家”两个选项按钮，商家只需选择其中一个选项即可，在这里笔者将以选中“快速搬家”选项为例，如图 4-14 所示。

④ 执行此操作后，即可进入“淘宝账号登录”界面，商家在该界面需要输入自己店铺的淘宝账号，输入完成之后，点击“登录”按钮，如图 4-15 所示。

⑤ 执行此操作后，即会弹出提示框，商家核对店铺无误之后，即可点击提示框中的“确定”按钮，如图 4-16 所示。

⑥ 执行此操作后，即会开始自动将淘宝店铺的商品搬到微店中，商品搬完之后，商家在自己的微店中就可以看见淘宝店铺中的商品。

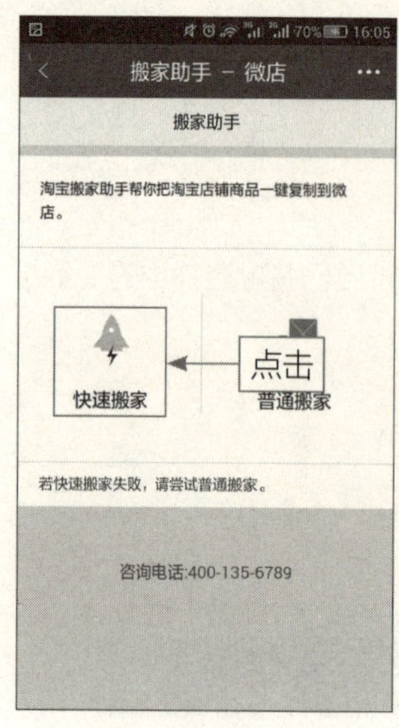

▲ 图 4-14 点击“快速搬家”按钮

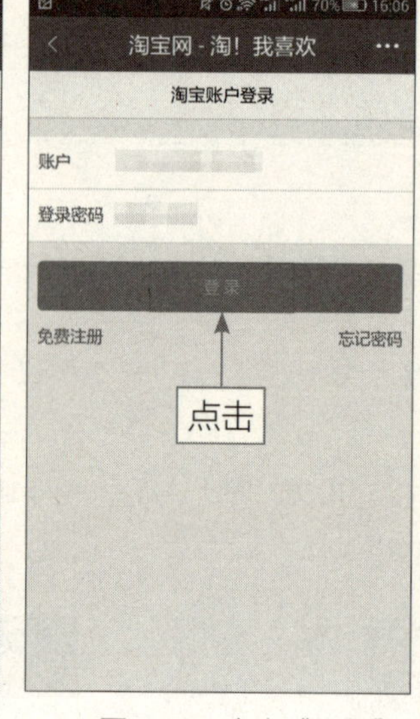

▲ 图 4-15 点击“登录”按钮

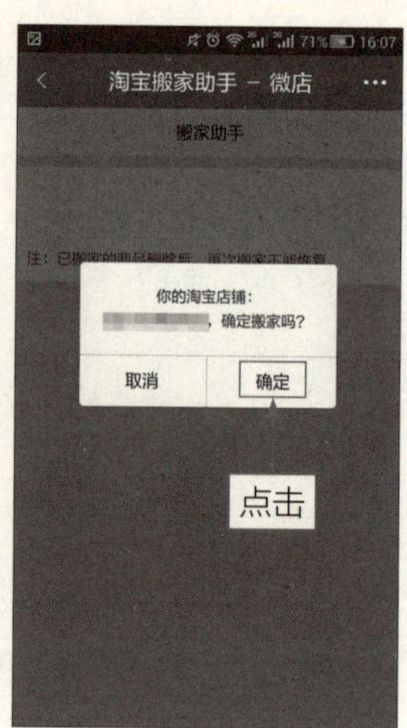

▲ 图 4-16 点击“确定”按钮

038 微店的商品分类如何管理？

合理的商品分类可以使店铺的商品类目更加清晰，方便卖家和买家快速浏览与查找自己想要的宝贝。如果店铺发布的商品数目众多，那么合理的分类显得尤为重要。好的店铺分类，将会大大方便买家进行针对性浏览和查询，从而提高成交量。

接下来，笔者将为大家介绍几种在微店 APP 中，对商品进行分类的方法。

1．添加商品时分类

接下来比笔者将为大家介绍在添加商品时进行分类的具体操作流程，其具体流程如下。

① 首先，商家需要打开并登录“微店”APP，然后点击“商品/添加新商品”按钮，进入“添加商品”界面，在该页面，商家将商品信息度填写完成之后，可以点击该页面下方的“分类至”区域，给商品进行分类，如图 4-17 所示。

② 执行此操作后，即会弹出相应的分类页面，商家如果已经设置了分类，那么就可选择相应的分类栏，如果商家没有设置分类，那么只要点击分类页面中“新建分类”的“确定”按钮，如图 4-18 所示。

③ 执行此操作后，即会弹出“新建分类名称”框，商家需要在这个框中输入分类名称，然后点击“确定”按钮，如图 4-19 所示。

④ 执行此操作后，即可成功创建分类栏，同时也为新添加的商品选中分类，然后商家只要点击“确定”按钮，如图 4-20 所示，即可成功为该商品分好类。

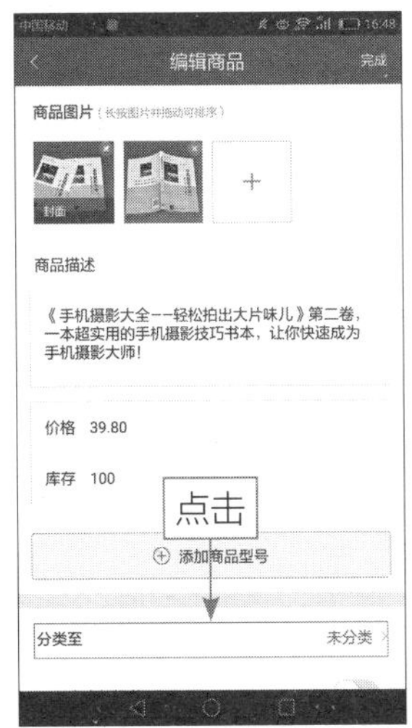

▲ 图 4-17 点击“分类至”区域

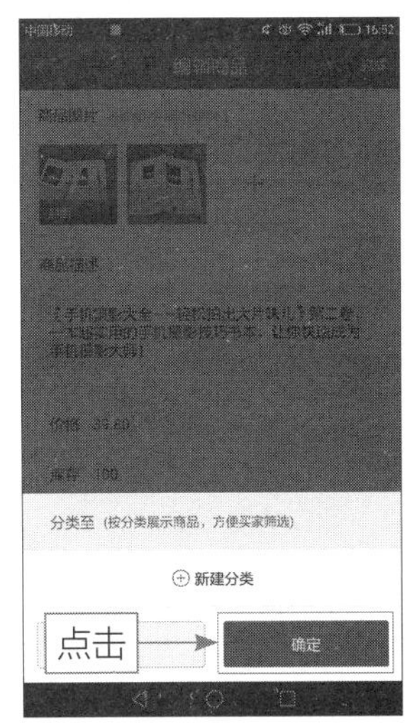

▲ 图 4-18 点击“确定”按钮

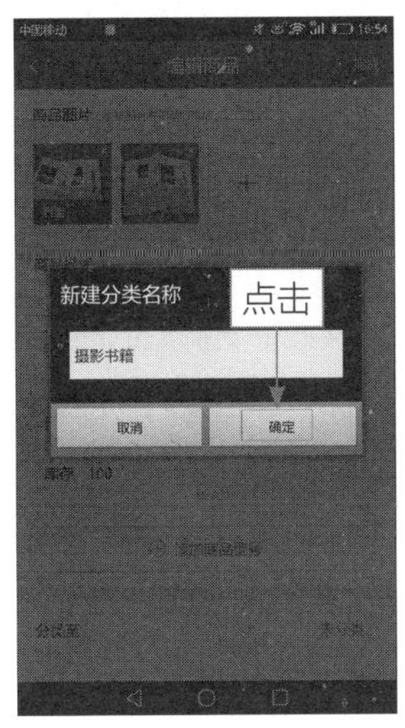

▲ 图 4-19 点击“确定”按钮

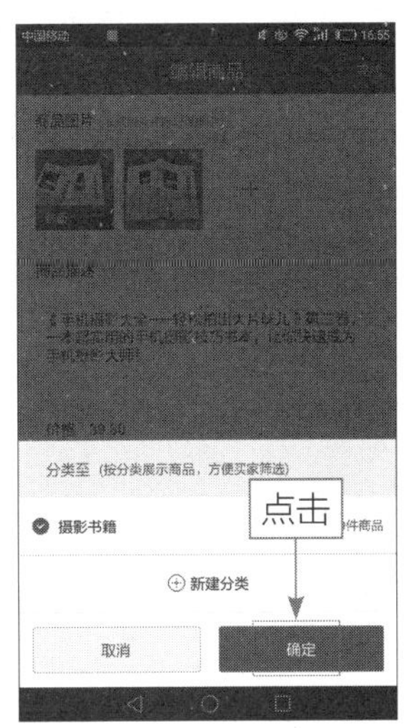

▲ 图 4-20 点击“确定”按钮

2. 批量分类

介绍完在添加商品时进行分类的操作流程之后，接下来笔者将为大家介绍批量分类的操作，其操作流程具体如下。

① 首先，商家需要打开并登录“微店”APP，然后再点击“商品 / 分类”按钮，执行此操作后即可进入“分类”界面，如图 4-21 所示。

② 然后商家在该界面，可以看见未分类商品，商家只要点击未分类商品，即可进入“未分类”界面，然后商家点击该界面右下角的“批量管理”按钮，即可进入“管

理未分类”界面，如图 4-22 所示。

▲ 图 4-21 “分类”界面

▲ 图 4-22 “管理未分类”界面

③ 在“管理未分类”界面，商家需要先选中要批量分类的商品，然后再点击界面中的“分类至”按钮，即可弹出相应的界面，然后点击“新建分类”如图 4-23 所示。

④ 执行此操作后，就会弹出“新建分类名称”框，商家需要在该提示框中输入分类名称，然后点击“确定”按钮，如图 4-24 所示。

▲ 图 4-23 点击“新建分类”按钮

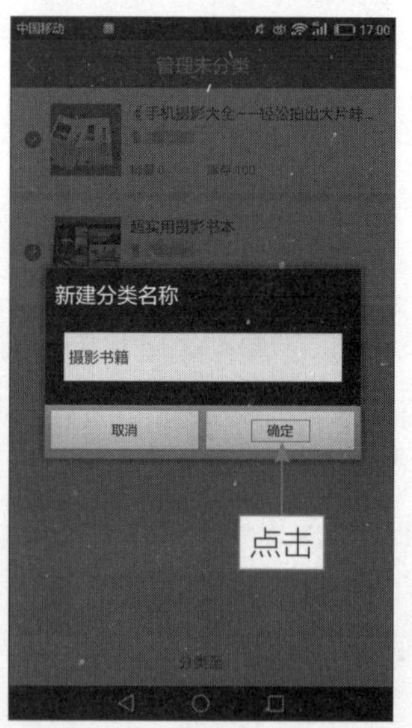

▲ 图 4-24 点击“确定”按钮

⑤ 执行此操作后，就会弹出相应的界面，商家只要点击该界面中的“确定”按钮，如图 4-25 所示，即可完成商品的批量分类。

⑥ 最后，商家只要进入“摄影书籍”分类中，即可看见添加的商品，如图 4-26 所示。

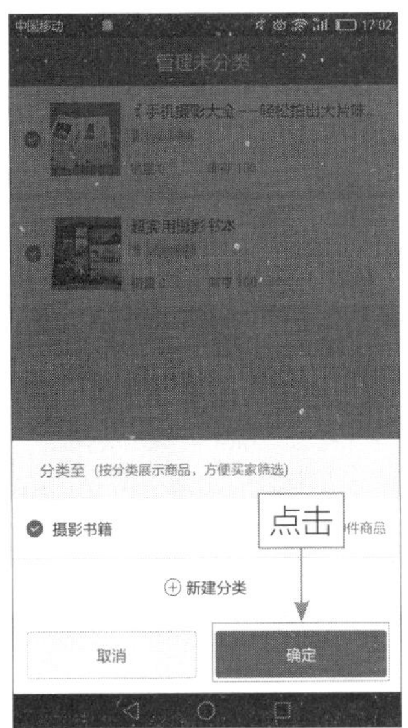

▲ 图 4-25 点击“确定”按钮

▲ 图 4-26 查看分类中的商品

039 微店店铺基础完善

微店商家在对自己的商品进行分类之后，接下来还需要对自己的微店进行一些店铺基础完善，例如，商家将自己的微店绑定自己的微信号、设置店铺公告等。

接下来，笔者将为大家介绍设置店铺公告以及在微信中点亮微店的操作。

1. 设置店铺公告

微店的店铺公告是介绍商家的店铺最重要的地方，也是顾客了解、信任商家店铺的窗口。因此，商家写好自己店铺的公告真的很关键。那么，微店店主应该如何设置店铺公告呢？因为店铺公告的区域空间有限，所以你的文字一定要言简意赅，最好能一针见血，达到吸引顾客的目的。

接下来笔者将为大家介绍怎样在微店 APP 中设置店铺公告，其具体流程如下。

① 首先，商家需要打开“微店”APP，然后点击 APP 首页上方的店铺名称区域，如图 4-27 所示。

② 执行此操作后，即可进入“微店管理”界面，商家需要点击该界面中的“店铺

公告”按钮，如图 4-28 所示。

▲ 图 4-27 点击店铺名称区域

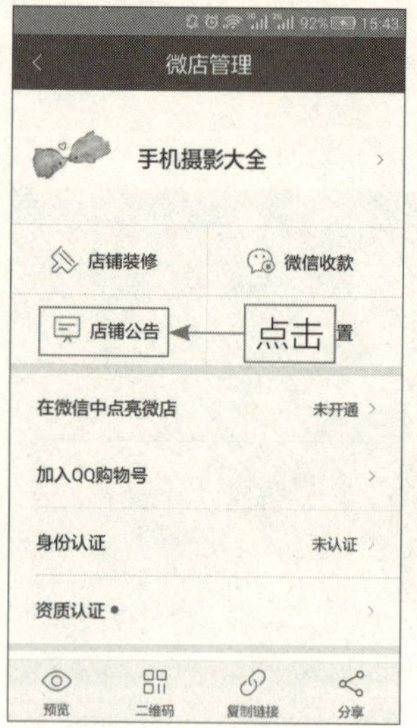

▲ 图 4-28 点击“店铺公告”按钮

③ 执行此操作后，即可进入“微店公告”界面，商家在该界面的输入框中，输入想要写入的店铺公告内容，店铺公告写完之后点击右上角的“完成”按钮，如图 4-29 所示。

④ 执行此操作后，就会返回到“微店管理”界面，商家只要点击该界面中的“预览”按钮，即可查看刚才设置好的店铺公告内容，如图 4-30 所示。

▲ 图 4-29 点击“完成”按钮

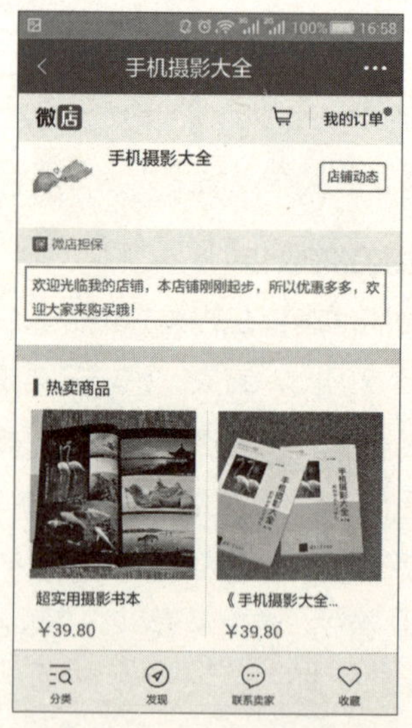

▲ 图 4-30 查看店铺公告内容

2. 在微信中点亮微店

在微店 APP 中，有一个功能叫“在微信中点亮微店”。商家只要开通这个功能，就可以在自己微信的资料里看见自己的店铺，这样一来只要有人添加商家的微信，就可以知道商家拥有微店。

在微信中点亮微店，在一定程度上能够宣传商家的店铺，帮助商家的店铺获得更多的流量。

接下来，笔者将为大家介绍在微信中点亮微店的具体操作，其具体流程如下。

① 首先，需要商家打开“微店”APP，点击 APP 首页上方的店铺名称区域，进入“微店管理”界面，然后在该界面点击“在微信中点亮微店”区域，如图 4-31 所示。

② 执行此操作后，即可进入“在微信中点亮微店”界面，商家只要点击该页面中的“立即开通”按钮，如图 4-32 所示，即可在微信中点亮微店。

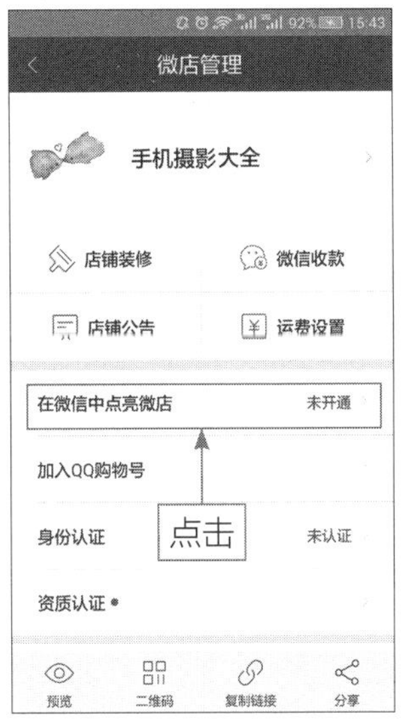

▲ 图 4-31 点击“在微信中点亮微点”区域

▲ 图 4-32 点击“立即开通”按钮

3. 设置运费

那些成功的微店商家，往往都能巧妙地利用极低的运费，甚至包邮来吸引顾客，这样既满足了顾客的需求，也获得了丰厚的回报。那么，微店店主应该如何设置店铺的运费呢?

接下来，笔者将为大家介绍设置运费的操作，其流程具体如下。

① 首先，商家打开“微店”APP，点击 APP 首页上方的店铺名称区域，进入“微店管理”界面，然后在该界面点击“运费设置”按钮，如图 4-33 所示。

② 执行此操作后即可进入“编辑运费模版”界面，商家在该界面即可进行运费价

格设置，如果对于某些地区，商家想要设置不一样的运费，那么商家还可以点击“选择地区”按钮，然后再对该地区进行价格设置，设置完成之后，商家只要点击该界面中的“完成”按钮，如图4-34所示，这样就完成了运费设置的操作。

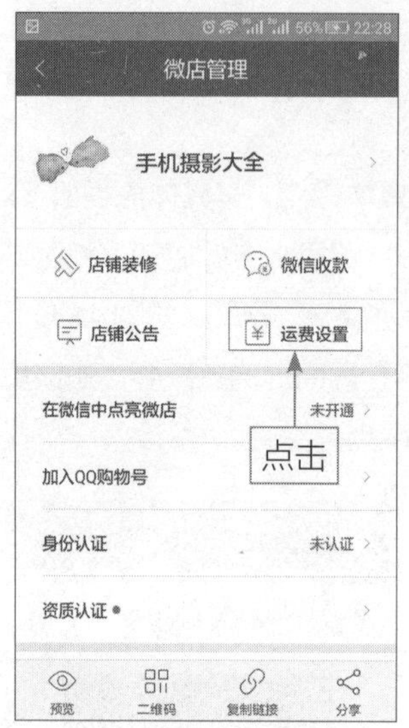

▲ 图4-33 点击“运费设置”按钮

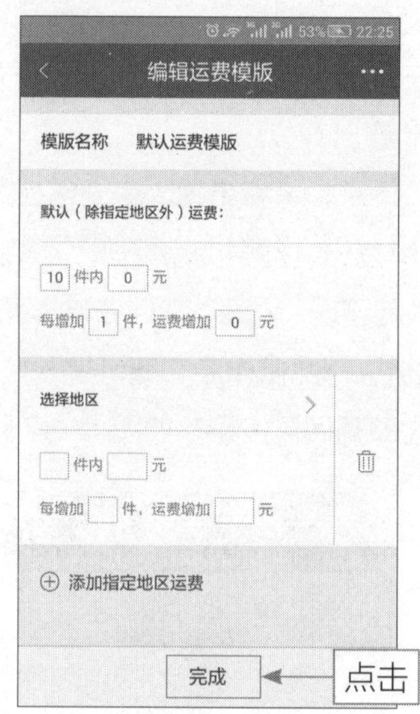

▲ 图4-34 点击“完成”按钮

040 宝贝描述引人注目

宝贝描述是用于介绍产品的功能（价值点）以及那些与众不同的地方，进而促进买家购买的关键信息。那么，微店的宝贝描述有哪些好处呢？宝贝描述的好处，集中表现在能够提高宝贝转化率、关联营销更多的商品这两个方面。

在清楚了微店宝贝描述的好处之后，商家还需要掌握一些撰写宝贝描述的技巧，这些技巧具体有以下几个方面。

1. 注重商品的基本属性

商家在微店添加商品时，可以选择商品的型号、价格、库存等基本信息，同时还要展示商品的品牌、包装、重量、规格、产地等基本属性。往往微店店主对这些属性的描述越详细，买家就越容易购买。

2. 做到图文结合

商家在进行微店宝贝描述的时候，可以采用图文结合的方式展示宝贝详情，具体应该怎样做呢？对于微店来说，大量的文字说明，让买家看着很累，不愿意阅读，浏览者更想看到的是图片，图片和文字相结合，让人看起来很轻松，同时也将宝贝的真实形态展示出来。

3. 设置大小适宜的文字

因为微店的商品描述显示在手机上，所以微店的宝贝描述大多以小图片的形式显示出来，因此在文字大小的设置上商家必须十分注意，既要保证可读，同时又不能喧宾夺主。

041 宝贝图片处理与美化

很多店铺有着不错的商品，店铺浏览量也不少，可是为什么成交量一直上不去呢？关键在于宝贝图片不够美观，那微店店主在拍摄店铺宝贝时，应该怎么做呢？

- 要求图片明亮、清晰，背景简单不杂乱；
- 细节图突出，商品在图片中的占比大；
- 不抠图、少拼图、不加牛皮癣广告；
- 要给图片加上本店的防盗水印。

当然为了更好地拍摄店铺宝贝，微店商家还可以学习使用一些会用到的摄影工具，这些工具将为商家的拍摄带来方便和效果的提高，再学习一些具体的知识点。

这些知识包括：阳光下拍摄的环境布置、室内光拍摄的环境布置、不同大小不同种类的商品拍摄的环境布置，以及在比较简易的条件下如何进行环境布置才能达到比较好的拍摄效果等。

042 商品定价的规则

给宝贝定价看似是一件很简单的事情，其实不然，如果微店店主不考虑周全，武断地制定一个恒久不变的标准价格，无疑是犯了一个严重的错误。因为在大多数情况下，这种价格往往不会带来任何利润。

所以说，给宝贝定价时需要考虑的因素很多，具体来说，要特别注意产品成本、商品形象、市场竞争情况、销售策略这几个要素。

在清楚了定价的要素之后，商家还需要掌握一定的给宝贝定价的技巧，商品定价技巧有以下几种。

1. 组合定价策略

把店铺里一组相互关联的产品组合起来一起定价，而组合中的产品都属于同一个商品大类别。

比如男装，就是一个大类别，每一大类别都有许多品类群，包括西装、衬衫、领带和袜子等，商家可以把这些商品组合在一起定价。

这些品类群商品的成本差异以及顾客对这些产品的不同评价再加上竞争者的产品价格等一系列因素，决定这些产品的组合定价。

2. 阶段性定价策略

所谓阶段性定价，就是要根据商品所处市场周期的不同阶段来定价，主要分为以下几点：

（1）新上市产品定价

这时由于产品刚刚投入市场，许多消费者还不熟悉这个产品，因此销量低，也没有竞争者。

（2）产品成长期定价

产品进入成长期后，店铺生产能力和销售能力不断提高，表现在销售量迅速增长，利润也随之大大增加。这时候的定价策略应该是选择合适的竞争条件，能保证店铺实现目标利润或目标回报率的目标定价策略。

（3）产品成熟期定价

产品进入成熟期后，市场需求已经日趋饱和，销售量也达到顶点，并有开始下降的趋势，表现在市场上就是竞争日趋尖锐激烈，仿制品和替代品日益增多，利润达到顶点。在这个阶段，一般采用将产品价格定得低于同类产品的策略，以排斥竞争者，维持销售额的稳定或进一步增大。

（4）产品衰退期定价

在产品衰退期，产品的市场需求和销售量开始大幅度下降，市场已发现了新的替代品，利润也日益缩减。这个时期常采用的定价方法有维持价格和驱逐价格方法。

3. 折扣定价策略

网上顾客一般都在各个购物网站查询过同样产品的价格，所以价格便宜是顾客下单的重要因素。怎样定出既有利可图，又有竞争力的价格呢？具体有以下几种定价方法。

（1）薄利多销定价

对于一些社会需求量大、资源有保证的商品，可以适当采用薄利多销的定价方法。这时你要有意识地压低单位利润水平，以相对低廉的价格，增大和提高市场占有率，争取长时间内实现利润目标。

（2）数量折扣定价

数量折扣是对购买商品数量达到一定数额的顾客给予折扣，购买的数量越大，折扣也就越多。

（3）心理性折扣定价

当某类商品的牌子、性能、寿命不为顾客所了解，商品市场接受程度较低的时候，或者商品库存增加、销路又不太好的时候，采用心理性折扣，一般都会收到较好的效果。

4. 心理定价策略

消费者的价格心理包括以价格区分商品档次的心理、追求名牌心理、追求廉价心理、买涨不买落心理、追求时尚心理、对价格数字的喜好心理等。

在商品定价过程中，必须要考虑顾客在购买活动中的某种特殊心理，从而激发他们的购买欲望，达到扩大销售的目的。心理定价策略有以下几种：

（1）分割定价法

定价如果使用小单位，可以使顾客在心理上有种“拣”到便宜的感觉。价格分割有下面两种形式：

一是用较小的单位定价，如每千克1000元的人参，定成每克1元；小麦每吨2000元，定成每千克2元；二是用较低单位的商品价格比较法，比如每天少抽一支烟，每日就可订一份牛奶。

（2）数字定价法

这种方法也属于心理定价策略。常见的数字定价方式可分为以下几种，具体如图4-35所示。

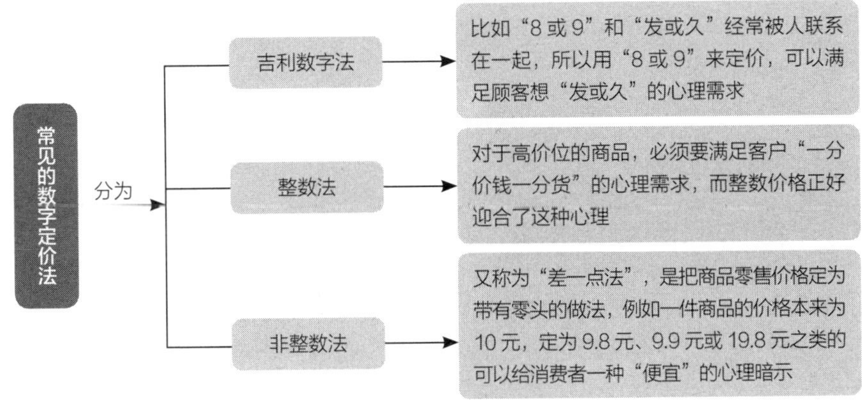

▲ 图4-35　常见的数字定价法

（3）同价定价法

例如商家生活中常见的一元店，采用的就是这种同价定价法。因此，把微店里的一些价格类似的产品定为同样的价格销售。这种方法干脆简单，省掉了讨价还价的麻烦，对一些货真价实、需求弹性不大的必需品非常有用。

（4）低价安全定价法

低价安全定价法属于薄利多销的定价策略。这种定价方法比较适合快速消费品直接销售，因为它有很大的数量优势。

低价，可以让他们的产品很容易被消费者接受，优先在市场取得领先地位，所以如果你能够做厂家的网络营销代理，就可以采用这种安全低价法。

043 独具风采的装修

微信开店的人越来越多，商家们都忙着推广，却忽略了“攘外必先安内”的古训，那就是为自己的店铺进行装修。怎么样装修才能够起到最好的效果呢？商家们必须掌握微信店铺装修的 6 大原则。

（1）整体风格要一致

针对不同的消费群体有不同的主题模板，店铺的整体风格要一致。从店标的设计到主页的风格再到宝贝页面，应采用同一色系，最好有同样的设计元素，让网店有整体感。

（2）使用合适的店铺色彩

不同的店铺色调，会给顾客不一样的感觉，合适的店铺色彩不但可以提高顾客的购买力，同时可以提高商品的水准。

（3）店铺简介赢得信任

在微信上打开某个店铺的主页时，通常会排有一个“店铺简介”的链接。页面信息主要是微店店主对店铺经营的一种概括，让顾客在最短的时间内了解店铺。

（4）商品清晰有序

合理的商品分类可以使店铺的商品更清晰，方便卖家和买家快速浏览与查找到自己想要的商品。好的商品分类，将会大大方便买家有针对性地浏览和查询。

044 微店界面模板应用

商家打开微店 APP 就可以看见商品、订单、统计、客户、收入、推广、货源等功能，这些功能组成了微店的首页界面。商家点开每一个功能，都会进入相应的界面。那么，商家又要怎样使用这些功能的界面，管理好自己的微店呢？

接下来，笔者将为大家介绍微店首页中的几个功能的模板使用。

1. 订单

订单是微店操作的重要部分，商家可以点开订单功能，进入订单管理界面，然后对店铺进行管理。对于微店店主来说，对订单进行管理有什么作用呢？如果不处理订单，又有哪些影响呢？

同淘宝店铺一样，微店的订单如果不能及时处理，会给店铺带来比较坏的影响，具体影响如下。

（1）资金成本损失、退款率增加

如订单不能及时得到处理，影响正常发货，客户将随时发起退款申请，不仅使本已成交的订单取消交易，还有可能出现订单到自动退款时间，且货品已发出的情况，另外，订单不能及时处理在一定程度上也增加了店铺的退款率。

（2）售后问题增加

订单不能及时得到处理，买家随时会发起退款、换货、修改地址等各种申请，售后问题接踵而来，增加售后问题发生的频率。

2. 客户

商家只要点击微店界面中的“客户”按钮，就可以进入聊天信息界面，然后商家再点击该页面中的“客户”按钮，即可进入“客户管理”界面，在该界面，商家可以查看资金微店全部的客户、潜在客户、核心客户等信息。同时，商家还可以给自己店铺的客户添加标签，进行分类管理，这样可以做知己知彼，精确营销。

045 微店购物支付方式

微店 APP，为用户提供了三种支付方式，这三种支付方式具体如图 4-36 所示。

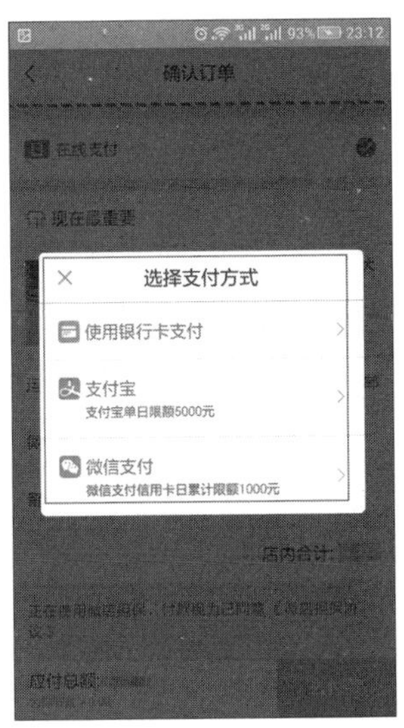

▲ 图 4-36 微店 APP 为用户提供的 3 种支付方式

这三种支付方式，无论是对商家的经营，还是对消费者的消费来说，都是非常便利的。商家可以借助这三种支付方式，为消费者提供多选择的付款方式，丰富其购物体验，而消费者则可用借助这三种支付方式，轻松完成购物支付，操作简单又快捷。

既然，这三种购物方式这么有利，那么用这三种方式付款又该怎么操作呢？接下来，笔者将为大家介绍，这三种付款方式的具体操作方法，帮助大家玩转微店购物的支付。

1. 使用银行卡支付

接下来笔者将为大家介绍使用银行卡支付的操作流程，其操作流程具体如下。

① 首先，当消费者选中某样商品，进入“确认订单”界面，然后再点击该界面中

的“去付款”按钮，如图4-37所示。

② 执行此操作后，就会弹出“支付”框，其默认为使用银行卡支付，然后，消费者需要点击“支付”框中的“下一步”按钮，如图4-38所示。

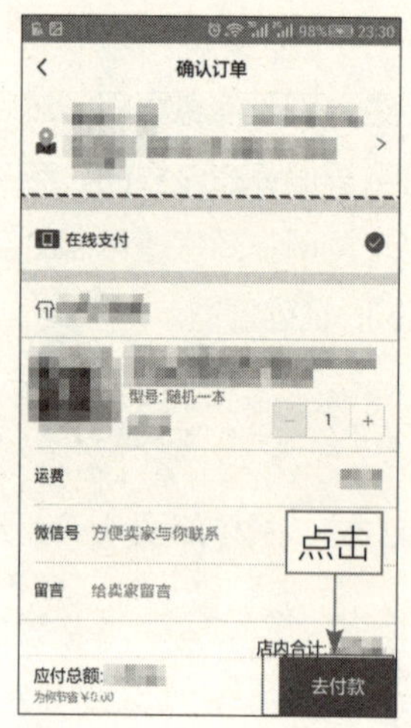

▲ 图4-37 点击“去付款”按钮

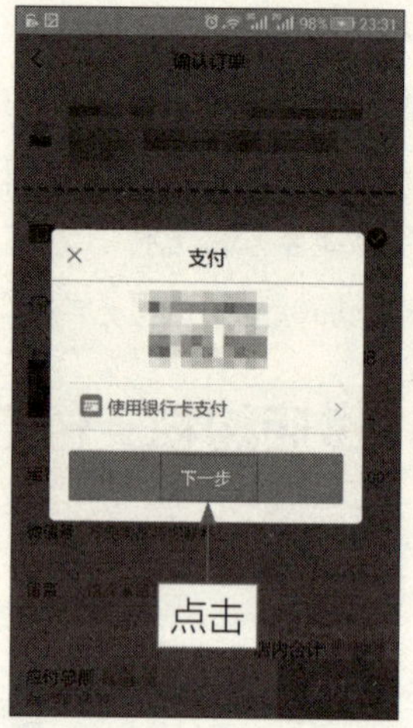

▲ 图4-38 点击“下一步”按钮

③ 执行此操作后，即可进入“填写银行卡信息”界面，如图4-39所示。

④ 消费者需要在该界面相应的地方填上自己能付款的银行卡，填写完成之后，点击“下一步”按钮，如图4-40所示，即可完成使用信用卡付款的操作。

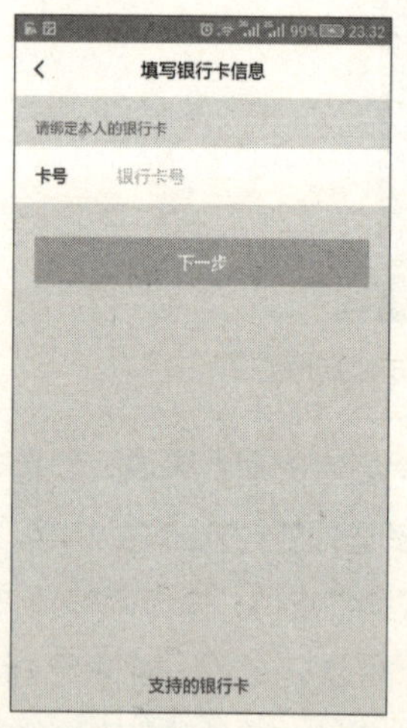

▲ 图4-39 “填写银行卡信息”界面

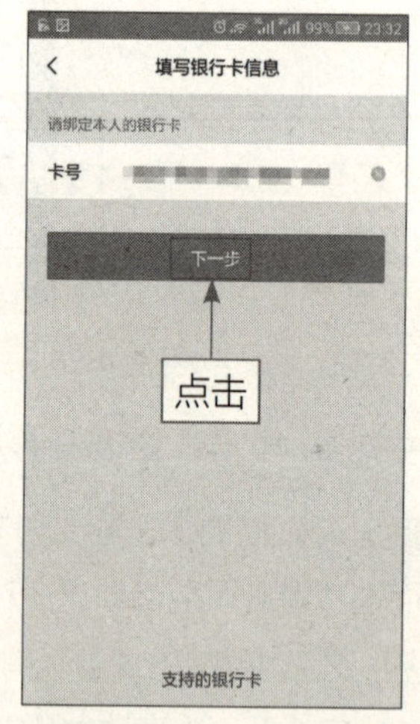

▲ 图4-40 点击“下一步”按钮

2. 使用支付宝支付

介绍完使用银行卡支付的具体操作之后，接下来笔者将为大家介绍使用支付宝支付的具体操作方法，其流程具体如下：

① 首先消费者需要选中某样商品，并进入“确认订单”界面，然后再点击该界面中的“去付款”按钮，在弹出的“支付”框中，点击“使用银行卡支付”区域，如图 4-41 所示。

② 执行操作后，就会弹出“选择支付方式”框，消费者需要在“支付方式框中”选中“支付宝”选项，如图 4-42 所示。

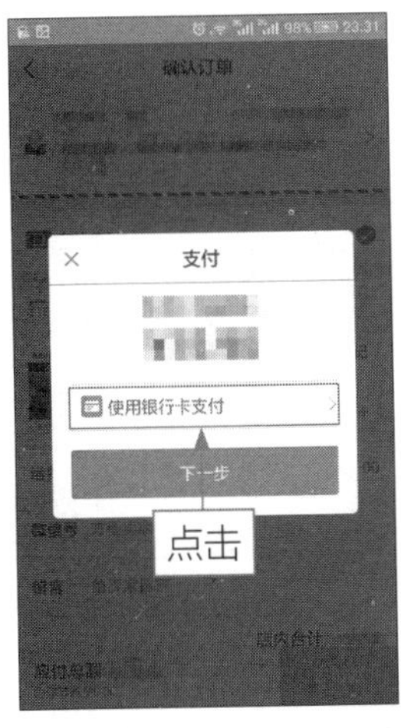

▲ 图 4-41 点击“使用银行卡支付”区域

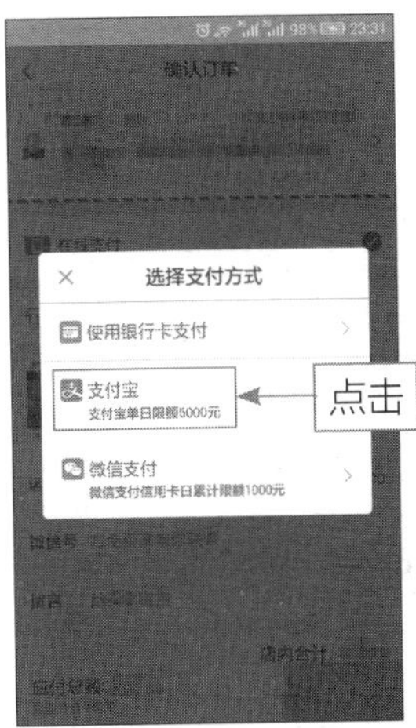

▲ 图 4-42 选中“支付宝”选项

③ 执行此操作后，即可返回大“支付”框界面，该界面中的支付方式显示的为“支付宝”，然后消费者需要点击该界面中的“下一步”按钮，如图 4-43 所示。

④ 执行此操作后，就会弹出“付款详情”界面，消费者需要点击该界面中的“确认付款”按钮，如图 4-44 所示，即可完成支付宝付款的操作。

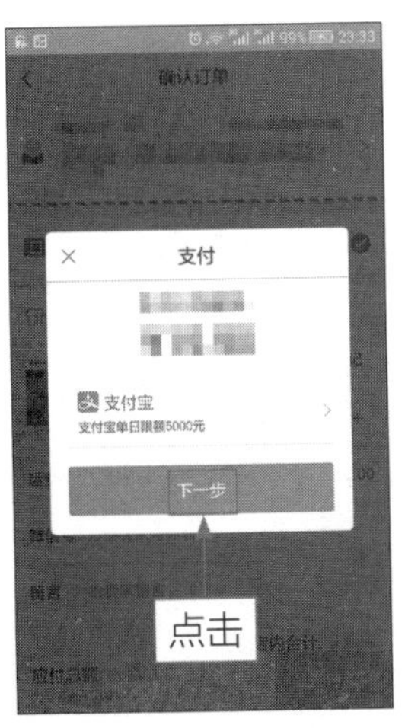

▲ 图 4-43 点击“下一步”按钮

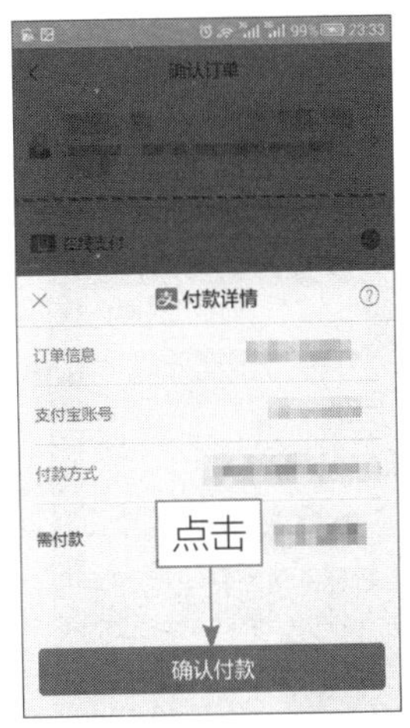

▲ 图 4-44 点击“确认付款”按钮

3. 使用微信支付

最后，笔者将为大家介绍使用微信支付的操作流程，其操作流程具体如下：

① 首先，消费者需要选中某样商品，并进入“确认订单”界面，然后再点击该界面中的“去付款”按钮，在弹出的“支付”框中，点击“使用银行卡支付”区域，如图4-45所示。

② 执行操作后，就会弹出“选择支付方式”框，消费者需要在“支付方式框中”选中“微信支付”选项，如图4-46所示。

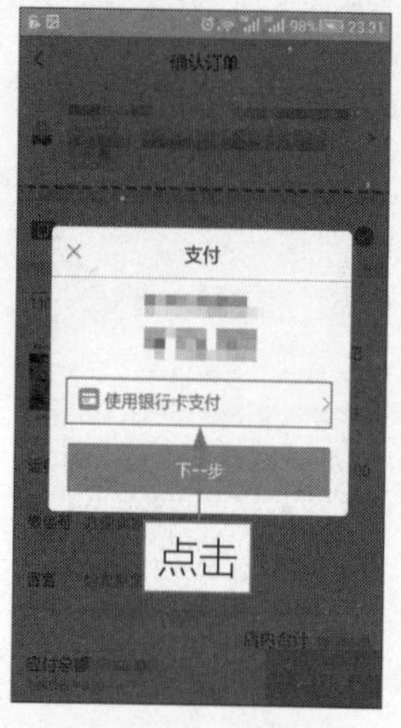

▲ 图4-45 点击“使用银行卡支付”区域

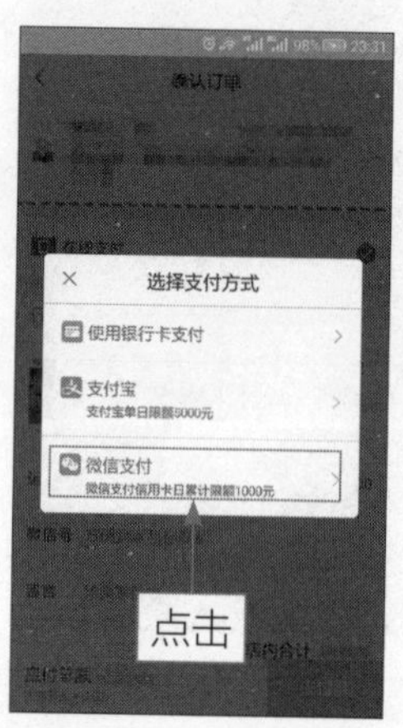

▲ 图4-46 选中“微信支付”选项

③ 执行此操作后，即可返回大“支付”框界面，该界面中的支付方式显示的为“微信支付”，然后消费者需要点击该界面中的“下一步”按钮，如图4-47所示。

④ 执行此操作后，即可进入“确认交易”界面，消费者需要点击该界面中的“立即支付”按钮，如图4-48所示，即可完成为微信支付付款的操作。

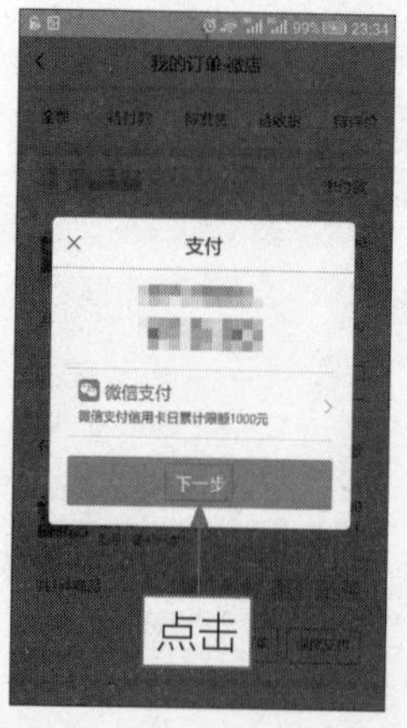

▲ 图4-47 点击“下一步”按钮

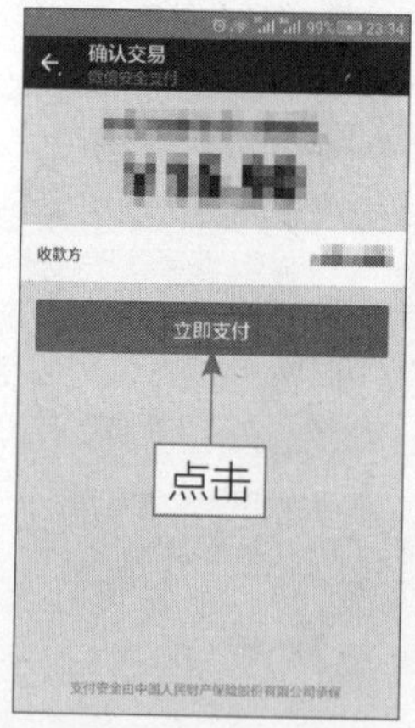

▲ 图4-48 点击“立即支付”按钮

046 包装与打包技巧

商品包装是微店物流的重点，微店店主要选择质量好的包装，确保宝贝能够安全到达买家手中。常见包装形式有哪些呢？清楚包装形式之后，商家还需要掌握一定的打包技巧，实用的打包技巧有哪些呢？

接下来，笔者将为大家介绍包装的形式与打包的技巧相关的内容。

1. 包装的类型

商品包装是微店物流的重点，微店店主要选择质量好的包装，确保宝贝安全到达买家手中。常见包装形式有哪些呢？

一般来说，商品的包装分为小包装、中包装和外包装三种形式，只有将这三层包装打包牢靠，才能保护商品，避免因物流问题产生售后纠纷。

（1）小包装

是直接接触商品，与商品同时装配出厂，构成商品组成部分的包装。商品的小包装上多有图案或文字，具有保护商品、方便销售、指导消费的作用。常见的内包装包括自封袋、热缩短膜等，图4-49所示为各种型号的自封袋。

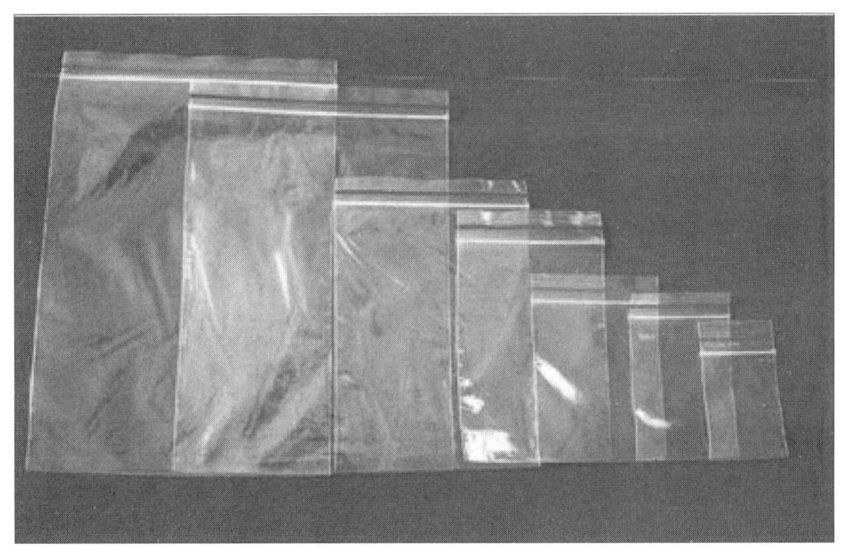

▲ 图4-49 各种型号的自封袋

（2）中包装

是商品的内层包装，通称为商品销售包装。多为具有一定形状的容器等。它具有防止商品受外力挤压、撞击而发生损坏或受外界环境影响而发生受潮、发霉、腐蚀等变质变化的作用。

常见的中包装包括气泡膜、海绵等，有时候为了节省费用，也可以使用废旧报纸代替。图4-50所示是几种类型的气泡膜。

▲ 图4-50 几种类型的气泡膜

（3）外包装

又称大包装或运输包装，在商品内包装外面重复进行的包装。一般将有内包装商品装入中型或大型的箱、袋、盒、罐中，包装后，在外表面标有记号、戳记、商品名称、商标等并使其具有一定形态。其作用主要用来保障商品在流通中的安全，便于装卸、运输、储存和保管等。

图4-51所示是纸质的包装盒。

▲ 图4-51 纸质的包装盒

2. 打包过程

选好了包装形式，微店店主应该按照怎样的步骤进行打包呢？

一般来说，给要发货宝贝的打包分为以下三步：

（1）包装

如果有多件物品，要把每件物品都分开放置，为每件物品都准备充足的缓冲材料（泡沫板、泡沫颗粒、泡沫，皱纹纸）。

需要注意的是颗粒缓冲材料可能会在运输过程中移动，所以采用颗粒材料，一定要压紧压实。

（2）打包

使用一个新的、坚固的箱子，并使用缓冲材料把空隙填满，但不要让箱子鼓起来。如果使用旧箱子要把以前的标签移除，而且一个旧箱子的承重能力是会打一定折扣的，需要确保它足够坚固。

（3）封装

最后用宽大的胶带（封箱带）来封装，不要用玻璃胶。再用封箱带把包装拉紧。

3. 打包技巧

是否成为一个成功的卖家，衡量的指标之一就体现在包装细节上。那么，微店店主应该注意哪些打包技巧呢?

当商家和别的卖家产品同质化时，什么能够打动顾客再次光临自己的店铺呢？经过笔者总结许多卖家的经验，得出在包装产品时，商家应该做好以下几点：

（1）完整性

所谓完整性，就是产品经过包装，能够在送至顾客手中时，和商家在产品描述中的一样：重量、规格、颜色、质量。

很多卖家会在产品包装时不注意，结果少了一些产品附件或者颜色拿错了，这样不仅会浪费更多的邮费，更重要的是给顾客带来了不便。

（2）超值性

所谓超值性，就是商家的产品经过包装，符合产品的特点，最终超乎顾客的意料。

微店店主在包装时，可以赠送该产品的辅助用品。例如有的卖家在卖手机时，可以赠送个手机链；卖瓷器时，可以赠送一些廉价却古色古香的装饰物等。

如果商家随便用报纸包装产品，当买家拿到货品时，也可能因心理感受产生负面的评价。尤其对于女性消费者而言，除了商品本身的完整性之外，包装精巧的商品必然能博得女性消费者的喜爱，用干净整洁的牛皮纸袋取代透明塑料袋，用小盒子取代塑料封口袋，马上提升商品的价值感，让卖家觉得超值。

（3）不要自作主张，把商品的价格标签放入包装箱内

因为有些顾客购买商品是用来送礼的，这些顾客希望网店直接发货给他的朋友，而他们一般是不愿意让朋友知道这件礼物的价格是多少、是在哪里买的。

（4）温馨提示

可在包裹中加上商品说明。对于比较复杂的商品，如果在给买家的包裹中有针对性地写一些提醒资料，比如不同质地的衣服分别要怎么洗、要注意什么、不穿时应该怎么收纳等，会让顾客感到卖家很人性化、很贴心，从而成为你的老顾客，甚至给你带来很多新顾客。

（5）保持盒子干净

无论你用什么包装寄东西，都应把盒子弄得干干净净，破破烂烂的包装会让人怀疑里面的东西是不是已经压坏了，甚至怀疑产品的质量问题。所以包裹一定要干净整洁，在不超重的前提下尽量用硬壳包装。

047 合理选择发货物流

在微店购物过程中，物流是很重要的一个环节，牵动着买卖双方的心。在电子商务时代，物流发展到集约化阶段，一体化的配送中心不单单提供仓储和运输服务，还必须开展配货、配送和各种提高附加值的流通加工服务项目，也可按客户的需要提供其他服务。

1. 选择发货物流需注意的事项

对于网络购物，物流是一个不可避免的重要问题，物流速度的快慢、服务态度的好坏也同样会影响店铺的生意，因为在消费者的意识里，快递公司和快递员与商家是紧密相关的，因此，商家必须找一个好的快递公司进行合作。

（1）选择快递公司

根据产品的情况，多选几家快递公司，经过一段时间的合作，确定长期合作的公司。商家在选择快递公司时，要注意快递公司的价格、发货速度、服务等。

（2）选择快递收件员

商家应选择比较老练的收件员，因为那些经验不多、工作不认真的快递员通常做事缺乏责任心，一旦出事就会推卸责任，可能在收件发件时会出现快递损坏等意外。

（3）快递公司的询价

商家必须了解并列出每家快递公司的邮费折扣，可以多咨询一些同行，通过筛选后将一家快递公司作为重点，其余的作为备用。

（4）做好快递跟踪

商家必须每天抽出一些时间查看货物的快递情况，比如货到哪了、是否签收等，发现有没有被签收的货物要及时联系快递公司，看看是否在运输途中出现问题，比如收货人搬家、写错地址等。

（5）处理好快递员跟买家的矛盾

当这种情况出现时，必须想办法处理好两者的关系。出现问题时，要第一时间进行处理，迅速联系当地快递，在证据确凿的情况下，及时对买家进行赔偿或补发等安抚处理，勇于承担责任。即使损失已经无法挽回，也可以与买家友好协商，达到令双方满意的结果。

在发货前，客服可以与顾客确认一下收货地址，让顾客感到微店客服的认真负责，最后别忘记贴心的问候，仿佛老朋友一样，而不是单纯的买卖，相信没有哪个顾客可以拒绝这样温柔的客服。

商品的快递和发货时间如果存在特殊的地方，一定要在交易前与顾客沟通好。例如，平邮与快递的时间差距以及卖家能够发货的时间。发货时要仔细核对订单，哪个买家购买的什么商品，买了多少，都要清晰准确，千万不能发错或者漏发。

总之，微信客服应始终保持愉快轻松的心态来面对每一个顾客，不要因为忙碌而忽视了顾客的心理需要，有时候，顾客买的不仅仅是一件商品，还有交流的乐趣，以及被重视的感动。

2. 了解常见的第三方快递

商家在清楚了第三方快递选择的方法之后，还需要了解一下现在市面上常见的第三方快递，为自己选择快递打下基础。

现在市面上常见且用户量大的第三方快递有以下几种，具体如图 4-52 所示。

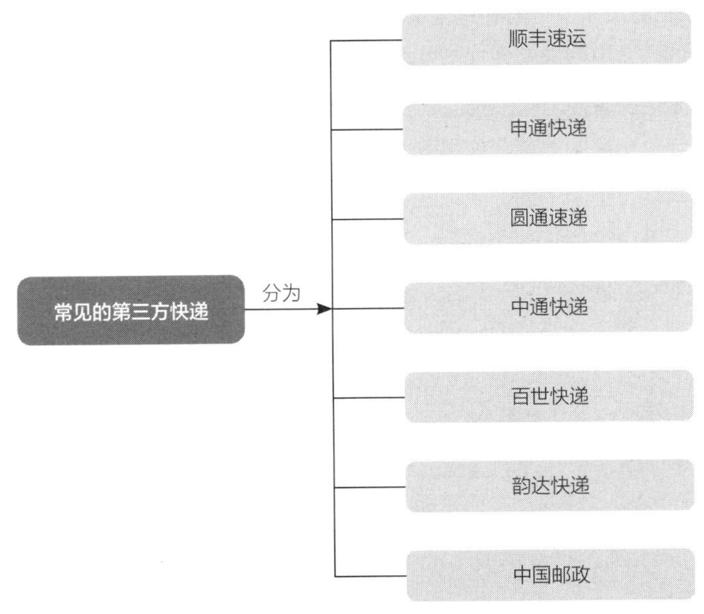

▲ 图 4-52 常见的第三方快递

3. 怎样选择快递公司

面对如此多的快递公司，微店店主需要慎重选择，因为店铺需要与选择的快递公司长久合作，那么，在选择快递公司时，应该怎么做呢?

对于不同的快递公司，微店店主要合理选择，如果不能确定选择哪一家，不妨参考以下几个建议：

- 尽量使用通过总公司开设分公司方式拓展网络的快递公司;
- 尽量使用本地经过正规注册的、规模较大的快递公司;
- 尽量了解业内哪些快递公司的口碑较好;
- 尽量用网点较多的快递公司;
- 尽量使用开着货车去你那里取件的快递公司;
- 尽量使用快递单上条形码的印刷质量比较好的快递公司;
- 尽量使用快递单用纸质量比较好的快递公司;
- 尽量使用有胶袋包着快递单的快递公司;
- 尽量选择赔偿金额或倍数高而且保价率低的快递公司。

4. 怎样争取优惠价格?

微店店主们千方百计地筛选快递，除了让宝贝顺利到达买家手中，也为了降低店铺运营成本。那么，微店店主应该如何与快递公司砍价，争取更优惠的快递价格呢?

下面是一些物流砍价技巧，供大家参考。

（1）找业务员砍价，而不是客服

首先微店店主要直接跟快递公司的业务员联系，可以通过登录快递之家查询所在地的服务电话给快递公司的客服，然后寻找负责该区域的业务员的电话。

客服不负责价钱的事情，你再怎么说也不可能给你优惠，他们给你的是对外的报价，其实价钱还有下浮余地，但是此下浮余地只有跟快递员谈才有，或者量非常多的话，还可以直接找他们经理谈价格。

（2）要多选几家综合运用

微店店主要对比价格网点、服务和速度，手机里起码要有10个以上的快递公司或者业务员的电话，计算机中也要收藏有各家快递的主页随时可以查询网点分布，尽量做到用最合适的快递公司发货。

此外，要了解各家快递的速度，比如广州发北京买家要求隔天能到的你就不能用EMS、韵达、圆通等快递了，这个时候用顺丰才能保证速度，但会贵一点。而广州发深圳一般的快递都能隔天到，因此就没有必要用顺丰那么贵的快递了，这个时候应该是哪家便宜用哪家。

所以要多了解各家快递的价格和速度，多做比较自然能更好地提高快递发送的效率和节省运费。

（3）事先称重，从续重价格入手

微店店主最好自己先把自己要发的东西称重，这样对于一些比较重的东西的邮费心里就比较有底。

当然，商家也能在买家付款之前跟买家说明邮费，跟业务员熟的话一般 1.1kg 都是不算续重的，或者只算续重的一半钱。

（4）让业务员帮忙代发也许有优惠

有些比较偏远的地方快递没有办法到只能发 EMS，但是你跟邮局的人不熟，没有办法得到 EMS 的折扣，这个时候你就可以找你常发的快递业务员叫他帮你转发 EMS，说不定可以得到优惠。

（5）前期尽量找规模小的快递公司

刚开始做微店的朋友建议不要找那些太大牌的公司。

因为前期商家的出单量会比较少，发货次数也会比较少，所以快递公司给商家的报价会比较高，而且没有商量的余地，因此快递成本也会较高。

而找一些小一点的快递公司，商家则可以适当与他们讲一下价，减少快递成本，等有量了再转投大公司。

（6）快递量大的话选择月结

如果微店的快递数量比较大，可以选择月结，这样不仅节省了每次零付的麻烦，而且快递公司会给出更进一步的优惠。

（7）一次不成功，适当时机再次谈价

砍价不是一蹴而就的，因为要与快递公司多次合作，因此可以在多次首发快件或是店铺有一定发展后再次谈价，成功率会大大增加。

第 5 章

如何促销？
为顾客提供增值服务

学前提示

微店商家如果想要提高自己的店铺销售量，除了依靠店铺商品的自身优势之外，还可以借助一些促销手段，提高销量。本章，笔者将为大家介绍一些实用的促销方法，让商家为顾客提供更多的增值服务，引爆店铺的销售量。

要点展示

- 如何进行折扣促销？
- 如何使用一元秒杀？
- 如何使用错觉折价？
- 如何使用限时抢购？
- 如何实现即买即赠、多买多赠促销？
- 如何进行积分赠送？
- 如何进行抽奖促销？
- 包邮促销怎么用？
- 红包优惠怎么用？
- 还有哪些小众促销方式？
- 如何刺激二次消费？

048 如何进行折扣促销？

折扣促销又称打折促销，是商家在特定市场范围和经营时期内，根据商品原价确定让利系数，进行减价销售的一种方式，是微店商家采用的最频繁的一种促销手段。

图 5-1 所示是折扣促销活动的海报。

▲ 图 5-1　折扣促销活动海报

价格折扣是操作最方便，也是见效最快的促销方式。店主们可以将下面提到的一些思路拓展开来，运用到自己的店铺中。

需要注意的是，降价和促销最好不要同时进行，与这里“打折 + 赠品”的促销方式并不一样。相比纯粹的打折或者是纯粹的赠品，这种促销对顾客的吸引力是巨大的。图 5-2 所示是商家采用折扣加赠品促销活动的示例。

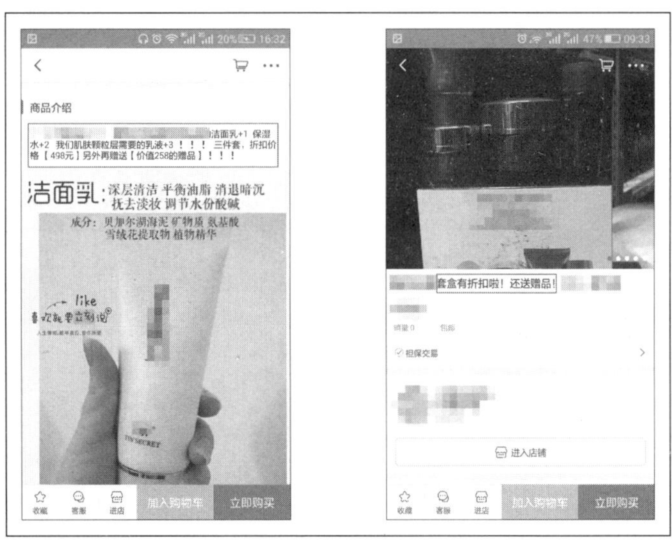

▲ 图 5-2　商家采用折扣加赠品促销活动示例

专家提醒

对于顾客来说，一次性的打折的方案和“打折＋赠品”比起来，顾客毫无疑问会选择后者，因为这意味着双重的优惠。

049 如何使用一元秒杀?

一元秒杀，就是在活动期间，顾客可以花一元钱买到平时几十甚至上百的商品。或许很多人不明白一个问题：这种促销方案不是很让店铺亏本很多吗？其实，商家采用这种方法店铺并不会亏本。

因为从表面上看，这种 1 元钱的商品确实赚不到钱，但是通过这些商品，店铺吸引了很多的流量，而一个客户如果购买了一件 1 元商品，那他同时再购买店铺里其他商品的可能性是很大的。而那些进到店铺里来却没有购买一元商品的买家，他在看了商家店铺里其他商品之后，购买店铺里其他商品的可能性是非常大的。

图 5-3 所示是进行“一元秒杀”促销活动的商品。

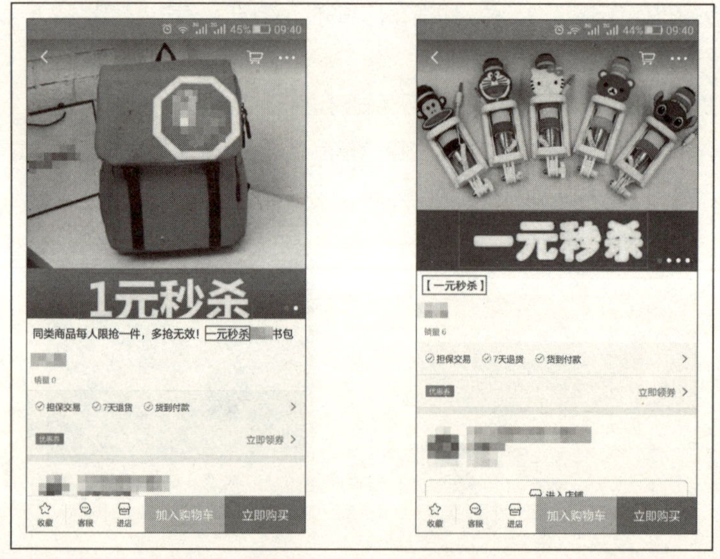

▲ 图 5-3 “一元秒杀”促销商品

050 如何使用错觉折价?

所谓错觉折价，顾名思义，就是给顾客一个错觉：他们所购买的这个商品不是打折商品，而是原价商品，只不过是商家在搞活动，给顾客让了一点利润而已。如此，无论是从顾客心理上，还是从商家的实际利润上考虑，这种方法都是很好的，既能给顾客不一样的感觉，又能给商家店铺带来较多的实惠。

举例说明：比如“花 100 元，换购价值 130 元商品”和“全场 7.7 折，99 元任选”这两种描述，实际上都是在价格上的让利，但是给买家的感觉是完全不一样的。如果你把 130 元的宝贝 7.7 折后 100 元销售，那买家就会感觉这个宝贝就值 100 元；但是如果你把方案改成“花 100 元换购价值 130 元商品”，买家就会觉得这个商品的价值还是 130 元，而他只要花 100 块钱就得到了，他从中赚到了。

图 5-4 所示是商家使用错觉折价促销法的商品示例。

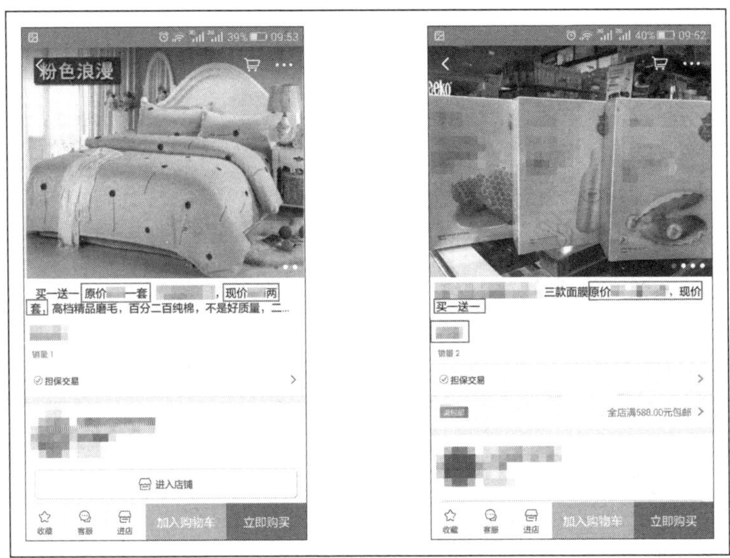

▲ 图 5-4 商家使用错觉折价促销法的商品示例

051 如何使用限时抢购？

“限时抢购”就是让买家在规定的时间内自由抢购商品，并以超低价进行销售。比如在你的店铺，每天几点钟拍下宝贝，将会享受特价的活动。

这个促销看似大亏本，但是实际上这一举动给你带来了急剧的人气提升和很多的潜在客户，因为实际上 30 分钟的挑选时间是仓促的，30 分钟之后，客户还是会在你的店里逛，他们会有既然来了总要买点什么的心理，而且那些抢下 5 元特价的客户也可能因为觉得占到了大便宜而购买更多。

所以，这种是用千金的一刻吸引顾客的注意的方法，等顾客被吸引过来之后，接下来就是让顾客自愿掏腰包了。

图 5-5 所示是使用限时抢购促销活动的微店商品的示例。

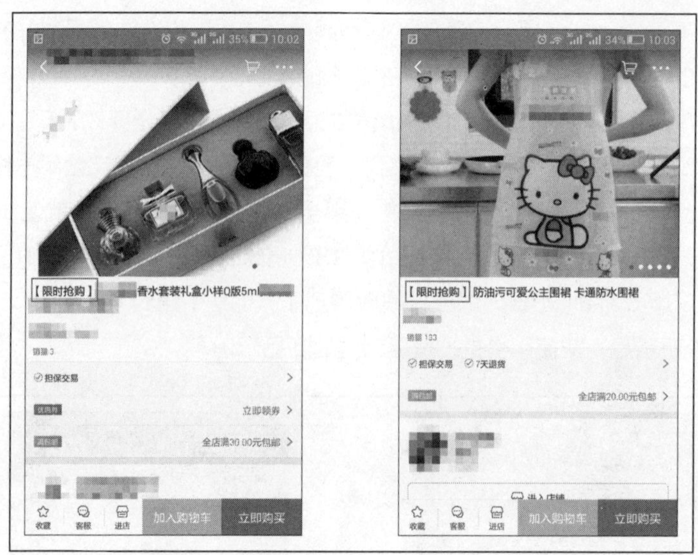

▲ 图 5-5　使用限时抢购促销活动的微店商品的示例

052　如何实现即买即赠、多买多赠促销？

赠品促销是很多微店商家普遍采用的促销方法之一，只要顾客购买了促销的商品，或者购买促销商品达到一定数量或金额，就可以获得某种赠送品，这就属于赠品促销。

赠品促销属于间接的让利，相比直接的降价折扣，它同样能达到降价促销的效果，其优势是负面影响小得多，同时，商家还可以随时调整促销策略，不像降价，下调容易，上升困难。

降价促销容易使顾客对商品的质量产生怀疑，特别是会影响到商品零售价格的稳定；而赠品促销给客户带来的是一份意外的惊喜，可以迅速提高产品的销售业绩和市场占有率，其优势集中表现在以下几点，如图 5-6 所示。

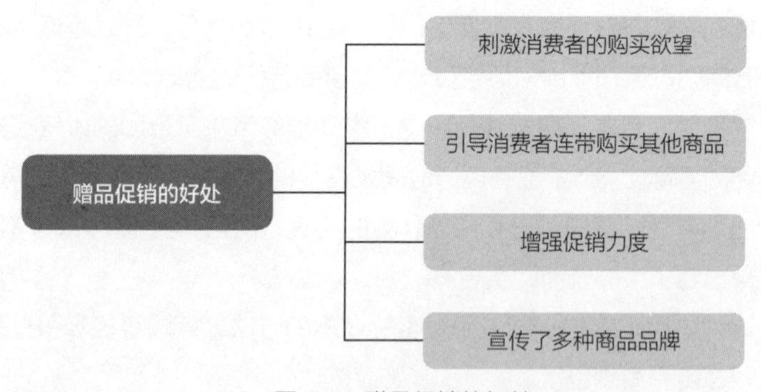

▲ 图 5-6　赠品促销的好处

1. 即买即赠

顾客在购买促销商品时，就可以立即得到赠品。该形式对消费者有直观的引诱作用，对店铺来说则操作简单方便。突出优势是商品的超值利益实惠可见，其吸引力很强，能引起立即性的购买行为，产品的销量提升明显。

图 5-7 所示是采用即买即赠促销活动的商品示例。

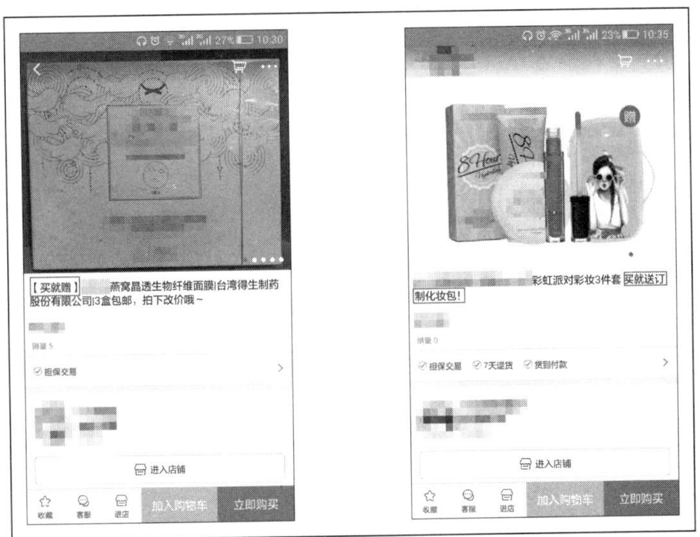

▲ 图 5-7　采用即买即赠促销活动示例

即买即赠可以分为 4 种形式，具体如图 5-8 所示。

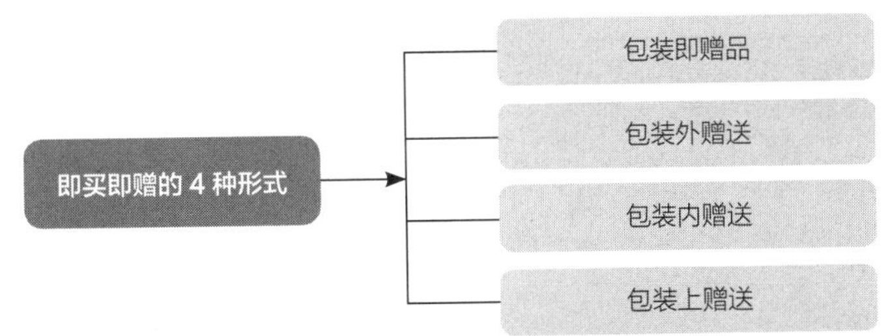

▲ 图 5-8　即买即赠的 4 种形式

（1）包装即赠品

把产品装在专门设计的包装容器里，当产品使用后，该容器可以有其他的用途，比如，可以装其他东西或者该包装有其他使用价值。

（2）包装外赠送

由于赠品无法与促销商品固定在一起，赠品和促销商品分开放置，在顾客购买时直接送给顾客。包装外赠送由于赠品不必与产品包装在一起，所以在赠品的选择上有更多的操作空间。大的、贵重的赠品都可以考虑，因为没有体积大小的限制，只要有吸引力即可。

图 5-9 所示是商家采用包装外赠送赠品活动的示例。

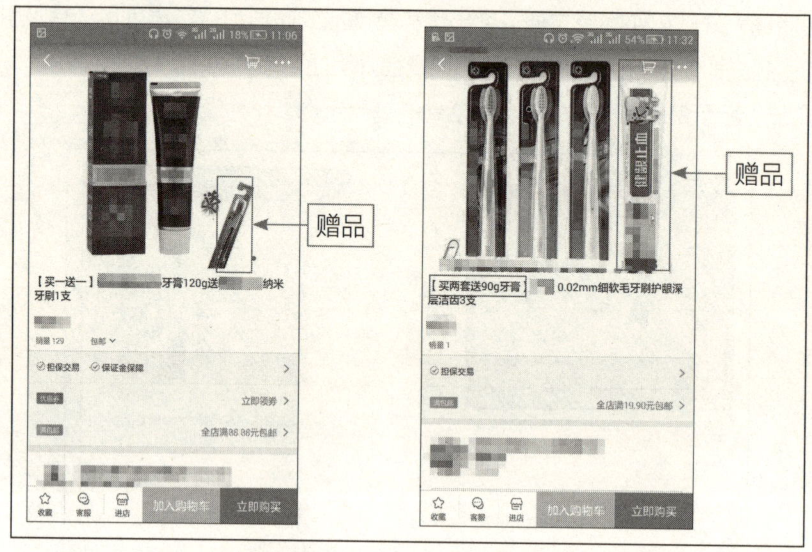

▲ 图 5-9 商家采用包装外赠送赠品活动的示例

（3）包装内赠送

把赠品放在产品包装内附送。其最大的优点是，赠品可以保证送达到客户的手中，不易流失。

图 5-10 所示是商家采用包装内赠送赠品的活动示例。

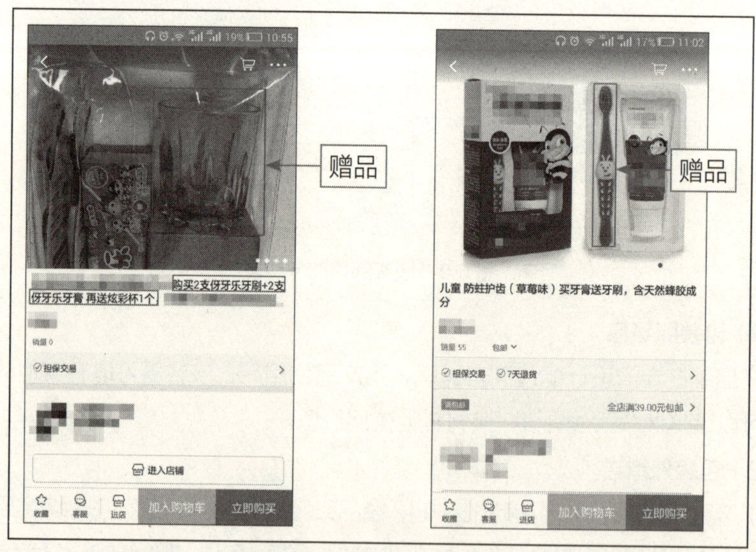

▲ 图 5-10 商家采用包装内赠送商品的赠品活动的示例

（4）包装上赠送

把赠品附在产品包装上，而非置于包装内部。一般厂家都用胶带、收缩膜、套头将赠品与商品捆绑在一起。

2. 多买多赠

顾客在购买某商品时，达到一定的数量会赠送更多的礼品，例如购买几件送几件的方式。这种促销方式可以激发顾客的消费欲望，增加单笔订单的销量，但是商家在采用这种的促销方法的时候，需要先对单件商品的价格进行精确计算，确保自己不会在采用这种方法之后亏本。

图 5-11 所示是商家采用多买多送促销方式的商品示例。

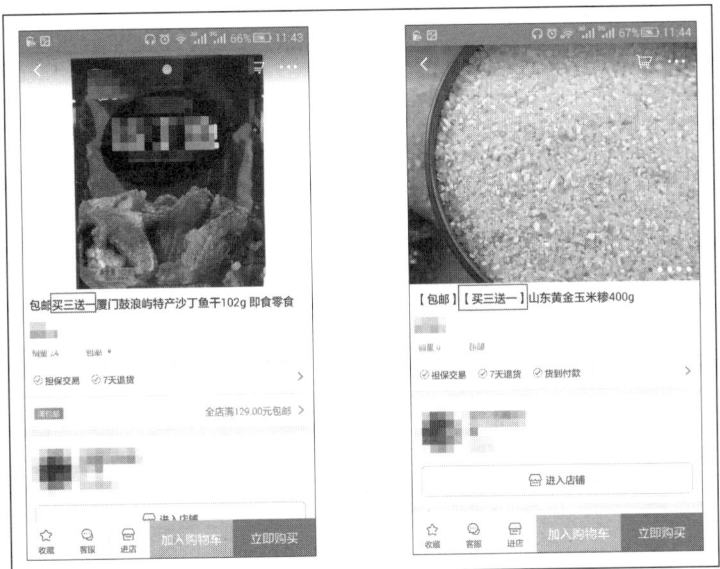

▲ 图 5-11　商家采用多买多赠促销方式的商品示例

053　如何进行积分赠送？

为了更好的稳固客户，许多商家采用积分的方式进行礼品赠送，以精美的赠品来推动自己的产品的销售。

商家可以设置一些精美的奖品，并且要求消费者必须拥有规定数量店铺积分才能够兑换该礼品，如果消费者真的想要礼品，那么他们就会选择在商家的店铺购买商品，凑够换礼品的积分，这样就能够促进消费者的购买量。

图 5-12 所示是商家采用积分赠送商品活动示例。

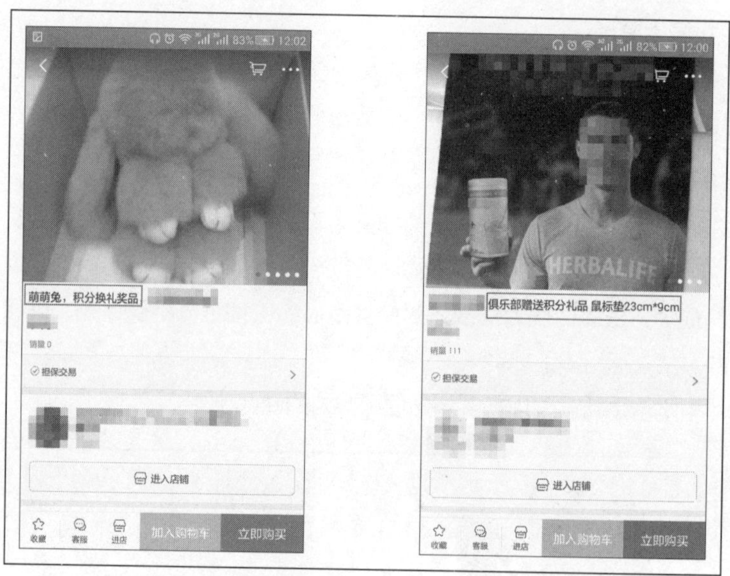

▲ 图 5-12 商家采用积分赠送商品活动示例

054 如何进行抽奖促销?

抽奖促销就是利用公众消费过程中的侥幸获大利心理，设置中奖机会，利用抽奖的形式，来吸引消费者购买商品。

图 5-13 所示是商家采用抽奖促销形式的商品示例。

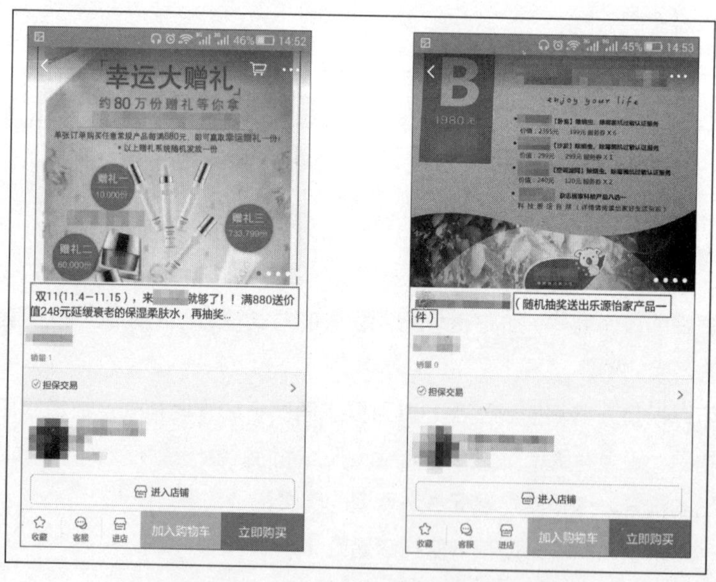

▲ 图 5-13 商家采用抽奖促形式的商品示例

抽奖促销是我们在日常生活中最常见的促销方式。采取抽奖促销的不论是大品牌还是新进入市场的品牌，都屡试不爽。

常见的抽奖促销的形式主要有以下几种，如图 5-14 所示。

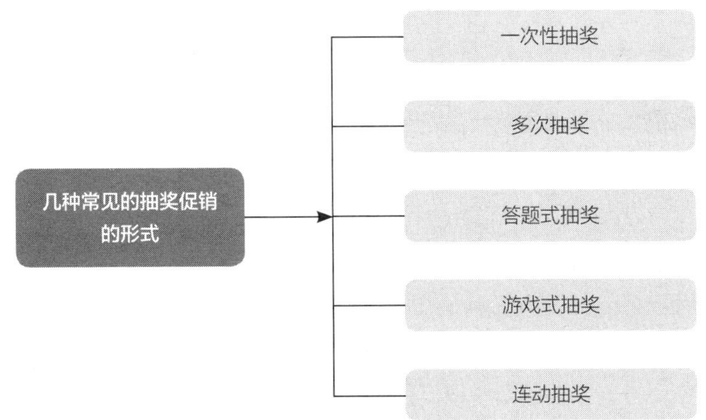

▲ 图 5-14 几种常见的抽奖促销的形式

（1）一次性抽奖形式

即消费者凭借购物发票或者其他凭证，参加抽奖，根据预先设定的方案，中奖者领取奖品。原来的购物发票或者凭证参加一次抽奖活动后，就失去抽奖效用，消费者不再享有参加抽奖的资格。

（2）多次抽奖形式

即消费者凭借购物发票或者其他凭证，可以多次参加抽奖活动，兼中兼得。这种抽奖活动对于提高品牌的忠诚度具有积极的作用。

（3）答题式抽奖

即根据广告宣传作品或者其他介绍材料甚至社会读物等形式，回答商家设制的问卷题目，所有问题回答正确的消费者，即可凭借问卷编号或者电话号码，参加抽奖活动，中奖后的消费者可到指定地点领取奖品或者由商家将奖品邮寄给消费者。

需要注意的是，商家要先注明，如果中奖者选择邮寄奖品的话，是商家自己出邮费还是中奖者出，以免到时候引起不必要的麻烦。

（4）游戏式抽奖

即预先设置某种游戏项目，消费者完成游戏项目后，获得参加抽奖活动的资格，中奖者领取奖品。

（5）连动抽奖

即消费者凭借优惠券、贵宾卡等，自动享有资格参加抽奖活动。

055 包邮促销怎么用？

包邮的准确定义是商品价格加邮费，拍下不用补邮费差价，付款就等卖家发货。尤其是在的电子商务平台，大部分商家会选择给顾客提供包邮服务，并且都会以包邮来吸引客户前来购买。关于包邮，店主和消费者都应该关注，因为这是关系到双方的问题。

对于卖家而言，包邮是指商品已经包含了邮费，邮费标准是按快递邮费最高地区的价格算的。商家在售卖一件商品时，包邮比不包邮利润更高一些，商城卖家或皇冠大卖家都喜欢设为卖家包邮，这样可增加利润。

但有时买家会有特殊要求，比如，要求商家必须采用航空 EMS 或顺丰快递邮寄等。因此，商家可以在店铺注明，如果顾客要求选择快递公司的话，那么顾客就需要补交其中的邮费差价。

对于买家而言，非质量问题退换货，邮费归保险公司承担（但需要买家先垫付来回邮费）；质量问题退货邮费归卖家承担，（但需买家先垫付一下邮费）然后卖家再把邮费退给买家。

下面着重介绍几种包邮促销的方式，如图 5-15 所示。

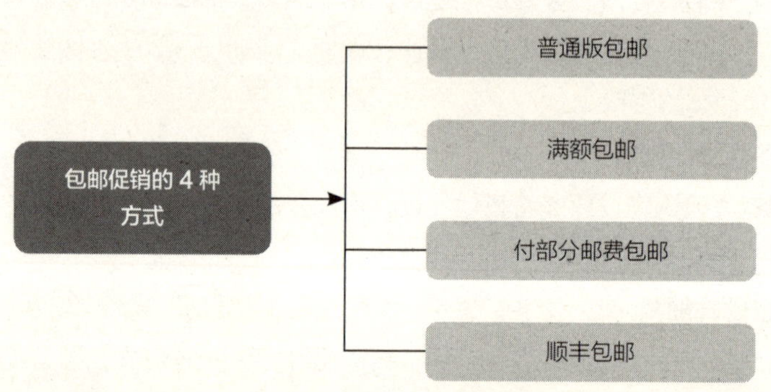

▲ 图 5-15　包邮促销的 4 种方式

1. 普通版包邮

这种包邮是最普遍的包邮手法，只要客户购买商家店铺里的任意一件商品，就可以享受商家包邮的政策。

一般来说，商家选择这种包邮方式，一定要注意自己使用的快递公司覆盖面的宽广程度。同时商家还需要注意选择快递公司的质量，如果只为了便宜，造成快递时效性差与派送范围不足，从而导致买家给出过多的中差评和店铺的信誉度下降的情况，这对商家来说就得不偿失了。

图 5-16 所示是包邮的微店店铺。

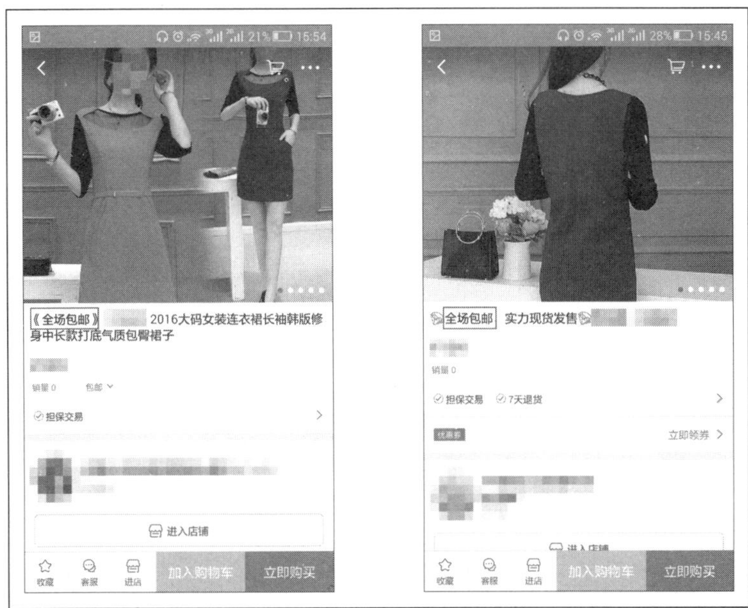

▲ 图 5-16 包邮的微店店铺

2. 满额包邮

这种包邮是客户购买商品达到指定数量或者规定金额才可享受的包邮，如满 100 元免运费、满 299 元免运费等。图 5-17 所示是满额包邮的微店店铺。

▲ 图 5-17 满额包邮的微店店铺

专家提醒

笔者建议，使用满额包邮促销方法时，商家店铺本身要有一定的客源基础，同时一定要认真研究店铺满多少包邮才是最合理的。

3. 付部分邮费包邮

简单地说，就是购买产品加几元包邮，这种方式适用于那些单价或者利润不高的产品，又或者是针对某些地区的顾客而采用的一种包邮促销方式。

图 5-18 所示是采用付部分邮费包邮的微店商品示例。

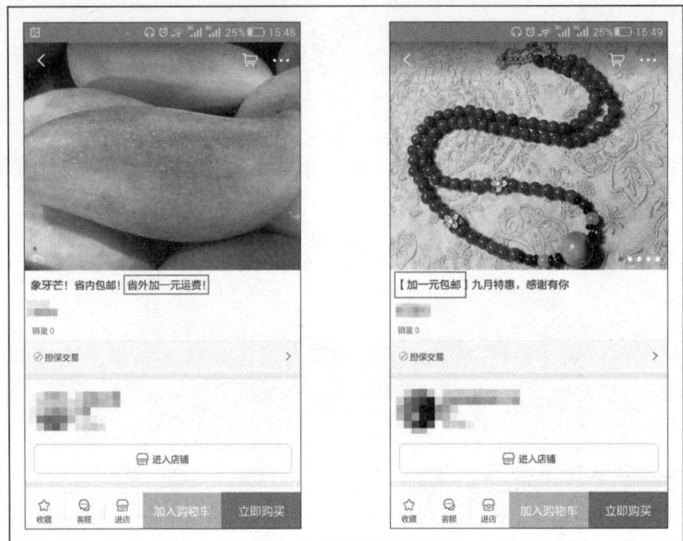

▲ 图 5-18 采用付部分邮费包邮的微店商品示例

专家提醒

商家在设置付部分邮费包邮的时候，对于买家具体付多少邮费要经过认真思考，要考虑顾客能接受的程度。笔者建议，付 1 元到 5 元之间是比较可行的。

因为大部分人的潜意识里，邮费都是 8 元到 10 元一单的，所以将邮费设置为 1-5 元，顾客的心里会觉得比较容易接受，而对商家而言也不用承担太多的邮费，两者之间都比较理想。

4. 顺丰包邮

这是一种重量级的包邮方式，为什么呢？因为顺丰贵，而且速度快、服务好也是顺丰公认的优势。所以很多店铺打出"顺丰全场包邮"的旗号，吸引顾客上门。

图 5-19 所示是采用顺丰包邮的微店店铺的示例。

▲ 图 5-19　采用顺丰包邮的微店商品示例

056　红包优惠怎么用？

淘包店铺中，很多商家会在自己的店铺中设置优惠券，其实这种优惠券也就相当于是一个吸引顾客的红包，顾客只要领取店铺的优惠券，然后在商家的店铺中消费时，就可以抵现金。有时候商家会设置一个最低消费金额，要求消费者必须消费满多少元才可以使用该优惠券，一般来说，优惠券金额越大，要求的消费金额就会越高。

这种优惠券对消费者来说具有很大的吸引力，微店商家也可以借鉴淘宝上的这一做法，给自己的店铺设置红包优惠券，增加对顾客的吸引力。

图 5-20 所示是采用红包优惠吸引顾客的微店商品示例。

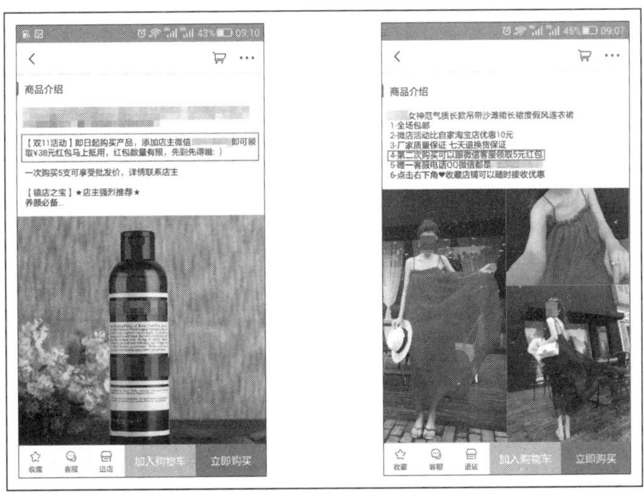

▲ 图 5-20　采用红包优惠吸引顾客的微店商品示例

057 还有哪些小众促销方式?

除了以上常见的促销技巧以外，还有一些比较小众的促销方式，虽说并不被大家所广泛采用，但是仍旧是增加店铺流量的好办法。

1. 主题促销

为自己的促销活动找个主题，可以很好地引起顾客共鸣，同时达到借势营销的目的，常见的主题促销活动包括开业优惠、情人节促销、周年庆优惠等，这点与抓住促销时机类似。

图 5-21 所示是“情人节”主题促销的海报。

▲ 图 5-21 “情人节”主题促销的海报

下面从主题促销的原则和促销技巧两方面进行阐述。

（1）促销原则

主题促销的关键在于主题的选择，店主们需要参考图 5-22 所示的 3 个原则，选好自己的促销主题。

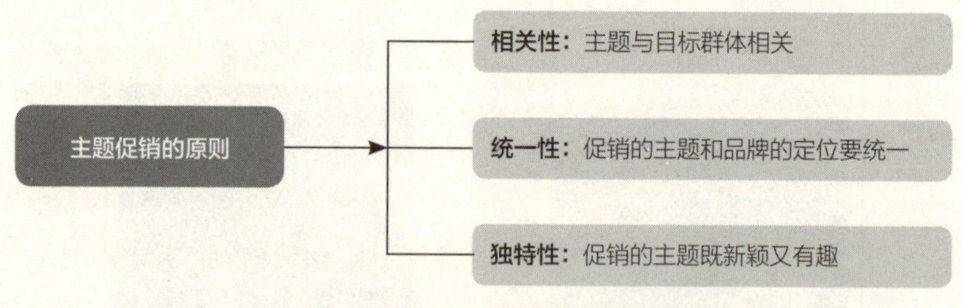

▲ 图 5-22 主题促销的原则

- **相关性**。是指商家开展的主题促销活动要与目标消费者利益息息相关，喊出去能够引起他们的注意。具体包括两个方面：一是要有亲和力，二是要有可信度。

- **统一性。**是指主题要与品牌定位一致。这是利用促销活动实施品牌战略的关键所在，所以这一环一定要严格把关。
- **独特性。**主要是指主题的新颖性和有趣性。既要有时代感，至少人们看到你主题促销活动不会感到陈腐、乏味；还要有一定的新闻价值，意思是你的主题在一定程度上能够引起社会舆论，媒体愿意报道。更重要的是要阻止竞争对手的效仿，即多考虑竞争对手会不会跟进、怎么跟进、我们怎么能够阻止他们等。

（2）促销技巧

那么，店主们应该如何构思一个有吸引力的促销活动主题呢？有以下几点技巧，如图 5-23 所示。

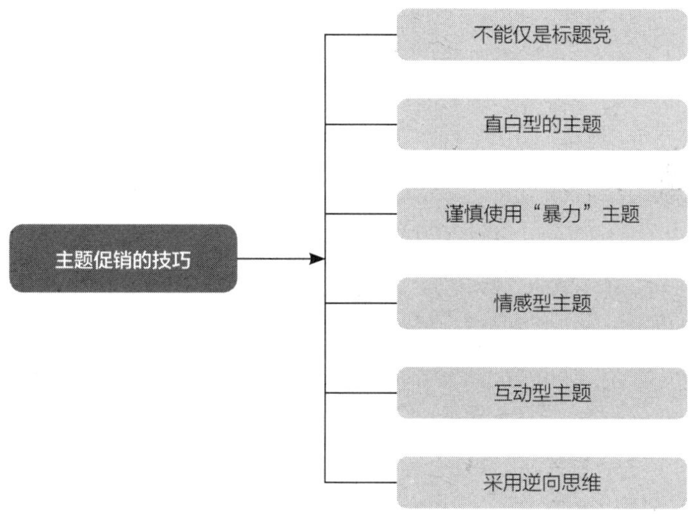

▲ 图 5-23 主题促销的技巧

- **不能仅是“标题党”。**促销活动不能只是希望“标题制胜”，尤其不能杜撰一些名不副实的促销主题。活动的成败在于一个系统的流程管控，涉及方方面面，标题只是一个“饵”，是让顾客进店的一个方法，真正要留住顾客消费还是要看商家店铺中的商品和促销的力度。
- **直白式主题。**直白式活动主题应以活动对顾客最大化利益为诉求点。如果促销活动本身就是血拼价格，没有其他噱头，那么一定要将活动给顾客创造的最大利益点提炼出来并作为宣传主题。如返现方式，则以“最高返现 ×× 元”作为宣传点，更有吸引力，如图 5-24 所示；如果把返现让利转化成消费者利益点，变成“最高可省 ×× 元”，则更能打动消费者。
- **谨慎使用“暴力”主题。**直白并不代表暴力，一些商家在促销活动主题中喜欢用“抄底”“疯狂”“1 折起”等以削价为主要意思的词，如图 5-25 所示。

但是，如果商家使用这种词做促销主题的宣传词，可是实际活动中并没有给出消费者这种优惠力度，那么就很可能引起消费者的反感，因此，商家在做促销的时候，要谨慎使用这种“暴力”主题。

▲ 图 5-24 直白式主题的海报

▲ 图 5-25 “暴力”主题的促销活动海报

- **情感式主题。**情感式主题容易打动顾客，情感营销之所以受消费者认可，是因为它在能够满足消费者对产品本身特定需求、优惠购买希望的同时，还能够调动消费者在某一方面情感上的诉求，形成共鸣，建立持久的关系，既而形成消费习惯或是顾客的品牌忠诚度。促销主题情感化，实际上是指主题应该具有一定文化性，如一些商家在促销主题上，喜欢用“圆梦计划”“寻找梦想”等词，很容易打动顾客。
- **互动式主题。**带有互动、召集语气的主题更能吸引顾客。“寻找”“嘉年华”“一起”等带有互动、召集意思的词语常常被用在促销主题中，以吸引顾客的参与兴趣，如图 5-26 所示。

▲ 图 5-26　互动主题促销的海报

- **采用逆向思维。**学会采用逆向思维，避免“扎堆”。促销主题“撞车”屡见不鲜，一旦活动本身没有太多亮点，则很容易被顾客忘记，甚至记错了“东家”。比如中秋、国庆期间，促销主题大多围绕“国庆、中秋”做文章，扎堆现象严重，虽然想搭节假日喜庆的风，但也容易因为没有特点而被淹没。因此，不妨逆向思维一下，制定一个有别于主流的活动主题。

2. 团购促销

团购就是团体购物，指认识或不认识的消费者联合起来，加大与商家的谈判能力，以求得最优价格的一种购物方式。根据薄利多销的原理，商家可以给出低于零售价格的团购折扣和单独购买得不到的优质服务。

团购作为一种新兴的电子商务模式，通过消费者自行组团、专业团购网站、商家组织团购等形式，可以提升用户与商家的议价能力，并极大程度地获得商品让利，同时也是店铺促销的重要方式之一。

图 5-27 所示是采用团购促销的微店商品的示例。

3. 拍卖促销

拍卖促销是企业或者销售商家委托拍卖行，按一定的程序，选择好时间地点，对产品进行叫价拍卖出售，产品最终归出价最高的买主所有的促销方式。拍卖促销的关键在于，可以使顾客对购买到的产品印象深刻，同时增加对店铺的了解，提升店铺辨识度。常见的拍卖促销方式包括 0 元拍卖、一元拍卖等。

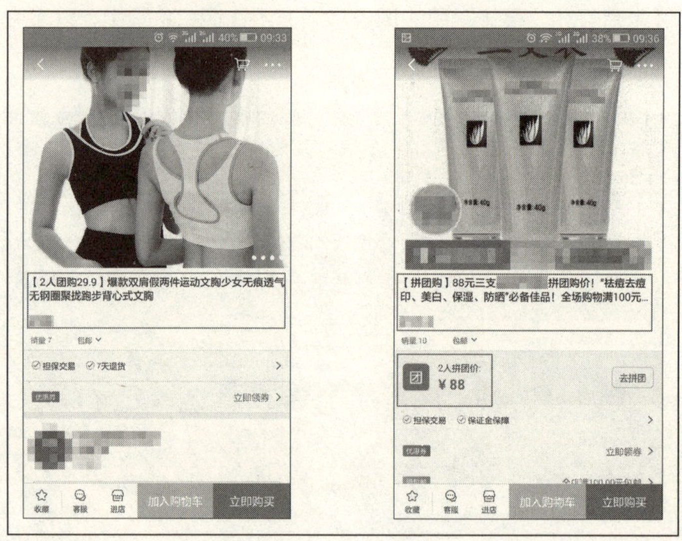

▲ 图 5-27 采用团购促销的微店商品示例

图 5-28 所示是采用一元拍卖促销的微店商品的示例。

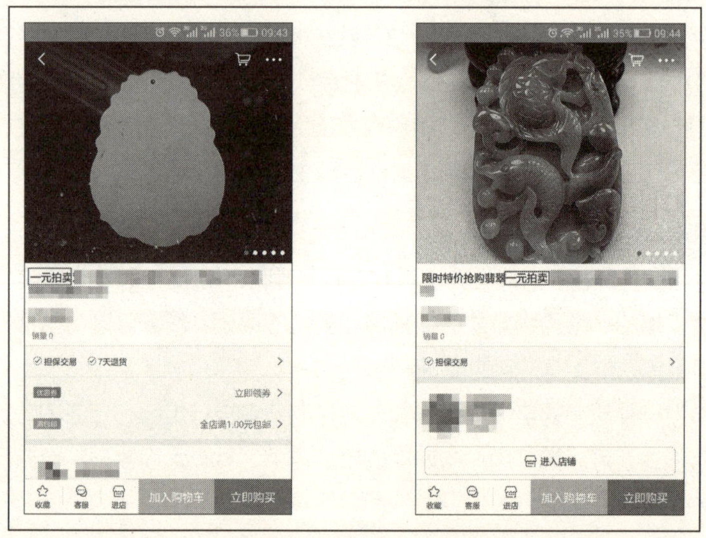

▲ 图 5-28 采用一元拍卖团购促销的微店商品示例

058 如何刺激二次消费？

可以说，让“好友变成自己的客户”这个难题，是所有从事微信电商的人所遇到的比较头疼的问题。那么，怎样才能有效解决这个问题呢？

其实，商家可以利用体验产品去成交第一批客户，并刺激老客户的二次购买。刺激消费者二次购物的方式有以下 5 种，具体如图 5-29 所示。

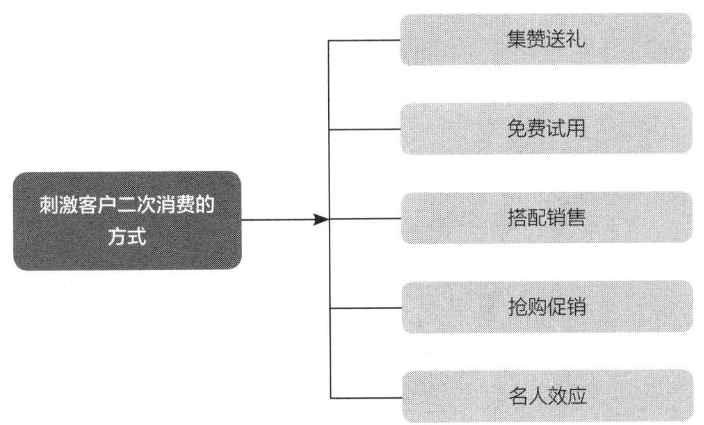

▲ 图 5-29 刺激客户二次消费的方式

（1）集赞送礼

如今，在微信朋友圈里，“集赞送礼”活动正在风风火火地流行起来。只要转发活动内容到朋友圈，并能在活动时间内集够一定数量的好友“赞”，即可领到各种体验产品。图 5-30 所示是采用集赞送礼刺激顾客二次消费的微店商品示例。

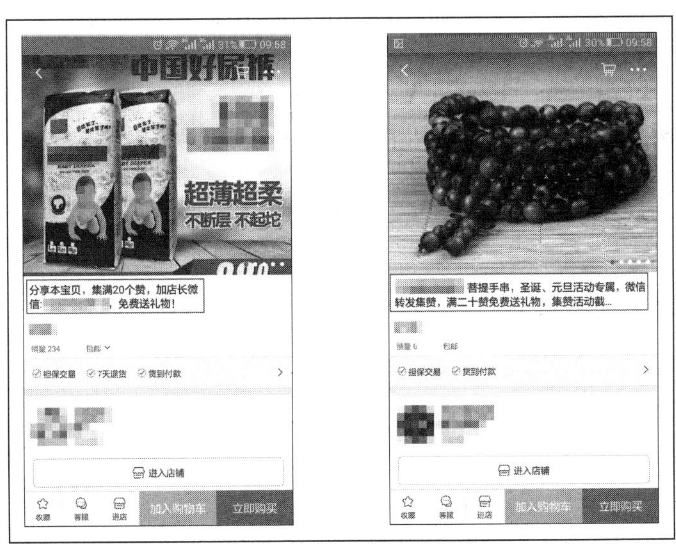

▲ 图 5-30 采用集赞送礼刺激顾客二次消费的微店商品示例

（2）免费试用

免费试用策略是指将产品（一般都是新产品或者试用装）免费赠送给潜在消费者，供其使用或者尝试，并诱导消费者购买的一种促销方式。

这种方式有利于提高产品入市速度，实行免费试用的营销策略的产品，一定有自身的优点。免费试用策略有利于提高产品入市速度，提高品牌知名度和品牌亲和力。图 5-31 所示是采用免费试用刺激顾客消费的微店商品示例。

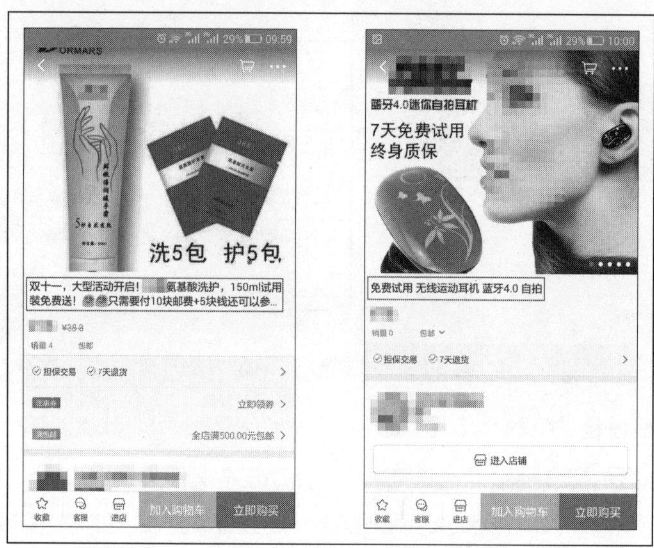

▲ 图 5-31 采用免费试用刺激顾客消费的微店商品示例

（3）搭配销售

搭配销售又被称为商品联卖，即商家可以将自己的产品与同类型大品牌产品组合在一起卖。图 5-32 所示是采用搭配销售刺激顾客消费的微店商品示例。

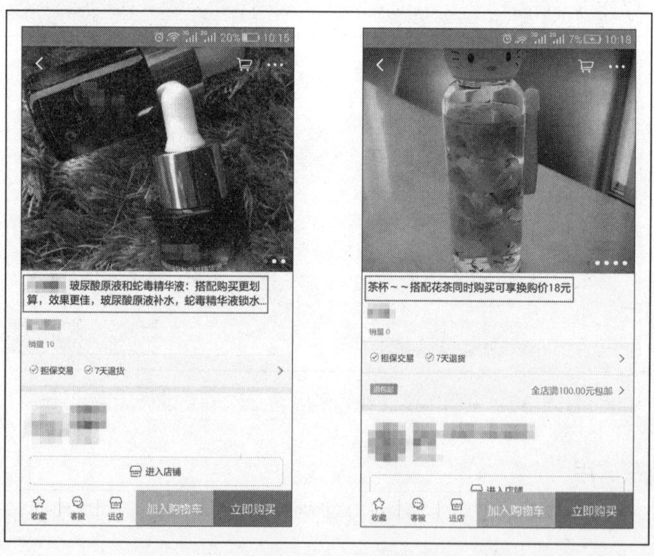

▲ 图 5-32 采用搭配销售刺激顾客消费的微店商品示例

由于搭配营销的潜在用户与载体商品的用户高度吻合，所以这种形式的促销活动对促进店铺的销售非常有效。

（4）抢购促销

例如，商家可以策划一个抢购活动，让好友去参与抢购，如果当天大家就把你预订的名额抢完了，那么第二天再拿出一些名额，再做一次，以此来提高微店的活跃度，同时这种方法也能够增强微店顾客的黏度。

（5）名人效应

名人具有相当强的辐射力和渗透力，对大众有着重大的影响作用，他们能够潜移默化地改变人们的消费观念，影响人们的消费行为。微店营销可以有效地综合运用名人的影响力，和微信自身强大的影响力刺激需求，激发用户购买欲望。

使用名人效应刺激顾客二次消费的方在服装行业中就非常明显，现在无论是淘宝店铺还是微店中都有非常多的明星同款服饰，这种明星同款能够刺激顾客的消费，带动微店店铺的销售量。

图 5-33 所示是微店中明星同款的商品示例。

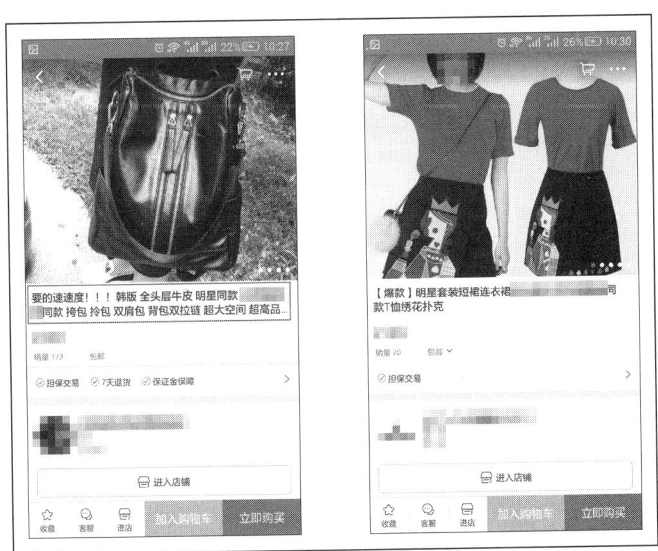

▲ 图 5-33　微店中明星同款的商品示例

第6章

如何成交？
让买家快速下单的秘诀

学前提示

微店商家运营一个店铺，最主要的目的就是为了让买家下单、付款，促成商品的成交。商家要想促成与消费者之间的交易，就必须要掌握一些让消费者快速下单的秘诀。本章，笔者就将为大家介绍几种常用的促成交易的方法，帮助商家获得收益。

要点展示

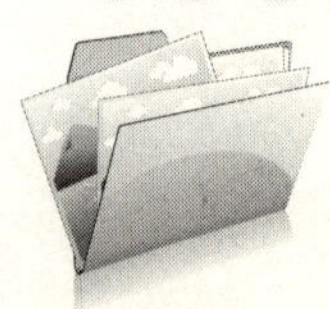

- 怎么用优惠成交法？
- 如何用选择成交法？
- 如何用请求成交法？
- 怎样用保证成交法？
- 机会成交法怎么用？
- 怎样用从众成交法？
- 如何用赞美成交法？
- 怎么用假设成交法？
- 如何用利益汇总法？

059 怎么用优惠成交法？

优惠成交法又叫“让步成交法”，它是指店主或客服通过提供优惠的条件促使买家立即做出购买决定的成交方法。店主在进行推销过程中，必须对产品的一些条件有一定的自主权，如价格上或者其他方面应该有一定的弹性，图 6-1 所示为产品优惠活动消息，可以促进订单成交。

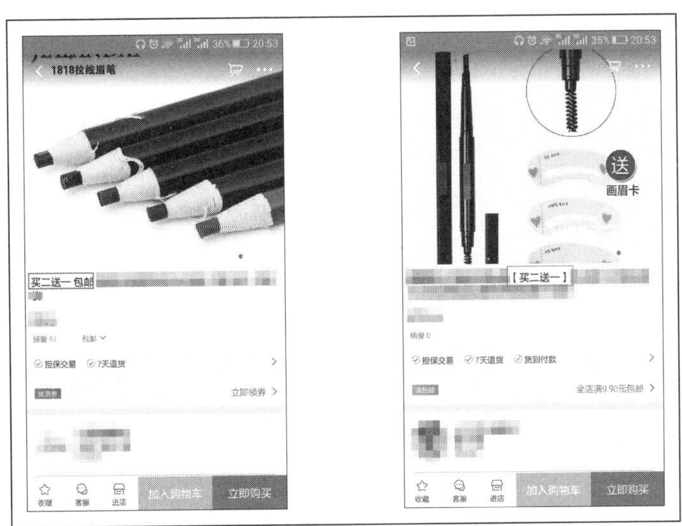

▲ 图 6-1 利用优惠促使成交

优惠成交法的出发点就在于给予买家一定条件的优惠，来满足买家的经济要求或者心理要求。对买家的优惠主要表现在以下几个方面，如图 6-2 所示。

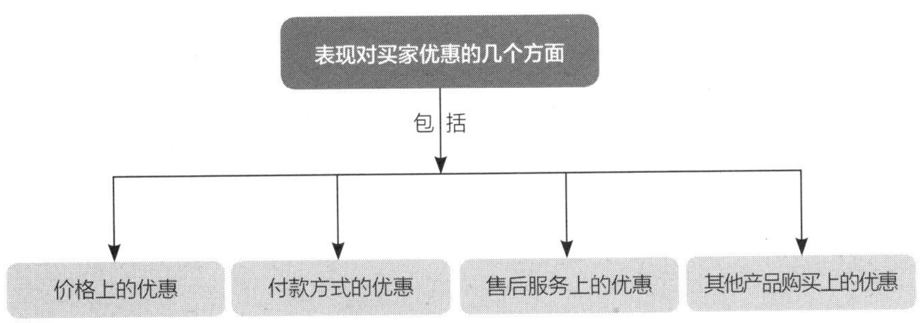

▲ 图 6-2 表现对买家优惠的几个方面

1. 价格上的优惠

价格上的优惠是最基本的优惠条件，买家谈得最多的也是价格上的优惠。一般买家要求物超所值，实现这一目标的方法有两种，一种就是同样价格水平下提高产品的价值，另一种就是在同样的产品价值上降低产品的价格水平。图 6-3 所示是商家给予买家价格上优惠的示例。

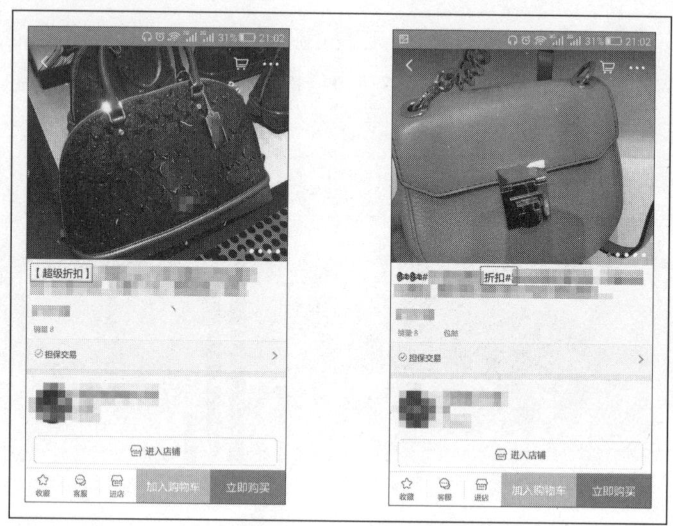

▲ 图6-3 商家给予买家价格上的优惠示例

2. 付款方式的优惠

如果买家经济上确实有困难，而店主本身也承受得起，就可以采取分期付款的方式来实现产品的销售。这种方式比较机动灵活，更为重要的是采取分期付款方式往往给买家以购买信心，如图6-4所示。

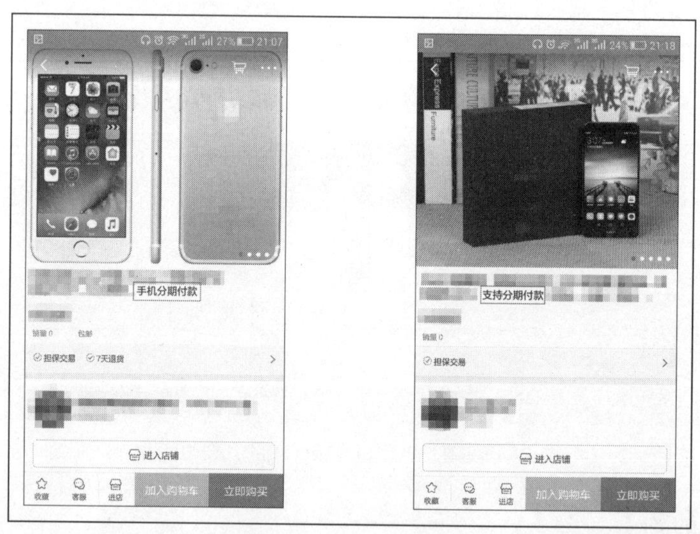

▲ 图6-4 分期付款的方式

3. 售后服务上的优惠

越来越多的产品开始关注售后服务，通过提供超值的售后服务来实现产品销售是迎合买家心理的行为。其实对于很多强调售后服务的买家来说，他们中的部分人从来就没有使用过售后服务，他们的强调只是为了求得心理上的满足。

图 6-5 所示是商家给买家提供售后服务上的优惠的示例。

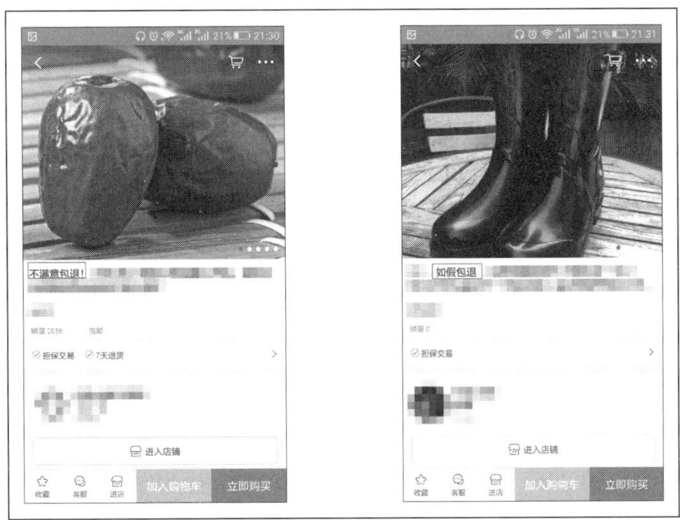

▲ 图 6-5 商家给买家提供售后服务上的优惠的示例

4. 其他产品购买上的优惠

店主在推销某一产品时，同时可以向买家保证他能以优惠的条件购买其他产品。这种连带购买能够使得总体销售量增加，进而使得利润增加，是典型薄利多销的做法。图 6-6 所示是采用组合购买的方式，让买家享受其他产品价格优惠的示例。

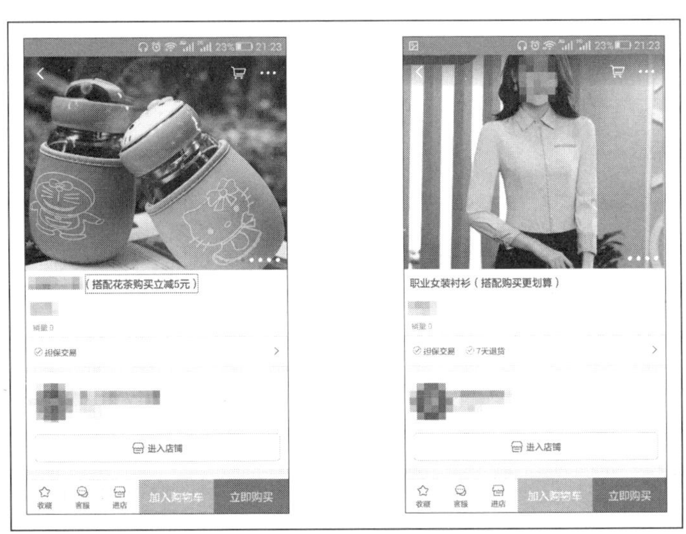

▲ 图 6-6 采用组合购买的方式让买家享受其他产品价格优惠的示例

060 如何用选择成交法？

选择成交法是通过向买家提出若干购买的方案，要买家选择其中一种购买的方法。如一个早餐点销售鸡蛋，一种办法是你要不要鸡蛋，另一种是你要一个还是两个蛋，结果销售鸡蛋的业绩可想而知。

在店主与买家交谈的过程中，采用选择成交法往往能够取得较大的成功。不过在向买家询问的时候一定要规范买家的思考范围，不能问没有头脑的问题，并且必须注意以下问题：

- 给买家的选择项不要太多，太多的方案会让买家思路发散，无从选择。因此最佳的选择项应该是两个，要买家择优而选；
- 不要给买家拒绝的机会，店主向买家提出的方案中，应该包括所有可选方案中大部分内容，最好是让买家在提供的方案中作一个选择；
- 如果遇到买家的拒绝，店主只应该适当暗示一下他所提供的选择方案是最优的，而不要和买家争执什么是最优方案。同时，店主应该尽可能向买家提供自己所知道的全部产品信息，这样往往能够赢得买家的信任。

专家提醒

选择成交法的优点是相当明显的。它能够减轻买家的心理压力，制造良好的成交氛围，同时还能够把成交的主动权在表面上转交给了买家，避免有强卖的嫌疑。

061 如何用请求成交法？

请求成交法又叫直接成交法，是店主用简单明确的语言直接要求买家购买，成交时机成熟时店主要及时采取此办法。

1. 成交法优点

使用请求成交法的优点主要有以下 4 点，如图 6-7 所示。

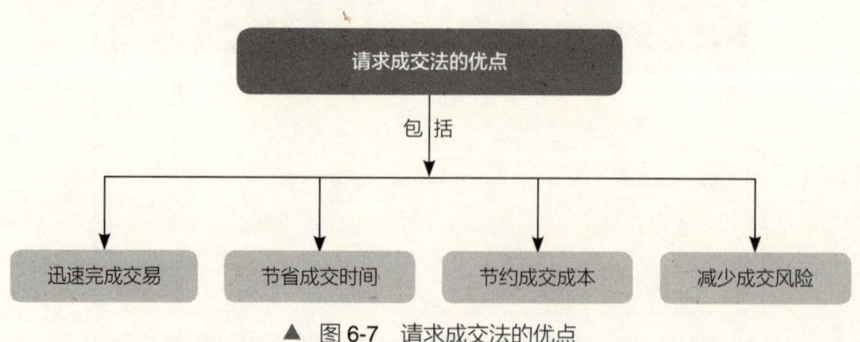

▲ 图 6-7 请求成交法的优点

（1）迅速完成交易

第一个优点是能够迅速完成交易，毕竟能否达成交易是推销是否成功的最基本标准。

（2）节省成交时间

还有一个优点就是节省成交所需要的时间，迅速成交能够大大节省成交所需要的时间，避免成交延迟。

（3）节约成交成本

除了迅速完成交易之外，还能够节约成交成本，毕竟达成交易所需要的时间越长，所需的成本就越大。

（4）减少成交风险

这个方法能够减少成交风险，成交时间越长，不成交的可能性越大，也就是成交风险越大。

2. 选择成交时机

店主直接提出成交的要求必须把握好成交的时机。使用请求成交法的最好时机主要是在以下5个情景，如图6-8所示。

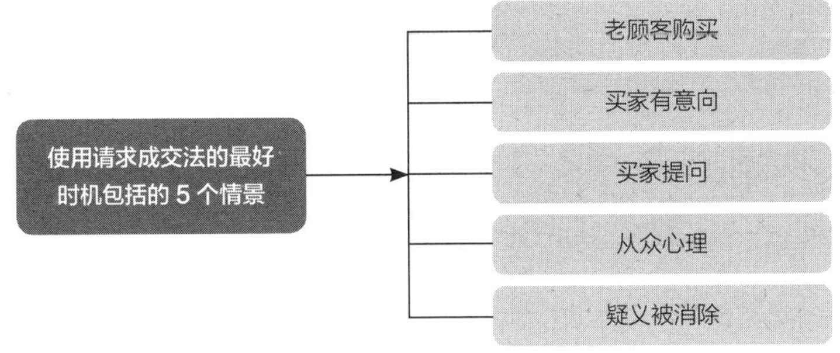

▲ 图6-8 使用请求成交法的最好时机包括的5个情景

（1）老顾客购买

由于老顾客已经购买过店主的产品，因此对于店主提出的成交要求一般不会反感，至多是在价格上有所要求。

这种情况下，店主既要掌握说话技巧，同时也要有对价格做一定范围内的调整。如果价格实在无法下调，店主可以给老买家一个许诺，许诺在将来的产品销售中给予必要的补偿。

（2）买家有意向

是指当买家对产品有好感，流露出很强的购买意向，但又拿不定主意，迟迟不愿成交的时候。如果买家对产品有强烈的购买意向，但是又拿不定主意，往往是因为优柔寡断的性格，这个时候请求成交往往能促使买家下定决心，不再犹豫。

（3）买家提问

买家对推销的产品很感兴趣，但是思想上还没有成交的意识时，会向卖家提出很多问题。这时候就需要店主认真回答买家提出的各种问题，增进其对产品的了解，然后果断地提出成交请求，这个时候往往不容易被人拒绝。

（4）从众性心理

当周围的人都认同该产品时，买家一般会容易被说服，围观者是一股强大的力量，它能左右买家的购买行为。当围观者赞叹该店主推销的产品时，往往是请求成交的最佳时机。

（5）疑义被消除

当买家的主要疑义被消除时，购买欲望会提升。买家对产品提出的质疑，如果得到了店主比较令人满意的回答，店主就可以趁热打铁，向买家提出成交要求。

从买家角度来看，当他对产品提出质疑的时候，他会将全部的注意力集中在店主的回答上，而没有时间再去思考新的质疑。店主回答完质疑以后，完全可以乘胜追击，迅速达成交易。

专家提醒

使用请求成交法还存在相当的局限：如果时机不对，成交请求往往会破坏和谐和友好的氛围。因此，对于请求成交来说，最重要的是选择好成交的时机。

062　怎样用保证成交法?

保证成交法又叫承诺成交法。它是指店主直接向买家提出成交保证，促使买家立即成交的方法。保证成交法的实质就是店主对客户允诺担负交易后的某种行为。

1．承诺的内容

保证成交法主要是指产品基本功能承诺以外的承诺，这些承诺主要包括以下方面的内容，如图 6-9 所示。

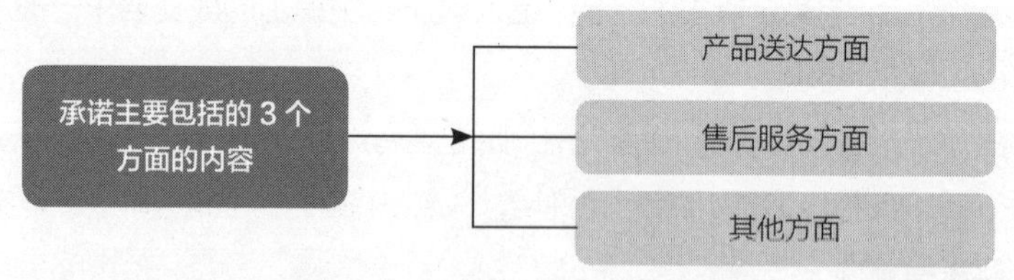

▲ 图 6-9　保证成交法的承诺内容

（1）产品送达方面的承诺

比如，商家保证会在买家下单后多久之内将商品给他送到。

（2）售后服务方面的承诺

比如，商家向买家承若自己所卖的商品质量有保障，产品都是原装正品，并且买家购买商品后不满意可以退换或者商品将拥有多久的保修权限等。

（3）其他方面的承诺

比如，商家承诺，买家下单后多长时间内付款将获得一件小礼物或者享受更多优惠等。

2. 使用的时机

保证成交法的使用必须掌握时机，一般来说，在产品的单价过高，购买所需金额较大，风险较高，买家对这种产品又不是十分了解时应该使用保证成交法。

这种成交方法，往往能够克服买家在成交过程中的心理障碍，增进其购买产品的信心。

专家提醒

运用保证成交法可以消除买家成交的心理障碍，增强成交信心，同时可以增强说服力以及感染力，有利于卖家妥善处理有关成交的异议。

063　机会成交法怎么用？

机会成交法又叫无选择成交法或者是最后机会成交法。这种成交方法通过缩小人们选择的时空来实现销售，最快捷的方式是在标题上标明特价最后一天，促销活动最后一天、最后一小时等。图 6-10 所示是活动最后一天型的机会成交法的示例。

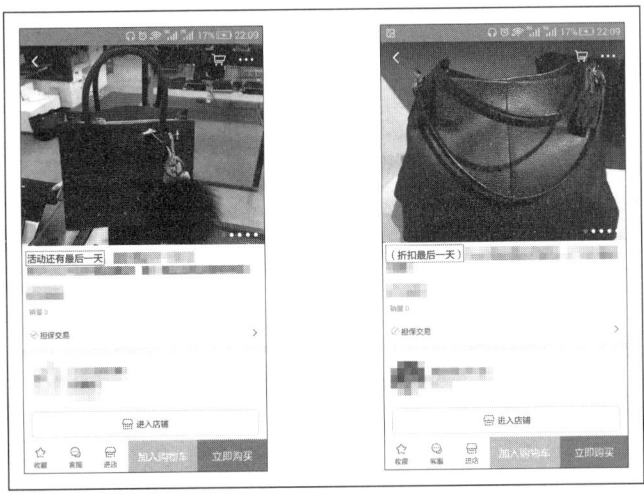

▲ 图 6-10　活动最后一天型的机会成交法的示例

图 6-11 所示是最后一小时型的机会成交法的示例。

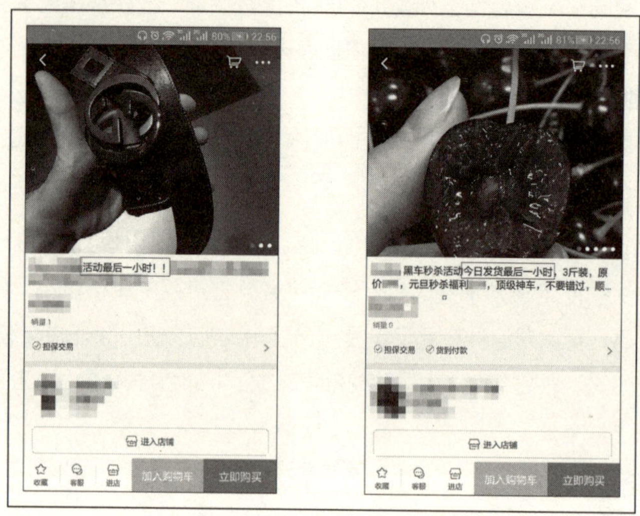

▲ 图 6-11　最后一小时型的机会成交法的示例

这种方法的实质是卖家通过提示成交机会，限制成交内容和成交条件，利用机会心理效应增强成交。机会成交法可以用经济学中的供求理论来解释。当商家提出某个产品只有最后几件时，意思就是说明这件产品的供给不多了，如果客户有购买意向，应该抓住机会赶快购买。以下是一个运用机会成交法的经典故事：

某商家向一个客户推销两幅同样的字画，每幅字画要价 60 元，他希望该客户能够将两幅字画全部买下。该客户细细端详了字画，还是认为业务员提出的价格过高，要求降价。

该商家随即拿出一个打火机，将其中的一幅字画烧掉，然后很严肃地对那个客户说："我看得出来您是品画的行家，您一定知道这种画在全城只有两幅。刚才我烧掉了一幅，现在全城就只有这样一幅画。这幅画我卖 150 元。"结果该客户很爽快地将钱交给了商家，拿走了画。

从上面这个故事不难看出机会成交法的重要作用。不过，店主在使用这种方法应该注意以下 3 个问题，如图 6-12 所示。

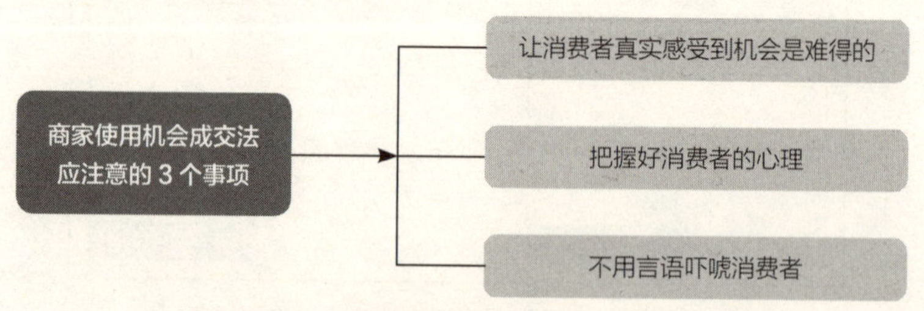

▲ 图 6-12　商家使用机会成交法应注意的 3 个事项

（1）让消费者真实感受到机会是难得的

不管推销的产品是否是绝无仅有的产品。业务员都应该让消费者感到这是最后的机会，这样才能够促使消费者尽快地购买。

（2）把握好消费者的心理

如果消费者本身对这个产品的兴趣不大，采用机会成交法对他来说，影响也是微乎其微的。

因此只有当注意到消费者确实对该产品兴趣很浓，志在必得时才应该采用机会成交法。

（3）不用言语吓唬消费者

有些商家在采用机会成交法时往往喜欢用言语吓唬消费者，如“再不购买就没了”之类的话，这类话不是不可以说，而是不应该说得如此频繁。这样只能让消费者感到厌烦，产生抵制情绪。

专家提醒

机会成交法应该注意的问题就是必须把握好时机，一般应该在消费者对产品有了一定的了解，产生了购买愿望的时候容易取得成功。

064　怎样用从众成交法？

从众成交法也叫排队成交法，这种方法主要利用客户的从众心理，大家都买了，你买不买？这是最简单的一种方法，例如在商品标题处写明最后一件、爆款快销等。从众成交法可以减轻客户担心的程度，尤其是新客户，大家都买了，我也买，可以增加客户的信心。

举例来说：一位女士买化妆品，大多数是看自己周围的朋友买什么牌子。因为她认为大家对某一品牌情有独钟，那它肯定是好商品。消费者在购买某商品时，若营业员说：“对不起，这种商品现在缺货，明天才能进到货，要不等进到货时，我先帮您留一件，否则又没货了。”

一般来说，顾客听到这种话，都会对该商品产生好印象，也就是：缺货就意味着是好货，紧俏品就是好商品，肯定值得购买。

从心理学角度讲，顾客之间的相互影响和相互说服力，可能要大于推销人员的说服力，这使得从众成交法具有心理上的优势。从众成交法的不足之处在于，如果遇到个性较强、喜欢表现自我的顾客，会起到相反的作用。因此，店主在使用这个成交方法时，要注意以下两点：

- 采用从众成交法推销产品时，长期策略上可以发动广告攻势，利用名人，宣传品牌，造成从众声势。
- 寻找具有影响力的核心顾客，把推销重点放在说服核心顾客上，在争取到核心顾客的合作后，利用他们的影响与声望，带动和号召大量具有从众心理的顾客到自己的店铺购买商品。

图 6-13 所示是在标题处标明爆款的从众成交法。

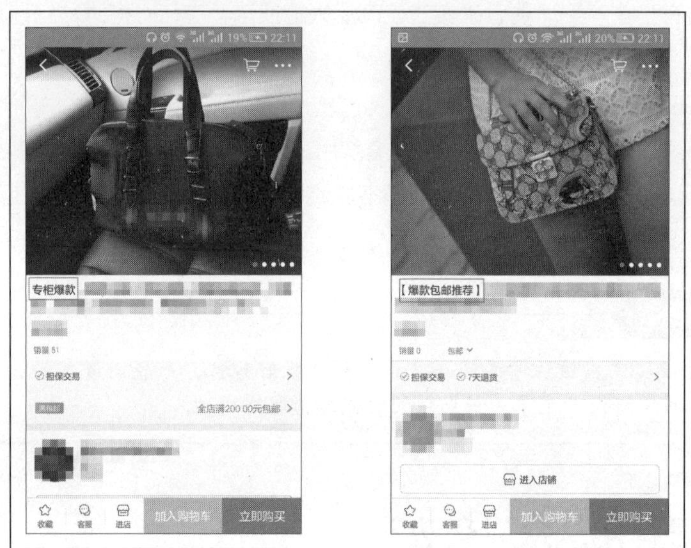

▲ 图 6-13 标题处标明爆款的从众成交法

065 如何用赞美成交法？

赞美成交法是一种让客户在推销过程中成为主角，卖家甘当配角，通过赞美而推动他成交的一种方法。

1. 优点与缺点

赞美成交法的推销技巧的好处是：能够充分尊重客户的自尊心和个性，使卖家充分了解客户的需求和想法，从而促成交易的有效进行。

缺点有以下 3 个：

- 任由客户自由“发挥”，卖家对整个推销过程失去了控制，往往导致推销过程的失败。
- 客户按照自己的意思来讲，往往对产品或服务有着偏见，卖家如果想将这种偏见扭转是很费力的。
- 这种方式也可能导致推销员不敢坚持自己的主见，一味顺从客户，影响推销的效果。

在清楚了赞美成交法的优缺点之后，接下来笔者将为大家节绍使用赞美法需要注意的事项。

2. 注意事项

商家在使用赞美成交法的推销技巧时候，应该注意以下 3 点，如图 6-14 所示。

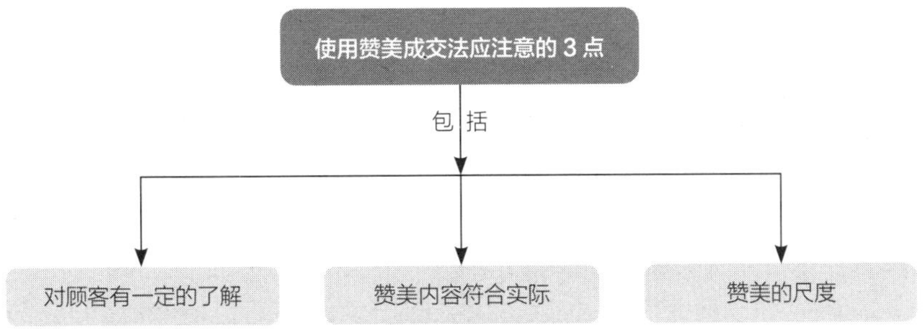

▲ 图 6-14 使用赞美成交法应注意的 3 点

（1）对顾客有一定的了解

针对适合的客户才能使用，对于大部分客户，还应该坚持正常地使用推销和成交的技巧，而对于那些特别客户才使用这种方法。

（2）赞美内容符合实际

卖家要争取在话题上、在客户异议上的主动权，通过引导促成交易。赞美成交法的推销技巧的使用，在赞美上要自然、符合实际，而不能毫无理由地赞美，甚至出现谄媚让客户烦的情形。

（3）赞美的尺度

要以赞美为武器，赞美客户对产品的了解，赞美客户对你们产品的选择，从而引导他成交。

专家提醒

赞美成交法的推销技巧在推销中经常和其他推销技巧配合使用，即使是对于一些比较顺从和随和的客户，当他按照卖家的希望提出购买要求时候，卖家也经常采用赞美的方式来让客户感觉这些购买决策是自己下的。

066 怎么用假设成交法？

假设成交法是卖家假定顾客已决定购买商品了，又称“假定成交法”，是店主展开推销努力的一种成交法。假设成交法具有 3 个优点，具体如图 6-15 所示。

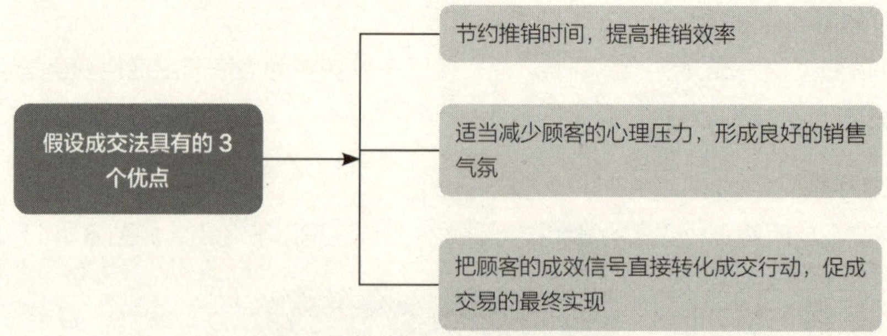

▲ 图6-15 假设成交法具有的3个优点

同时，假设成交法也具有一定的缺点，具体体现在：产生过高的成交压力，破坏成交气氛，不利于进一步处理顾客异议，可能会让卖家丧失成交的主动权。

假设成交法的3个关键点，如图6-16所示。

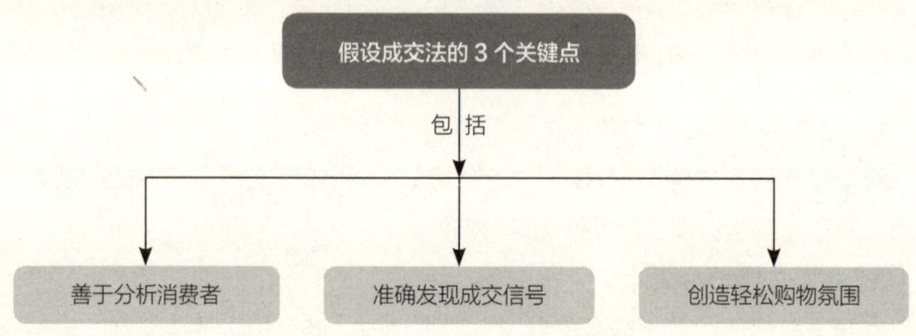

▲ 图6-16 假设成交法的3个关键点

（1）善于分析顾客

对于那些依赖性强的顾客，性格比较随和的顾客，以及一些老顾客可以采用这种方法。

（2）准确发现成交信号

必须确信顾客有购买意向，才能使用这种方法。

（3）创造轻松购物氛围

必须使用自然、温和的语言，创造一个轻松的氛围。

067 如何用利益汇总法?

利益汇总法，是指卖家把先前向客户介绍各项产品利益时获得客户认同的地方进行汇总，并简明扼要地再次提醒客户，在加重客户对利益的认同感的过程中要求客户订购。

举例来说，卖家可以这样与买家沟通：亲，这台普通纸传真机能让您在收到的传真件上轻松批注，并交由相关人员跟进处理，它解决了您以往在热敏型传真纸上难以书写的困扰。

此外，该传真机使用 A4 规格及 B4 规格的传纸张，能有效地改进您目前因纸型不一所造成的存档及遗失的困扰。再者，该传真机 30 页的 A4 记忆存档装置可以让您再也不用担心因纸张用完而收不到重要信息了。

上面这几点，都是顾客您可能感兴趣的方面，这款传真机能帮你消除上述困扰。同时，在售价方面，相信您对行情也很清楚，我们给您的是最优惠的价格。现在，您是不是可以考虑作个购买决定，我好马上帮您安排这台机器的发货?

借助上面这个例子可以看出，使用利用总结法能将所有对买家的好处总结出来，给买家一个心理上的冲击，这样可以更容易打动买家。利益汇总法是卖家经常使用的技巧，特别是在做完产品介绍时，卖家可运用利益汇总法向顾客提出订购要求。另外，在撰写建议书并做结论时，也可使用该方法。

第 7 章

如何赚钱？
微商必知的赚钱小技能

赚钱，是每一个微店商家的最终目标，那么经营微店要如何才能够赚到钱呢？本章，笔者将为大家介绍一些微店商家必知的赚钱小技能，帮助广大商家赚到更多的利润。

要点展示

- 单个手机号如何注册多个微信号
- 微信号如何实现无限实名认证
- 如何悄悄辨别哪些好友已经删除了你？
- 如何在人多的群聊中快速 @ 某个人？
- 如何将微信里的小视频导出到计算机里？
- 如何利用友情店铺推广店铺？
- 如何利用分成推广店铺？
- 如何利用满减功能推广？

068 单个手机号如何注册多个微信号

微店商家要经营一家店铺，需要有不断的流量进入店铺，这样才能确保店铺的点击率与浏览量。所以，微店商家需要为自己的店铺招揽足够的客源。前面笔者为大家介绍过一些为自己店铺引流的方法，其中就包括借助微信加好友引流。

但是，每一个微信账号能够添加的人数是有上限的，而一个微信号对于微店商家来说显然是不够的。所以，微店商家必须要拥有多个微信账号，同时用多个微信账号添加更多的好友，为自己的微店输送更多的客户群，通过这样来提升自己店铺的点击量和浏览量。

就目前而言，只能通过手机号去申请微信号，而一个手机号也只能绑定一个微信号，那么要如何做到用一个手机号申请多个微信号呢？其实方法很简单，商家只要先用一个手机号注册一个微信号，账号注册成功之后，然后将该微信账号绑定一个 QQ 号，将微信号绑定 QQ 号之后，然后再将手机号与刚注册的微信号解绑，那么以后就可以用绑定的 QQ 号登录刚注册的微信号。

商家可以用解绑后的手机号再去注册一个新的微信号，然后再按照上述所说的方法将新申请的微信号绑定另一个 QQ 号，然后再解绑手机号，这样就可以实现用一个手机号申请多个微信号。

> **专家提醒**
>
> 需要注意的是，当商家利用手机号申请一个微信号之后，要将手机和微信号解绑的话，有时候会出现不能立即解绑的现象，如果是这样，那么商家可以等几天之后再去尝试解绑。

接下来，笔者将通过实际操作，为大家演示一遍手机号申请微信号——绑定 QQ 号——解绑手机号——再用该手机号申请微信号的过程，其操作流程具体如下所示：

① 首先，商家需要准备一个能用的手机号并且在手机上下载好微信 APP。准备好之后，商家点开微信 APP，进入“登录、注册”的初始界面，然后在该界面上点击“注册”按钮，如图 7-1 所示。

② 执行此操作后，即可进入“填写手机号”界面，在该界面商家需要填写相应的信息，填写完成之后，点击该界面中的“注册”按钮，如图 7-2 所示。

③ 执行此操作后，就会弹出“确认手机号码”提示框，商家核对号码没有错误之后，只要点击提示框中的“确定”按钮即可，如图 7-3 所示。

④ 执行此操作后，就会弹出“验证手机号”提示框，如图 7-4 所示。

⑤ 验证手机号成功之后，即可进入“填写验证码”界面，商家需要在该界面将手

机上收到的验证码输入到该界面中相对应的地方之后，点击该界面中的“下一步”按钮，如图 7-5 所示。

▲ 图 7-1 点击“注册”按钮

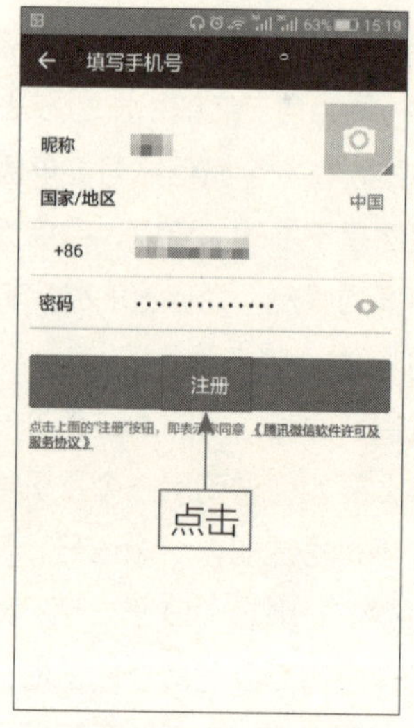

▲ 图 7-2 点击“注册”按钮

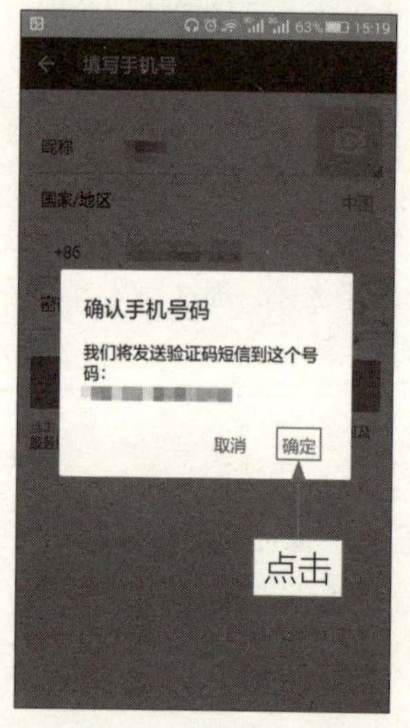

▲ 图 7-3 点击“确定”按钮

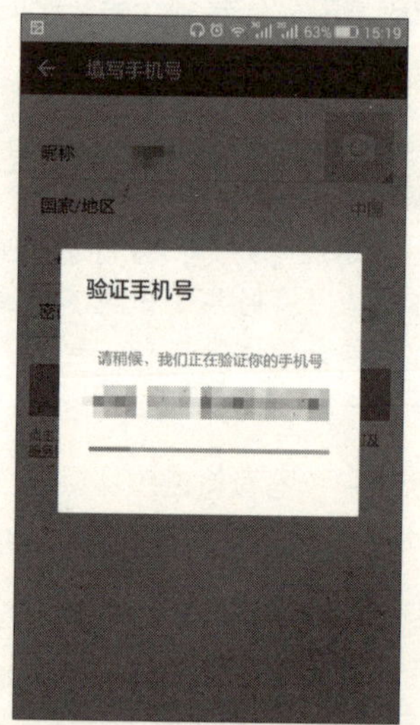

▲ 图 7-4 “验证手机号”提示框

⑥ 执行此操作后，即可进入“找朋友”界面，在该界面，会显示一个“查找你的微信朋友”提示框，商家可以点击提示框中的“好”按钮，如图 7-6 所示，就会上传手机通讯录至微信服务器，帮助商家匹配及推荐朋友。

⑦ 执行此操作后，即可进入“微信”界面，然后商家需要点击该界面中的“我”按钮，如图 7-7 所示。

⑧ 执行此操作后，即可进入对应的界面，在该界面中，商家需要点击“设置”按钮，如图 7-8 所示。

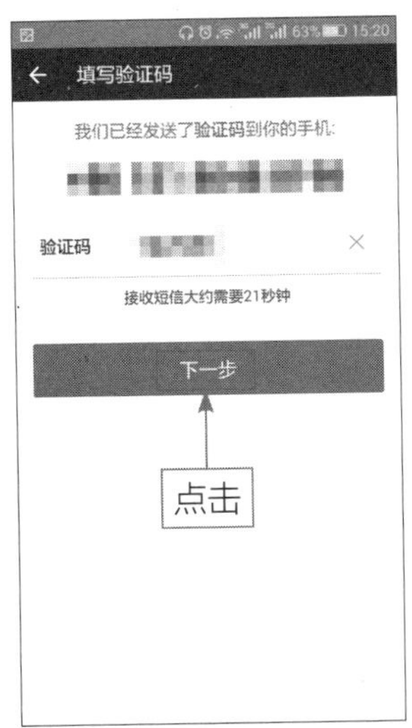

▲ 图 7-5 点击“下一步”按钮

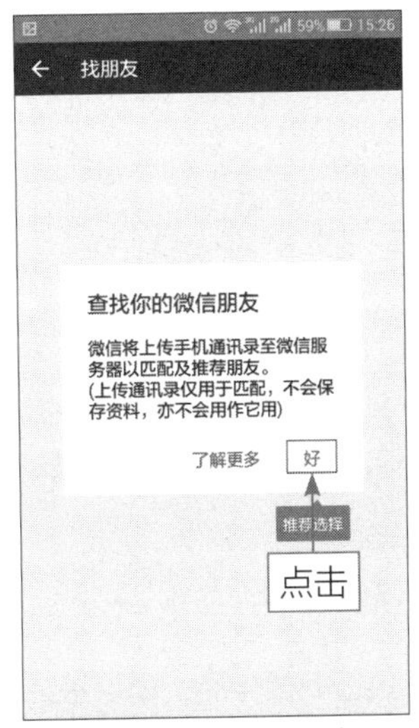

▲ 图 7-6 点击“好”按钮

▲ 图 7-7 点击“我”按钮

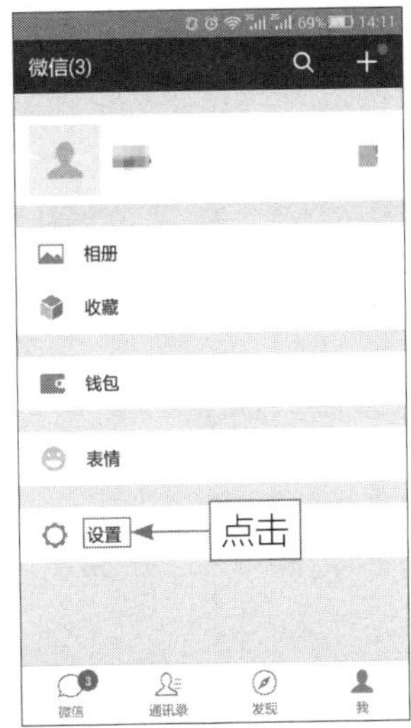

▲ 图 7-8 点击“设置”按钮

⑨ 执行此操作后，即可进入“设置”界面，然后商家需要点击该界面中的“账号与安全”按钮，如图 7-9 所示。

⑩ 执行此操作后，即可进入“账号与安全”界面，在该界面中，商家可以看见微信号已经绑定了手机号，接下来商家需要点击该界面中的“QQ 号”区域，如图 7-10 所示，将微信号绑定 QQ 号。

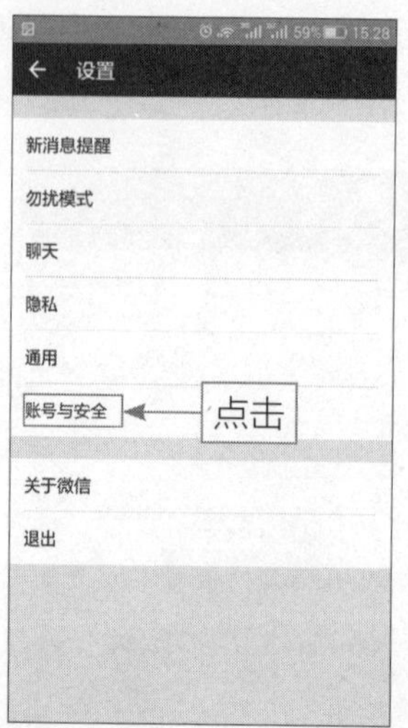

▲ 图 7-9 点击“账号与安全”按钮

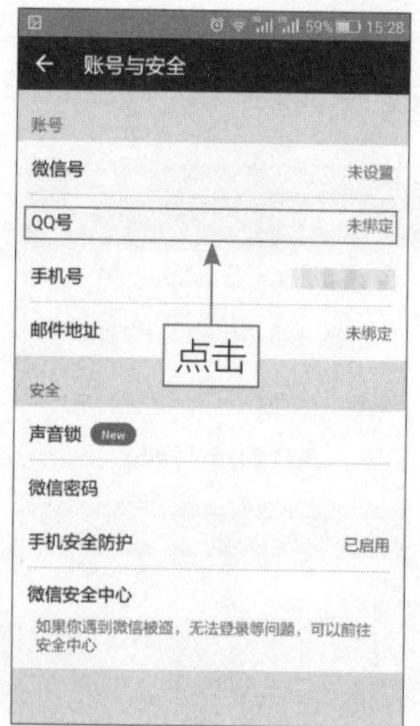

▲ 图 7-10 点击“QQ 号”区域

⑪ 执行此操作后，即可进入“绑定 QQ 号”界面，然后点击该界面中的“开始绑定”按钮，如图 7-11 所示。

⑫ 执行此操作后，即可进入“验证 QQ 号”界面，商家需要在该界面中填写上自己想要绑定的 QQ 号，填写完之后，点击该界面最右上角的“完成”按钮，如图 7-12 所示。

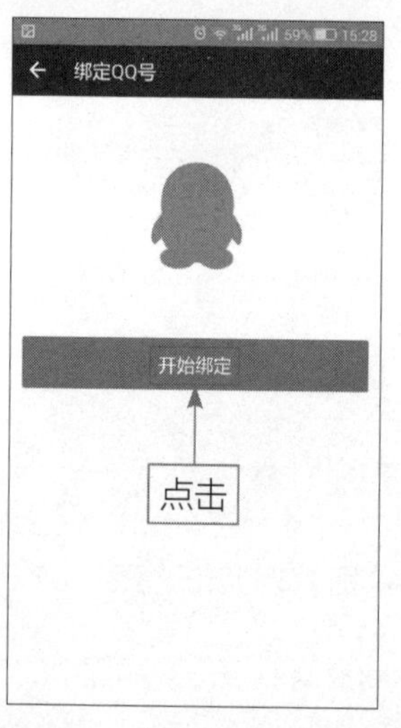

▲ 图 7-11 点击“开始绑定”按钮

▲ 图 7-12 点击“完成”按钮

⑬ 执行此操作后，就会弹出相应的提示框，商家需要点击该提示框中的“确定”按钮，如图 7-13 所示。

⑭ 执行此操作后，即可返回到“账号安全”界面，在该界面商家可以看见新申请的微信号已经成功绑定 QQ 号与手机号，如图 7-14 所示。

▲ 图 7-13 点击“确定”按钮

▲ 图 7-14 微信号成功绑定 QQ 号与手机号

⑮ 将微信号与 QQ 号绑定之后，接下来商家需要将手机号与微信号解绑。解绑手机号商家需要在“账号与安全”界面点击“手机号”区域，如图 7-15 所示。

⑯ 执行此操作后，即可进入“绑定手机号”界面，然后商家还需要点击该界面最右上角的“⋮”按钮，如图 7-16 所示。

▲ 图 7-15 点击“手机号”区域

▲ 图 7-16 点击“⋮”按钮

⑰ 执行此操作后，即可弹出“解绑手机号”提示框，商家需要点击该提示框，如

图 7-17 所示。

⑱ 执行此操作后，就会弹出更详细的“解绑手机号”提示框，商家需要点击该提示框中的“解绑”按钮，如图 7-18 所示。

⑲ 执行此操作后，即可将手机号与微信号解绑。如果出现不能立即解绑的情况，如图 7-19 所示，那么商家可以连续使用该微信号几天，几天过后再去尝试解绑手机号即可。等手机号解绑之后，商家又可以重复上述的整个操作，再申请一个新的微信号。

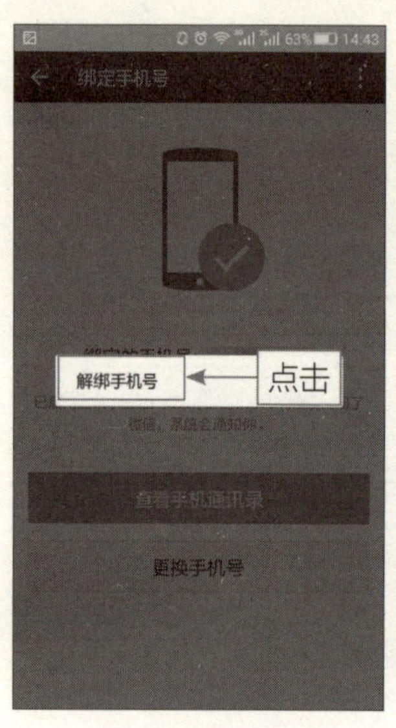

▲ 图 7-17 点击“解绑手机号”

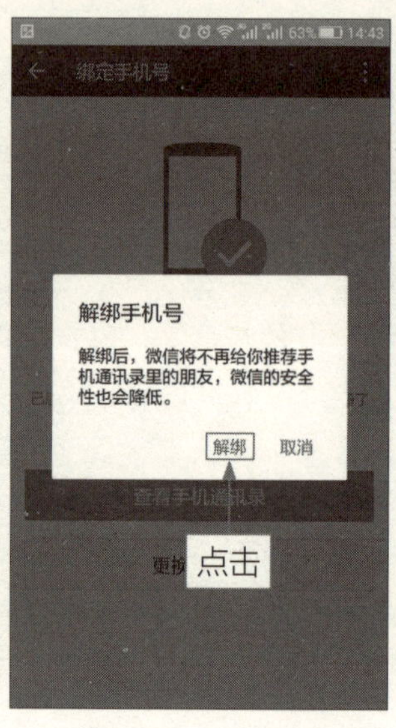

▲ 图 7-18 点击“解绑”按钮

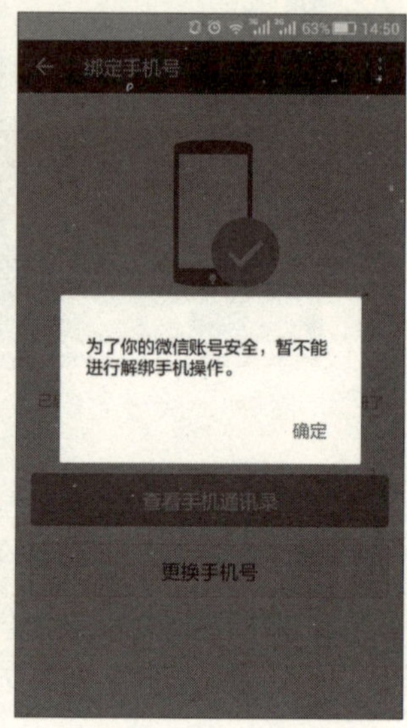

▲ 图 7-19 提示暂不能解绑手机号

069 微信号如何实现无限实名认证

微信是微店商家不可缺少的一个工具，微店商家可以用微信收付款，给自己的顾客群发红包等。但是，根据国家相关法律要求，用户使用网络支付要进行实名认证，所以微店商家要使用微信号进行收付款、发红包，那么就必须要对自己的微信号进行实名认证。

微店商家要对自己的微信号进行实名认证的方法很简单，只要将自己的微信号绑定自己的银行卡就可以对自己的微信号进行实名认证了。

通过绑定银行卡的方法，微店商家可以对自己的微信号实现无限实名认证，接下来，笔者将为大家进行实操演示，教大家无限实名认证微信号的操作，其操作流程具体如下所示：

① 首先，商家需要登录并打开微信 APP，进入“微信”界面，在该界面中点击“我”按钮，如图 7-20 所示。

② 执行此操作后，即可进入相应的界面，商家需要点击该界面中的“钱包”按钮，如图 7-21 所示。

▲ 图 7-20 点击“我”按钮

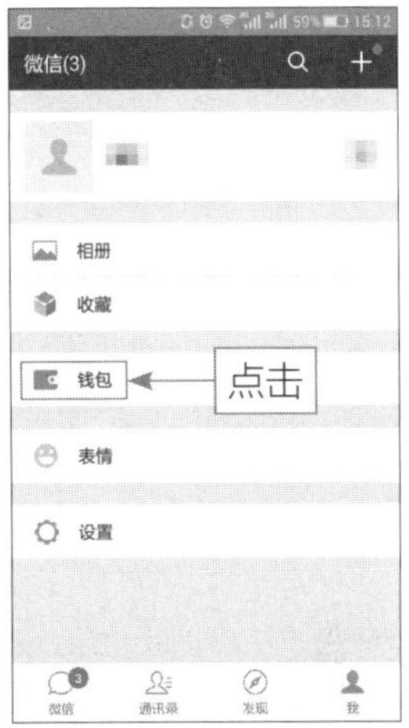

▲ 图 7-21 点击“钱包”按钮

③ 执行此操作后，即可进入“我的钱包”界面，然后商家需要点击该界面中的“银行卡”按钮，如图 7-22 所示。

④ 执行此操作后，即可进入“银行卡”界面，在该界面商家需要点击“添加银行卡”按钮，如图 7-23 所示。

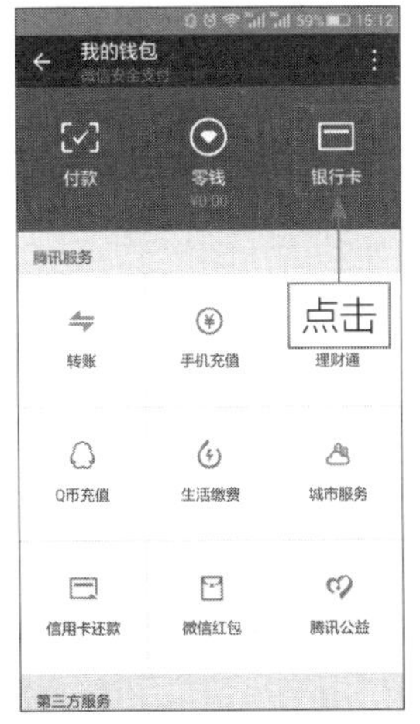

▲ 图 7-22 点击“银行卡”按钮

▲ 图 7-23 点击“添加银行卡”按钮

⑤ 执行此操作后，即可进入“添加银行卡”界面，在该界面商家可以看见“请绑

定微信账户本人的卡”的提示，同时商家还可以点击界面中的“了解安全保障”按钮，如图7-24所示，查看相关的内容。

⑥ 执行此操作后，即可弹出“安全保障”提示框，在该提示框中，商家可以看见安全保障、双重验证、隐私保护、和全额赔付4个方面的内容，商家在查看完这些内容之后就可以点击“知道了”按钮，如图7-25所示。

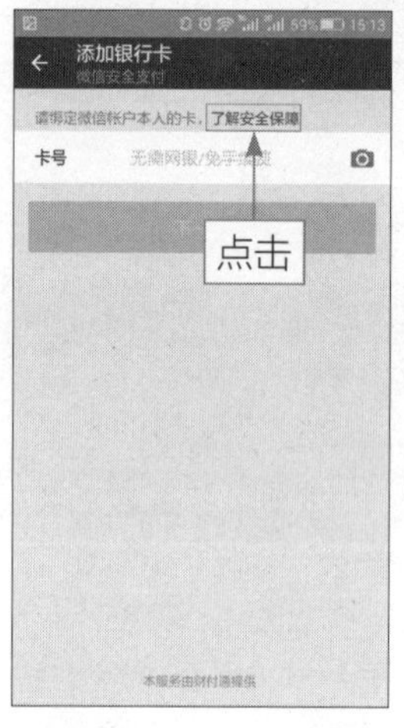

▲ 图7-24 点击“了解安全保障”按钮

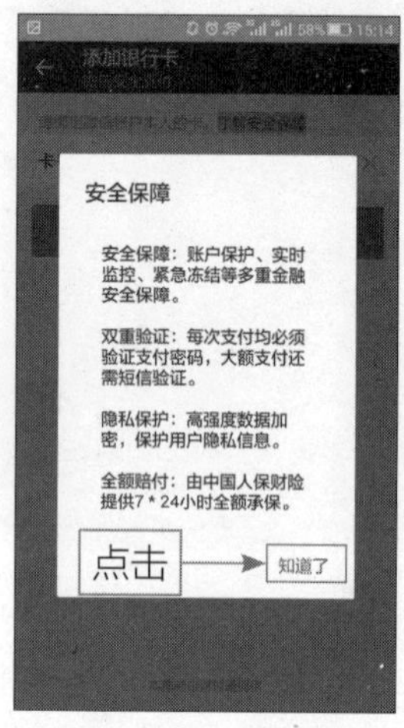

▲ 图7-25 点击“知道了”按钮

⑦ 执行此操作后，即可返回到“添加银行卡”界面，商家需要在该界面填上自己要绑定的银行卡，填写完成之后，点击“下一步”按钮，如图7-26所示。

⑧ 执行此操作后，即可进入“填写银行卡信息”界面，在该界面商家需要输入银行卡的相关信息，信息输入完成之后，商家还需要点击“下一步”按钮，如图7-27所示。

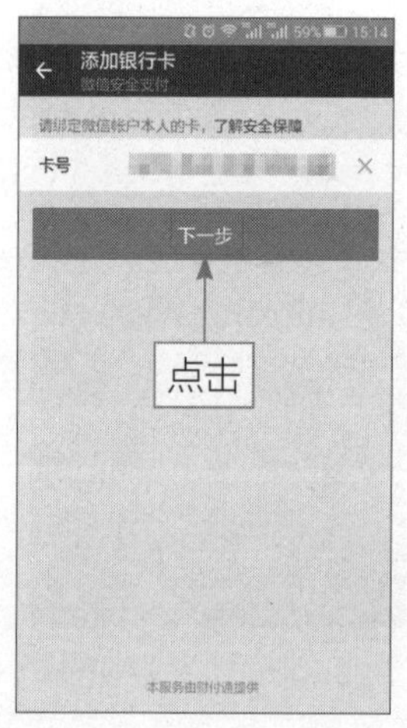

▲ 图7-26 点击“下一步”按钮

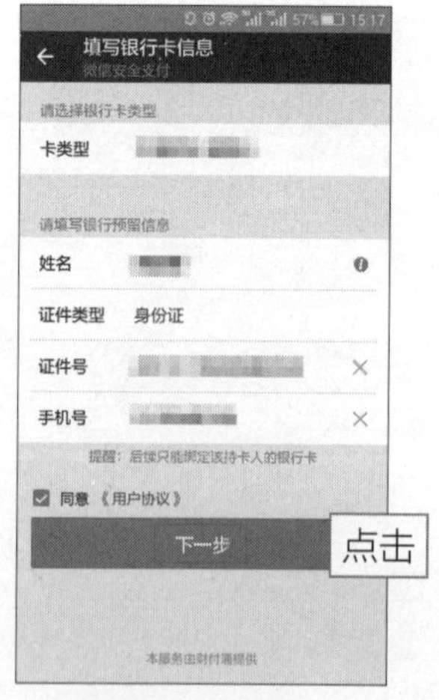

▲ 图7-27 点击“下一步”按钮

⑨ 执行此操作后，即可进入“验证手机号”界面，商家需要把手机上收到的验证码输入到该界面中相应的地方，然后点击“下一步”按钮，如图 7-28 所示。

⑩ 执行此操作后，即可进入“设置支付密码”界面，如图 7-29 所示。商家需要在该界面中设置一个支付密码。

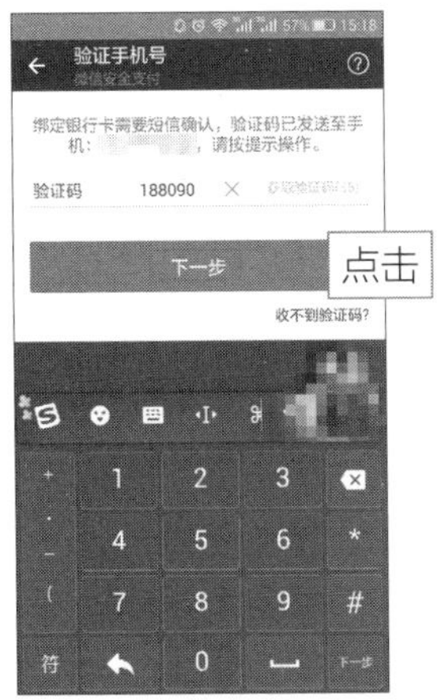

▲ 图 7-28 点击“下一步”按钮

▲ 图 7-29 “设置支付密码”界面

⑪ 执行此操作后，即可进入“设置支付密码 / 请再次填写以确认”界面，商家需要再输入一次密码，并且要注意两次输入的密码要保持一致，输入完成之后点击“完成”按钮，如图 7-30 所示。

⑫ 执行此操作后，即可完成银行卡与微信号的绑定，同时也完成了微信号的实名认证，商家只要点击“我 / 钱包 / 银行卡”按钮，即可进入“银行卡”界面，在该界面商家可以看见刚才绑定的银行卡，如图 7-31 所示。

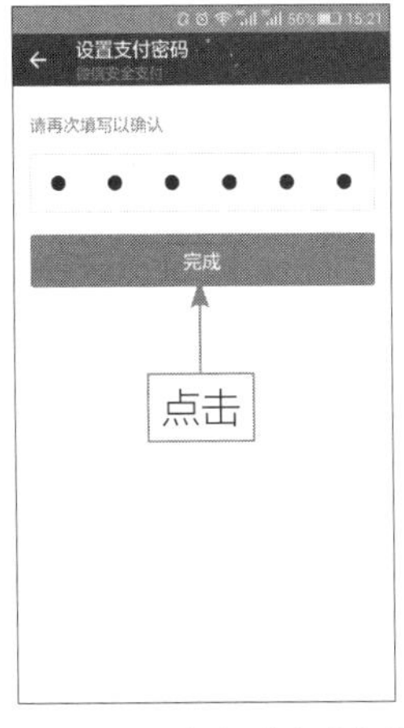

▲ 图 7-30 点击“完成”按钮

▲ 图 7-31 查看绑定的银行卡

⑬ 接下来，商家要做的事情是解除银行卡的绑定，商家需要在“银行卡”界面，点击添加成功的银行卡区域，如图 7-32 所示。

⑭ 执行此操作后，即可进入相应的界面，在该界面商家需要点击最右上角的“⋮”按钮，如图 7-33 所示。

▲ 图 7-32　点击银行卡区域

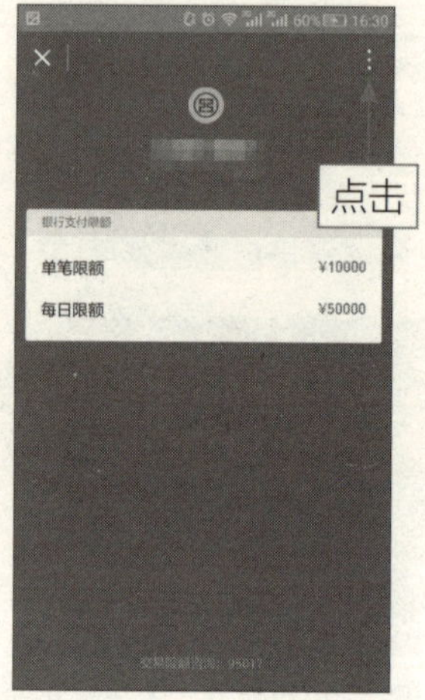

▲ 图 7-33　点击“⋮”按钮

⑮ 执行此操作后，即可弹出“解除绑定”提示框，商家需要点击该提示框，如图 7-34 所示。

⑯ 执行此操作后，即可进入“解绑银行卡”界面，如图 7-35 所示，在该界面商家需要输入绑定银行卡时设置的支付密码。

▲ 图 7-34　点击“解除绑定”提示框

▲ 图 7-35　解绑银行卡界面

⑰ 输入密码之后，界面上就会出现“解绑成功”提示框，然后系统会自动跳转到

“银行卡”界面，在该界面商家会发现绑定的银行卡已经成功解绑。

⑱ 银行卡解绑之后，该微信号仍然可以使用，因为已经进行过实名认证。如果商家愿意还可以从头到尾将绑定银行卡、解绑银行卡的操作流程再重复一遍或者多遍，为自己的微信号进行无限实名认证。

070 如何悄悄辨别哪些好友已经删除了你?

微店店主作为微商中的一员，在为自己店铺引流的过程中需要经常在自己的微信好友、朋友圈中打广告，次数多了难免会有一些微信好友偷偷将你删除了。

那么，微店店主要怎样才能知道有哪些好友将自己删除了呢？关于在微信中测试别人是否已经将自己删除了，之前网上有一个很流行的方法，就是给自己微信中的每一个好友群发一条消息，如果对方的名字变色了就说明对方已经将你删除。

经过笔者的测试，这一方法并不能测出对方是否将你删除，因为已经将笔者删除的好友，在群发消息时，其名字并没有变色。而且这种方法，容易引起其他好友的厌烦，所以商家要慎用。

接下来，笔者将为大家介绍一种可以悄悄辨别微信好友中将自己删除的人的方法，且这种方法不会给其他人带来打扰，其操作具体如下所示：

① 首先，商家需要打开自己的微信，然后在“微信”界面点击最右上角的“+”按钮，如图7-36所示。

② 执行此操作后，会出现相应的一些选项，商家需要点击其中的“发起群聊”按钮，如图7-37所示。

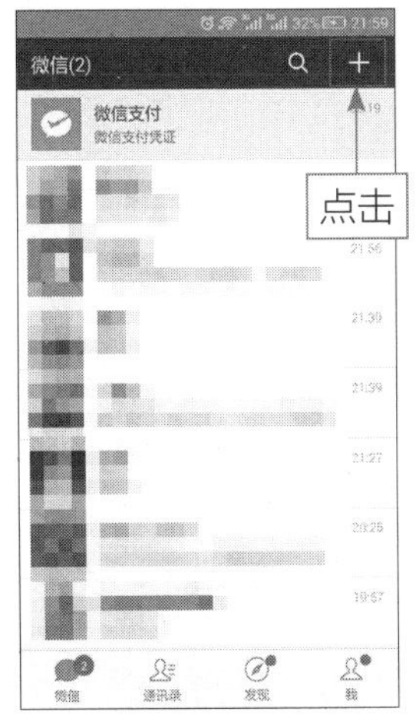

▲ 图7-36 点击“+”按钮

▲ 图7-37 点击“发起群聊”按钮

③ 执行此操作后，即可进入“发起群聊”界面，如图7-38所示。

④ 商家在该界面中，可以选中自己要进行测试的好友名称后方的“□”，如图 7-39 所示。

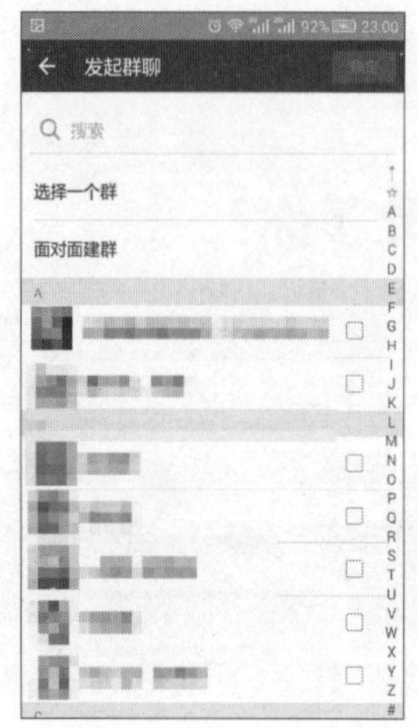

▲ 图 7-38 “发起群聊”界面

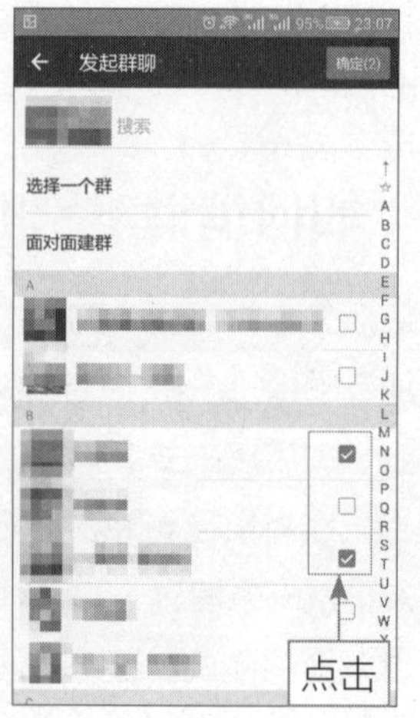

▲ 图 7-39 选中好友名称后的“□”

⑤ 需要注意的是，商家在选择群聊好友的时候，包括自己在内一次性选择的人数不能超过 40 个，超过 40 个就会显示出“当前群聊人数太多。为减少打扰，对方同意邀请后才会进入群聊”的提示，如图 7-40 所示。

⑥ 超过人数就达不到悄悄测试的效果，而且也无法发起群聊，商家需要点击提示框中的“确定”按钮，如图 7-41 所示，回到“发起群聊”界面。

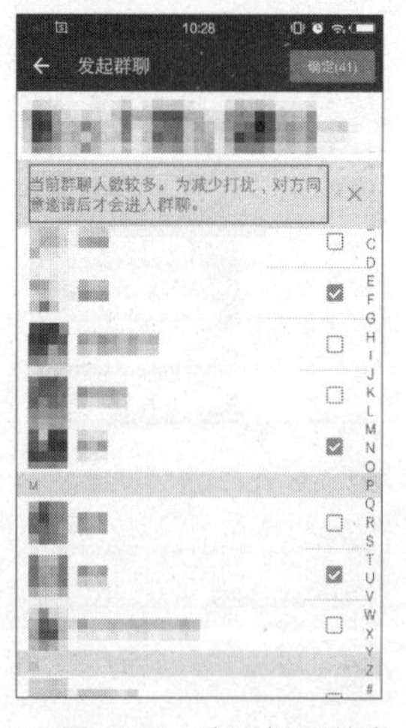

▲ 图 7-40 出现提示信息

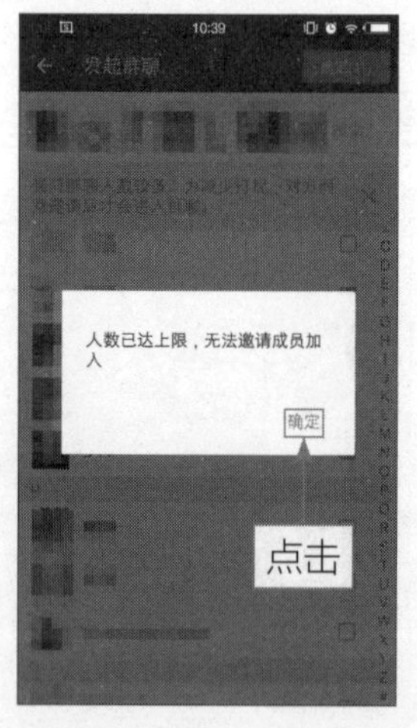

▲ 图 7-41 点击“确定”按钮

⑦ 回到“发起群聊”界面后，重新选定好人数之后，商家需要点击右上角的“确定”按钮，如图 7-42 所示。

⑧ 执行此操作后，即可发起群聊，发起成功之后即可进入“群聊”界面，如图7-43所示。

▲ 图7-42 点击“确定”按钮

▲ 图7-43 “群聊”界面

⑨ 在群聊界面，商家就可以查看有哪些好友已经将自己删除了，将自己删除的好友的名字会显示为蓝色，商家可以点击显示为蓝色的好友的名字，会出现“验证申请”提示框，如图7-44所示。

⑩ 接下来，商家如果想要重新将删除自己的人加为好友的话，那么就可以在“验证申请”提示框中输入相关的申请信息，然后点击提示框中的“确定”按钮，如图7-45所示。

▲ 图7-44 出现“验证申请”提示框

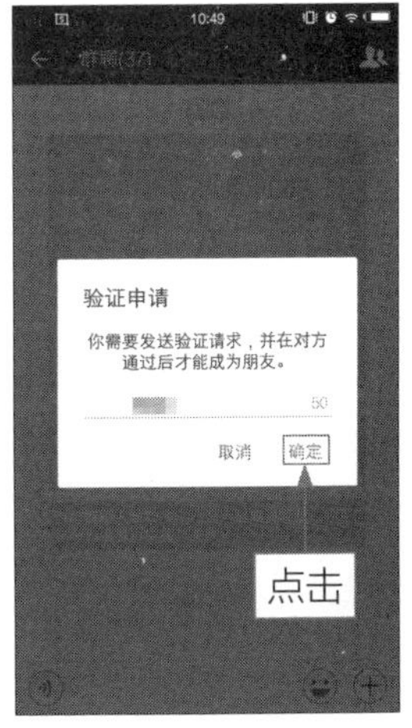

▲ 图7-45 点击“确定”按钮

⑪ 执行此操作后，即可向他发去加好友申请，如果商家不打算再将他们加为好友，

那么商家只要将自己删除的人的名字记下，然后点击“群聊”界面右上角的“ ”按钮，如图7-46所示。

⑫ 执行此操作后，即可进入“聊天信息”界面，在该界面，商家需要点击下方的“删除并退出”按钮，如图7-47所示。

▲ 图7-46 点击“ ”按钮

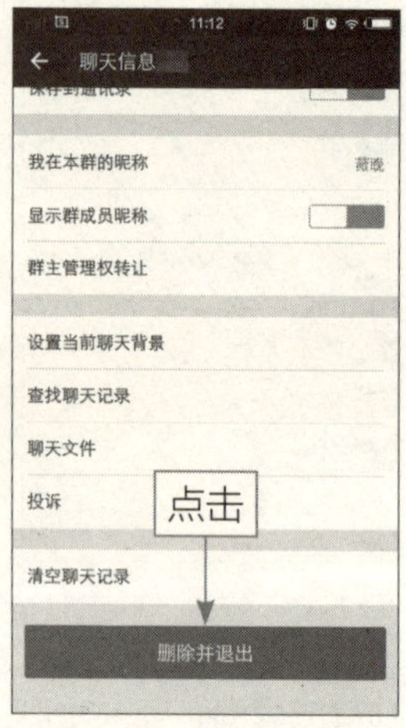

▲ 图7-47 点击“删除并退出”按钮

⑬ 执行此操作后，就会弹出相应的提示框，商家需要点击该提示框中的“离开群聊”按钮，如图7-48所示。

⑭ 执行此操作后，即可返回到“微信”界面，如图7-49所示，商家会发现刚才建立的群已经删除了。

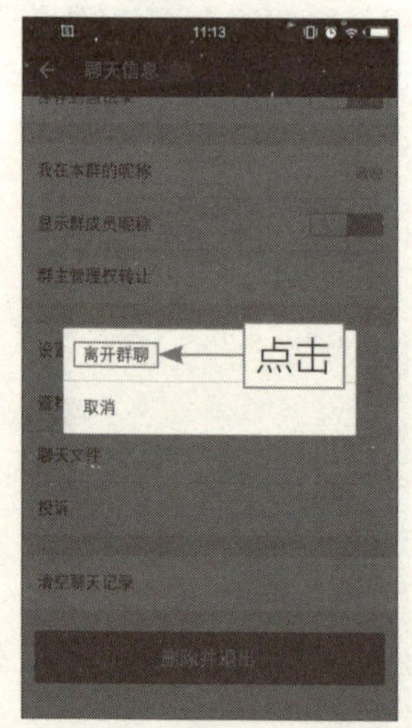

▲ 图7-48 点击“离开群聊”按钮

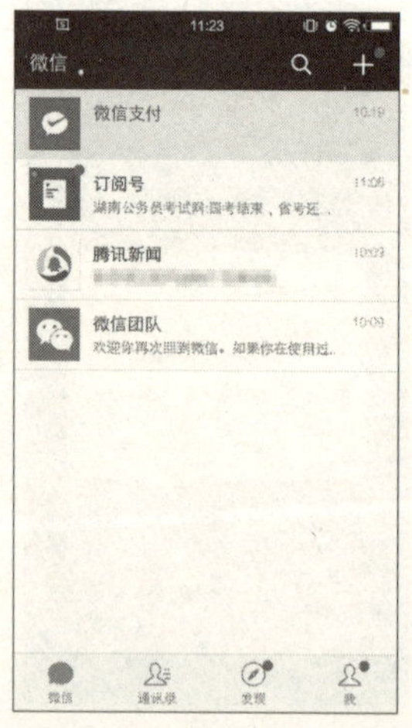

▲ 图7-49 “微信”界面

如果商家还想辨别其他好友是否将自己删除的话，那么只要将刚才笔者介绍的操作过程，换一批好友再重复一次即可。

专家提醒

需要注意的是，如果商家要实现在不打扰好友的情况下辨别对方是否将自己删除，那么商家在发起群聊后，不要说话，只要查看将自己删除的好友名单即可。

071 如何在人多的群聊中快速 @ 某个人？

对于用微信群与顾客进行联系、交流的微店商家来说，快速回复顾客的消息是很重要的，可是如果微信群中人数太多、群聊消息太多就很难及时回复。

经常会有这样的情况出现：顾客 A 提出问题，几秒后，问题就被其他的聊天消息掩盖了，商家回答的顾客 A 的问题也被快速地掩盖，这样难免会导致顾客 A 看不见商家的回答。那么，商家要如何才能准确地将顾客 A 的问题的答案回复给她呢？其实商家只要在群聊中采用 @ 的方法，就可以将消息准确地回复给她，这样只要她打开群聊就可以看见商家回复的消息，因为微信会给出 @ 提示的。

那么要如何在人多的群聊中快速地 @ 一个人呢？接下来，商家将通过实操为大家介绍这个小技能，其具体操作如下所示：

① 首先，商家需要打开微信，进入一个微信群，进入“群聊”界面，如图 7-50 所示。

② 然后，商家需要长按住自己想要 @ 的人的头像，直至下方的输入栏中出现对方的微信昵称，如图 7-51 所示。

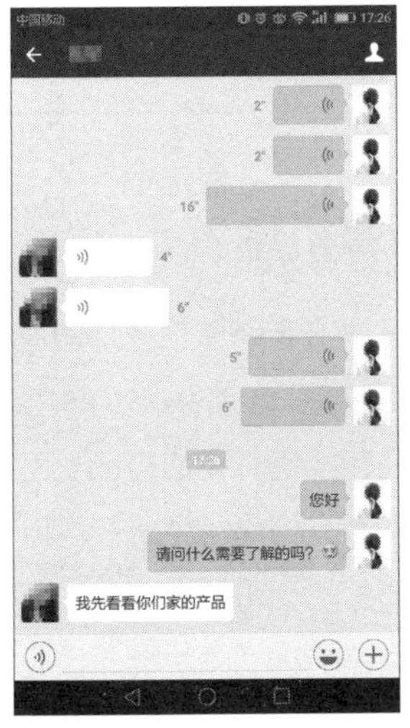

▲ 图 7-50 “群聊”界面

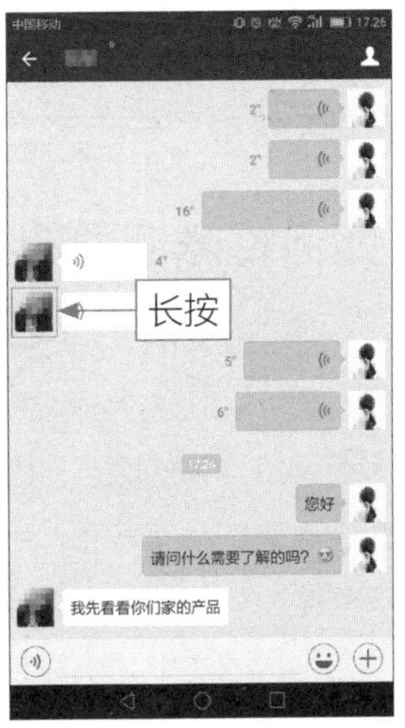

▲ 图 7-51 长按对方头像直至出现微信昵称

③ 接下来，商家需要输入要对对方说的话，输入完成后，点击“发送”按钮，如图7-52所示。

④ 执行此操作后，即可将信息发送出去，在发送的信息中，商家可以看见自己刚才发送的消息，在该信息前面还可以看见对方的微信昵称，如图7-53所示。

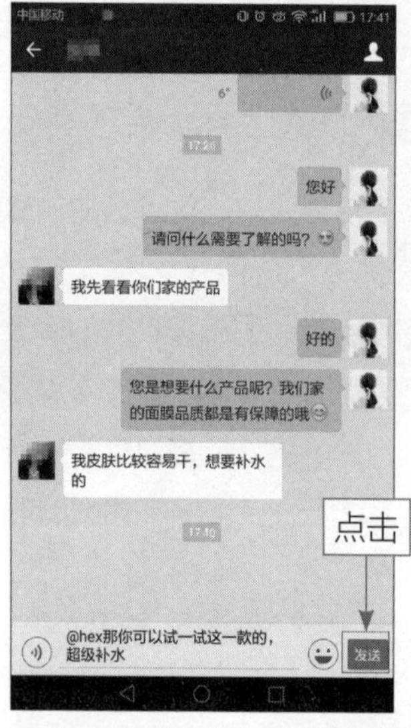

▲ 图7-52 点击“发送”按钮

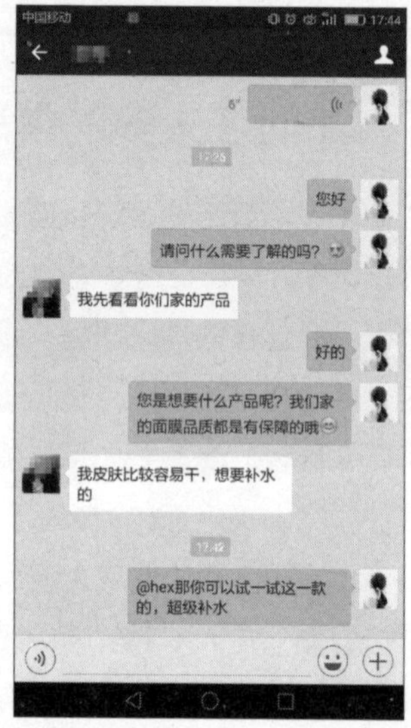

▲ 图7-53 消息发送成功

专家提醒

如果商家需要同时回答多个人，且多个人问的问题是一样的，那么商家就可以一起回答他们，只要按照笔者刚才讲的@的方法，将要回答的人都@进来，然后输入要回答的信息，再发送即可。

072 如何将微信里的小视频导出到计算机里？

微信的功能是强大的，用户除了可以借助它给他人发送文字消息、图片消息、语音消息之外，还可以发送视频消息。这对微店商家来说，是非常有利的。

很多人在微店购物的时候，因为看不到商品实物而心存担忧，害怕自己买回来的东西跟图片上看到的会有差距，所以会犹豫不决，不敢下单。但是，微信却可以很好地解决这一问题。

因为微信为大家提供了小视频功能，商家可以通过微信的小视频功能，自己拍摄商品实物，然后再通过微信发送给自己的顾客，这样就能解决顾客的顾虑。同时，商家还可以将拍摄好的小视频导出到计算机中保存起来，这样如果下次再遇到有同样需求的顾客，就可以将这份小视频发送给他，这样能够减少再次拍摄的时间。

那么商家要怎样将拍摄的小视频导出到计算机里呢？接下来，笔者将通过实操为大家介绍，将微信中的小视频导出到计算机中的方法，其具体操作如下所示：

① 既然商家要导出微信中的小视频，那么首先就需要掌握通过微信拍摄视频的方法，商家只要打开自己的微信，选择自己要发送小视频的对象 A，然后在与 A 聊天的聊天界面中点击“⊕”按钮，如图 7-54 所示。

② 执行此操作后，就会出现相应的界面，在该界面中商家需要选择“小视频”选项，如图 7-55 所示。

▲ 图 7-54 点击“⊕”按钮

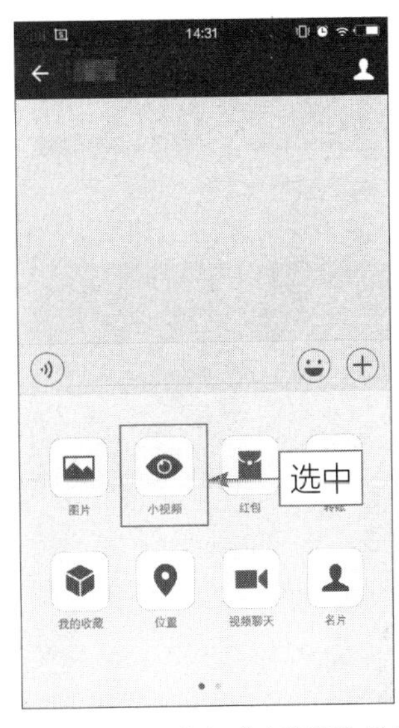

▲ 图 7-55 选中“小视频”选项

③ 执行此操作后，即可出现相应的界面，商家需要长按住该界面中的“按住拍”按钮，如图 7-56 所示。

④ 执行此操作后，就可以开始拍摄小视频，拍摄的时间是有限制的，商家拍摄完视频之后，该视频就会立即发送给对方，商家在与对方聊天的界面就可以看见刚才拍摄的视频，如图 7-57 所示。

⑤ 接下来商家要做的事情是将该视频传到计算机版微信上，因此商家需要在计算机上登录微信。

⑥ 然后，在与顾客聊天的界面中长按小视频，直至出现相应的提示框，如图 7-58 所示。

⑦ 接下来，商家需要选中选项框中的“更多”选项，如图 7-59 所示。

▲ 图7-56 点击“按住拍”按钮

▲ 图7-57 拍摄的小视频

▲ 图7-58 弹出相应的选项框

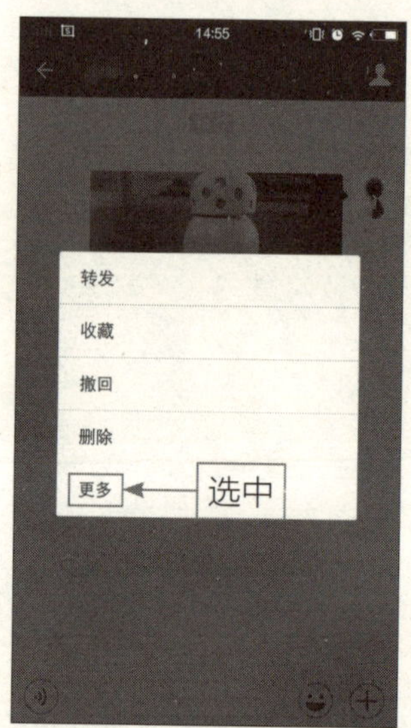

▲ 图7-59 选中“更多”选项

⑧ 执行此操作后，在聊天界面的下方就会弹出相应的选项，商家需要点击最左边的“ ”按钮，如图7-60所示。

⑨ 执行此操作后，就会弹出“逐条转发”和“合并转发”选项，商家可以任选其中的一种，在这里笔者以选中“逐条转发”选项为例，如图7-61所示。

⑩ 执行此操作后，即可进入“选择”界面，商家需要在该界面点击“文件传输助手”按钮，如图7-62所示。

⑪ 执行此操作后，就会弹出“发送给”提示框，商家需要点击该提示框中的“确定”按钮，如图7-63所示。

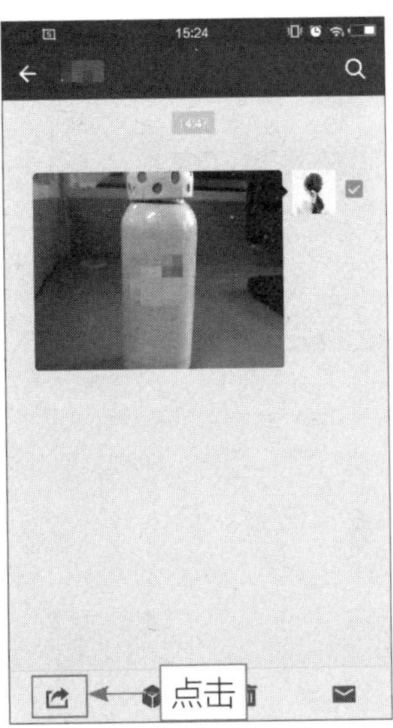

▲ 图7-60 点击“”按钮

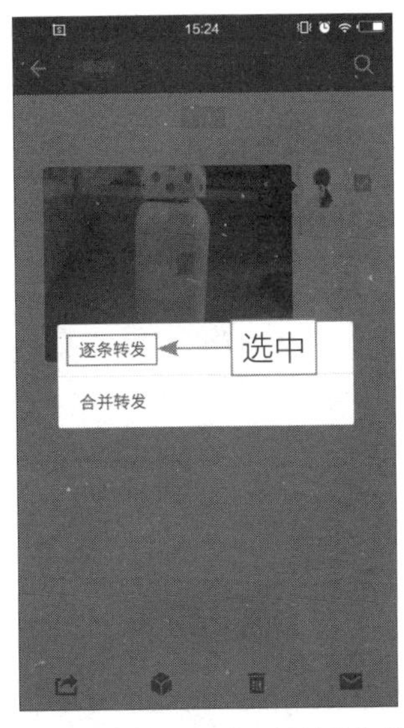

▲ 图7-61 选中“逐条转发”选项

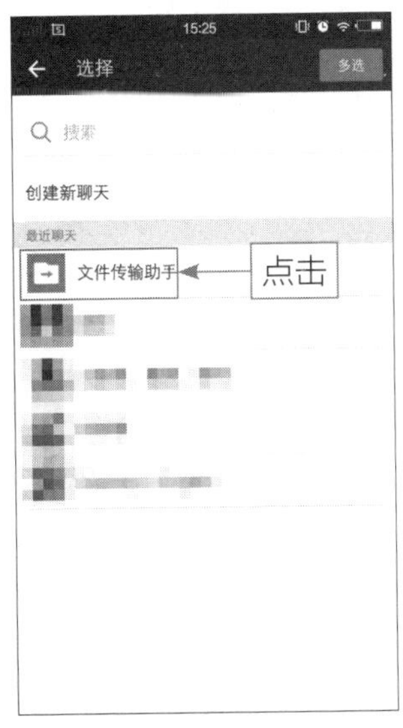

▲ 图7-62 点击“文件传输助手”按钮

▲ 图7-63 点击“确定”按钮

⑫ 执行此操作后，商家在电脑版的微信上即可看见刚才通过“文件传输助手”转发的视频，如图7-64所示。

⑬ 接下来，商家在计算机上的小视频区域，点击鼠标右键，在出现的快捷菜单中点击“视频另存为（V）”选项，如图7-65所示。

⑭ 执行此操作后，就会弹出“新建下载任务”提示框，商家选择好自己要保存小视频的地方之后，点击“下载”按钮，如图 7-66 所示。

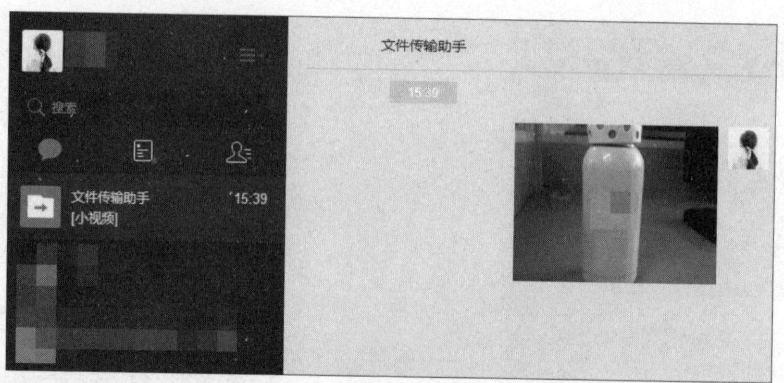

▲ 图 7-64 小视频成功上传到电脑版微信上

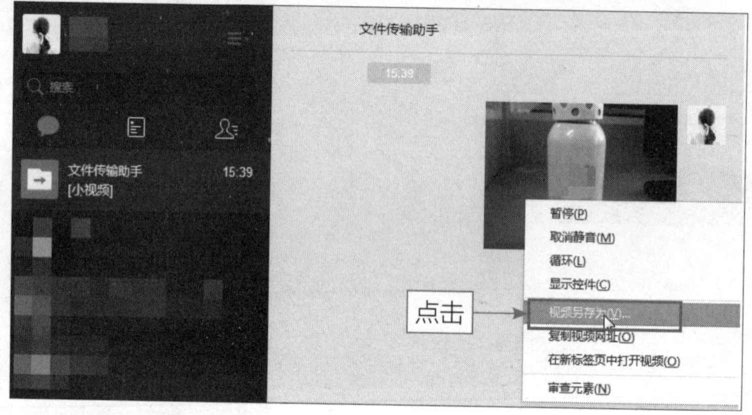

▲ 图 7-65 点击“视频另存为（V）”选项

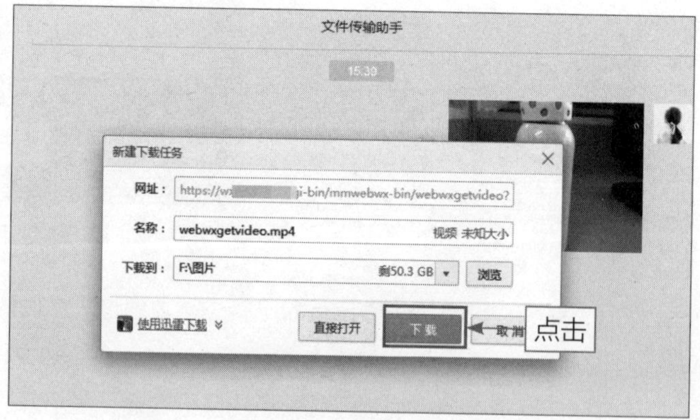

▲ 图 7-66 点击“下载“按钮

⑮ 执行此操作后，即可开始下载该小视频，小视频下载完成后，商家可以进入保存视频的文件夹找到该视频，如图 7-67 所示。

至此，将微信里的小视频导出到电脑的操作就完成了。商家还可以通过这种方法将微信中其他的有趣的视频导出到计算机中。

▲ 图 7-67 成功将微信里的小视频导出到计算机

073 如何利用友情店铺推广店铺?

友情链接，也称为网站交换链接、互惠链接、互换链接、联盟链接等，是具有一定资源互补优势的网站之间的简单合作形式，即分别在自己的网站上放置对方网站的 LOGO 图片或文字的网站名称，并设置对方网站的超链接（点击后，切换或弹出另一个新的页面），使得用户可以从自己的网站中发现合作网站，达到互相推广的目的，因此，友情链接常作为网站推广的一种基本手段。

在淘宝店铺中，就有一个友情链接功能，淘宝商家可以借助该功能进行店铺的推广，虽然微店 APP 中没有友情链接，但是在微店 APP 的推广功能中，为广大用户提供了一个友情店铺的功能。这个友情店铺跟淘宝的友情链接有着一样的作用，商家可以借助友情店铺实现两个或者多个微店之间互换店铺链接，进行互相推广，从而获得流量。

接下来，笔者将为大家介绍添加和管理友情店铺的操作方法，其具体操作流程如下所示：

① 首先，商家需要打开微店 APP，登录自己的微店账号，然后点击“推广”按钮，如图 7-68 所示。

② 执行此操作做，即可进入“推广”界面，然后在该界面点击“友情店铺”按钮，

如图7-69所示。

▲ 图7-68 点击“推广”按钮

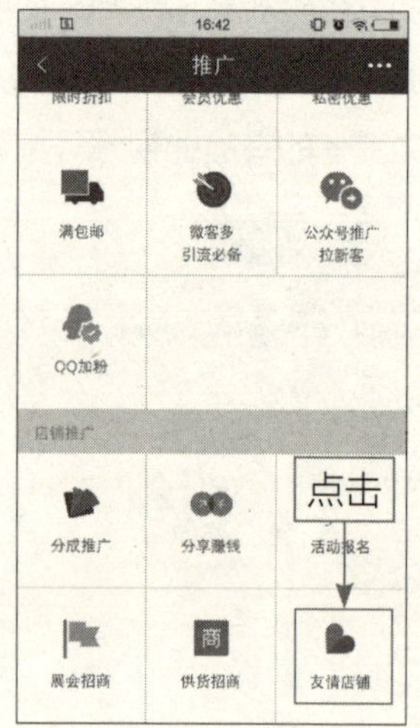

▲ 图7-69 点击“友情店铺”按钮

③ 执行此操作后，即可进入“友情店铺”界面，商家可以在搜索框中输入好友的微店名称，或者直接点击推荐的店铺右侧的“⊕”按钮，等待好友验证即可，如图7-70所示。

▲ 图7-70 添加友情店铺

④ 商家还可以点击“动态”按钮，在“友情店铺动态”界面，选择“接受”或“拒绝”店铺的申请，在这里笔者以点击“接受”为例，如图7-71所示。

⑤ 对于接受申请的店铺，店主可以点击“管理”按钮，在“管理友情店铺”界面中查看，如图7-72所示。

▲ 图 7-71 点击“介绍”按钮

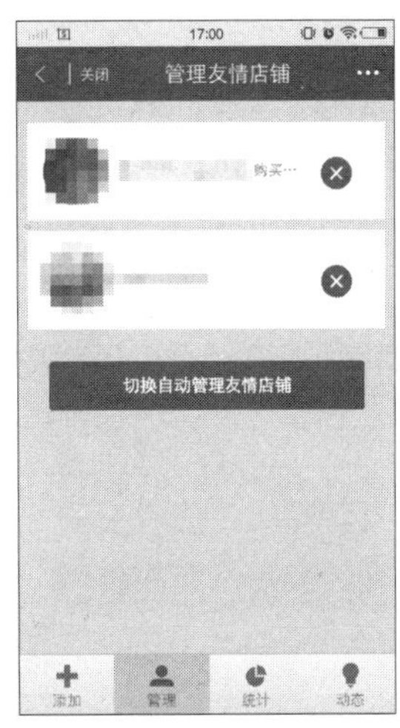

▲ 图 7-72 查看友情店铺

074 如何利用分成推广店铺？

微店分成推广是别人通过分享你的店铺到朋友圈促成购买获得佣金的方法，分成推广只对微信有效，只有从微信进入你的店铺才能看到你设置的分成推广。其操作流程具体如下所示：

① 首先，商家需要打开微店 APP，进入“推广”界面，点击“分成推广”按钮，如图 7-73 所示。

② 执行此操作后，即可进入“分成推广”界面，商家需要点击该界面中的“同意”按钮，如图 7-74 所示。

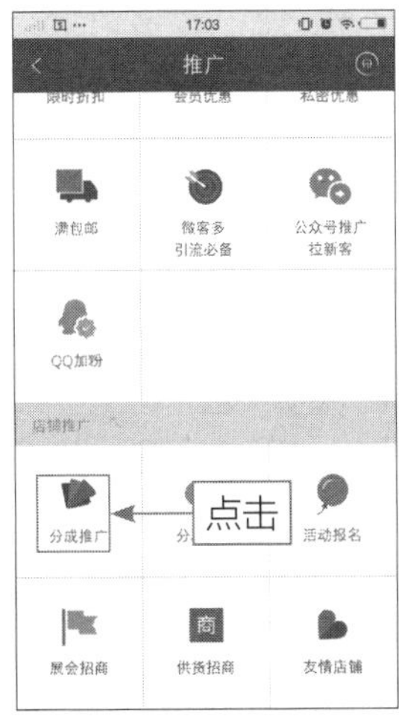

▲ 图 7-73 点击“分成推广”按钮

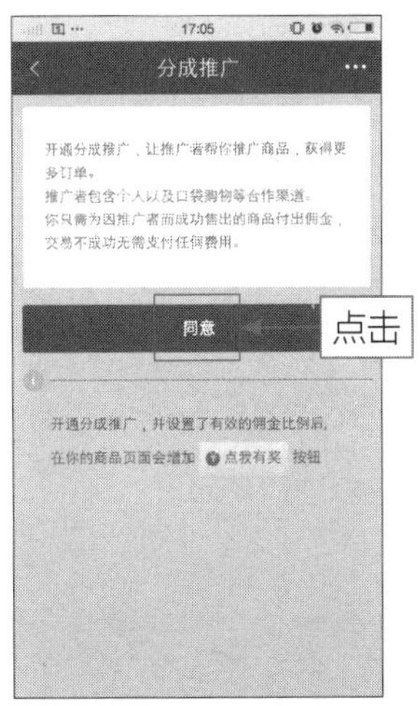

▲ 图 7-74 点击“同意”按钮

③ 执行此操作后，进入“设定佣金比例”界面，点击“选择佣金比例”按钮，如图7-75所示。

④ 执行此操作后，商家需要在弹出“选择佣金比例”界面，选择佣金比例，在这里笔者以5%为例，设定好佣金比例后，点击“确定”，如图7-76所示。

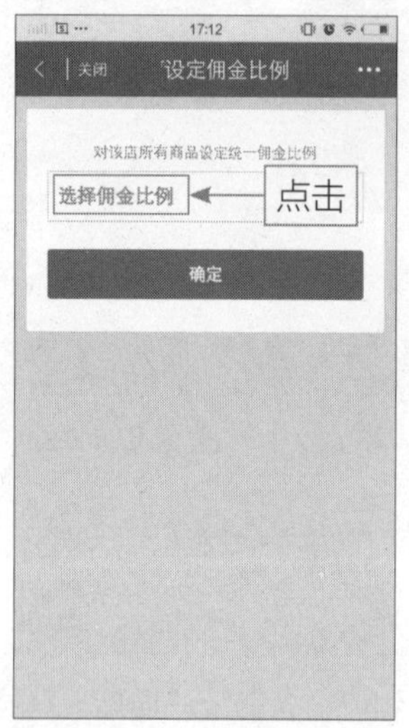

▲ 图7-75 点击“选择佣金比例”按钮

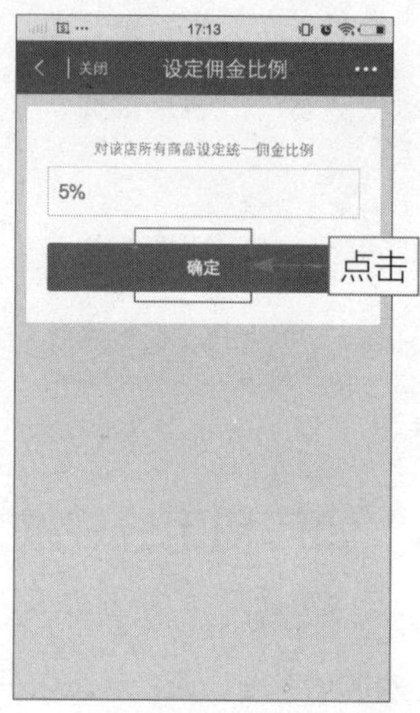

▲ 图7-76 点击“确定”按钮

⑤ 执行操作后，在弹出的信息提示框中，点击“是”按钮，如图7-77所示。

⑥ 执行此操作后，即可返回到“分成推广”界面，在该界面商家可以看见自己设置的佣金比例，如图7-78所示。

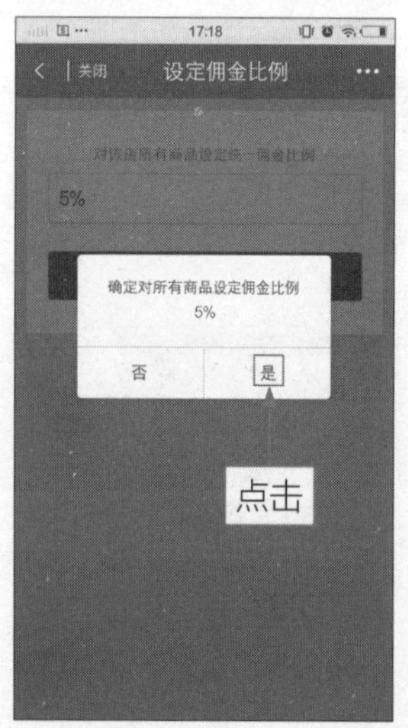

▲ 图7-77 点击“是”按钮

▲ 图7-78 查看设置的佣金比例

⑦ 接下来，商家在“分成推广”界面，点击“查看报表”按钮，即可查看分成推广报表，包括“累计支付佣金”和“推广成交金额”，如图 7-79 所示。

⑧ 如果想取消分成推广，直接在“分成推广 / 确定取消分成推广？”界面弹出的提示中点击“是”按钮，如图 7-80 所示，取消分成推广。

▲ 图 7-79 查看分成推广报表

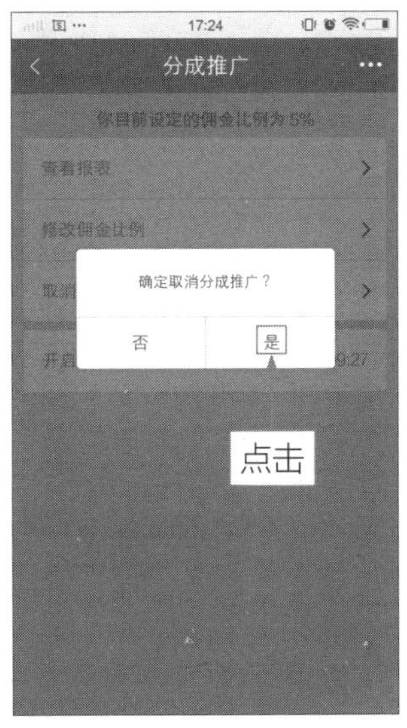

▲ 图 7-80 点击“是”按钮

075 如何利用满减功能推广？

在微店 APP 的推广功能中，有一项满减功能，商家可以给自己的店铺添加这一功能，为自己的店铺进行推广，帮助自己的店铺获得更多的收益。

那么商家要怎样才能为自己的店铺设置满减功能呢？

接下来，笔者将为大家介绍在微店 APP 中为自己的店铺设置满减的实际操作，帮助大家掌握设置满减推广的流程，其操作流程具体如下所示：

① 首先，商家需要打开微店 APP，点击“推广”按钮，如图 7-81 所示。

② 执行此操作后，即可进入“推广”界面，商家需要在该界面点击“满减”按钮，如图 7-82 所示。

③ 执行此操作后，即可进入“满减优惠 - 微店”界面，商家需要点击该界面中的“创建”按钮，如图 7-83 所示。

④ 执行此操作后，即可进入“设置满减”界面，在该界面商家需要设置活动名称、开始时间、结束时间、消费满多少减多少的金额等内容，商家可以根据自己的情况进行设置。在这里，笔者以设置一个“双十二”优惠活动，并将该活动的时间设置为

1天为例，设置好活动名称、时间、消费金额之后，如图7-84所示。

▲ 图7-81　点击“推广”按钮

▲ 图7-82　点击“满减”按钮

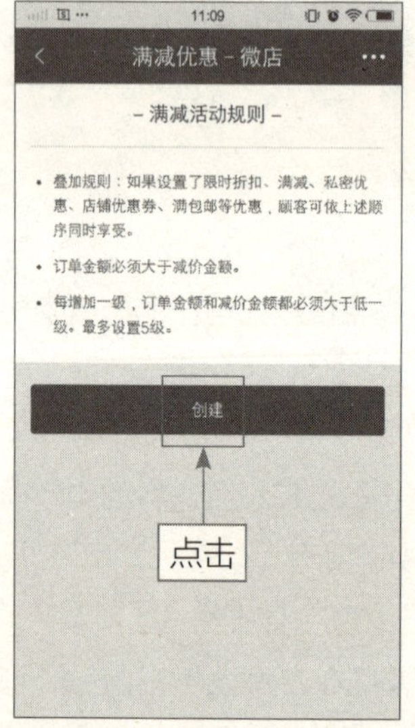

▲ 图7-83　点击“创建”按钮

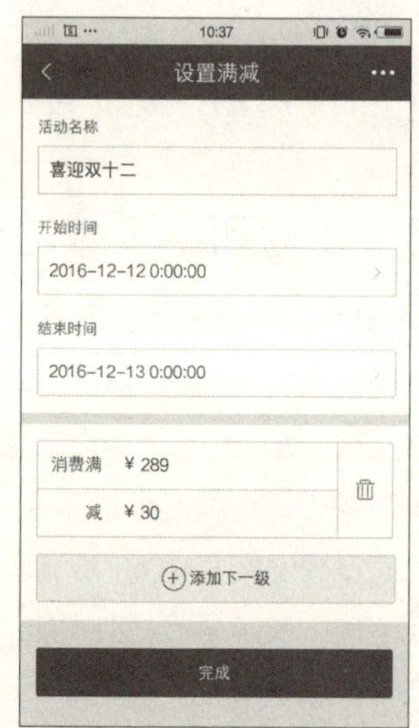

▲ 图7-84　设置满减活动相关信息

⑤ 商家设完这些信息之后，如果觉得一个满减金额对买家的诱惑力不够大，那么可以再设置一个消费满减等级。商家只要点击“设置满减”界面中的“添加下一级”按钮，如图7-85所示。

⑥ 执行此操作后，会弹出一个消费满多少减多少的设置框，如图7-86所示。

专家提醒

需要注意的是，在微店 APP 中，商家一共可以设置 5 个等级的满减金额，超过 5 个将不能再设置，每一级之间的满减金额是呈递增式的，也就是说第一个设置的等级满减的优惠力度是最小的，最后设置的一个满减金额的优惠力度是最大的。

▲ 图 7-85　点击“添加下一级”按钮

▲ 图 7-86　弹出下一个满减金额设置框

⑦ 在这个新弹出的满减金额框中，商家可以再设置一个等级的满减金额，设置好之后，如图 7-87 所示。

⑧ 商家设置好之后，只要点击“完成”按钮即可，如图 7-88 所示。

▲ 图 7-87　设置第二个满减活动相关信息

▲ 图 7-88　点击“完成”按钮

⑨ 执行此操作后，即可创建一个满减优惠活动，并且会自动返回到“满减优惠—微店”界面，在该界面商家可以看见自己刚才设置的活动信息，如图 7-89 所示。

⑩ 如果商家还想创建另一个满减优惠活动，那么将就可以点击该“满减优惠 - 微店”界面中的“新建满减活动”按钮，如图 7-90 所示，再创建一个。

▲ 图 7-89 成功创建满减优惠活动

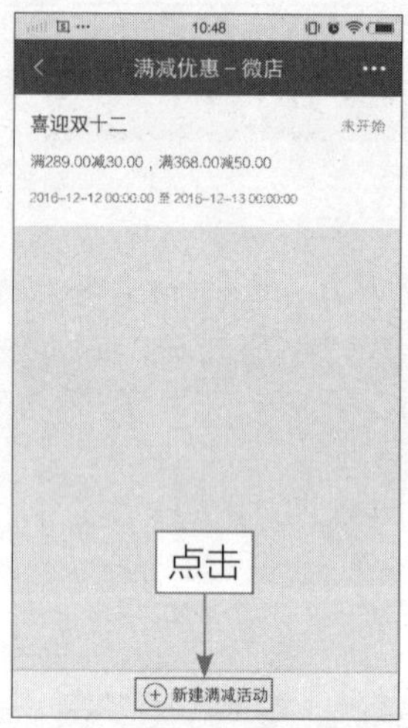

▲ 图 7-90 点击“新建满减活动”按钮

⑪ 如果商家对创建的活动不满意，那么商家也可以选择删除该活动。商家要删除该活动，只要在“满减优惠 - 微店”界面点击创建好的活动，如图 7-91 所示。

⑫ 执行此操作后，即可进入“设置满减”界面，商家需要点击该界面中的“删除”按钮，如图 7-92 所示。

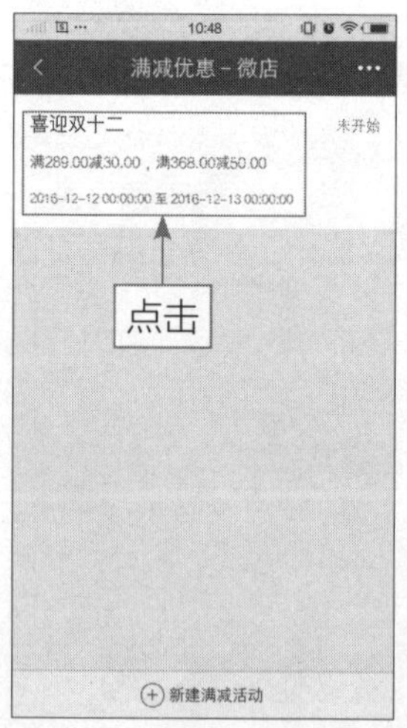

▲ 图 7-91 点击成功创建满减优惠活动

▲ 图 7-92 点击“删除”按钮

⑬ 执行此操作后，就会弹出“确定删除？”提示框，商家需要点击该提示框中的“确认删除”按钮，如图 7-93 所示。

⑭ 执行此操作后，即可成功删除创建的满减活动，并且系统会自动返回到“满减优惠 - 微店 / 满减活动规则”界面，如图 7-94 所示。

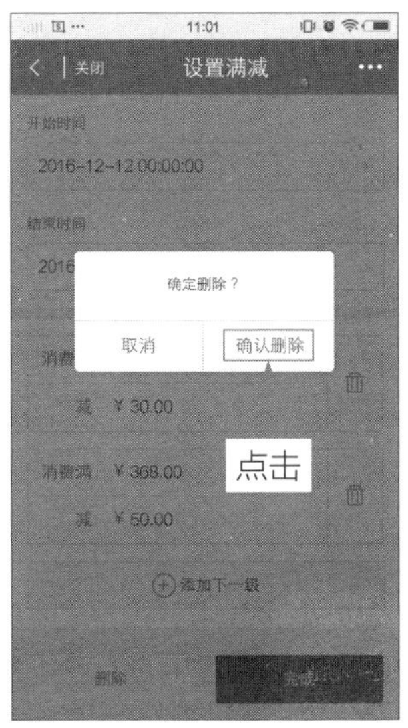

▲ 图 7-93 点击“确认删除”按钮

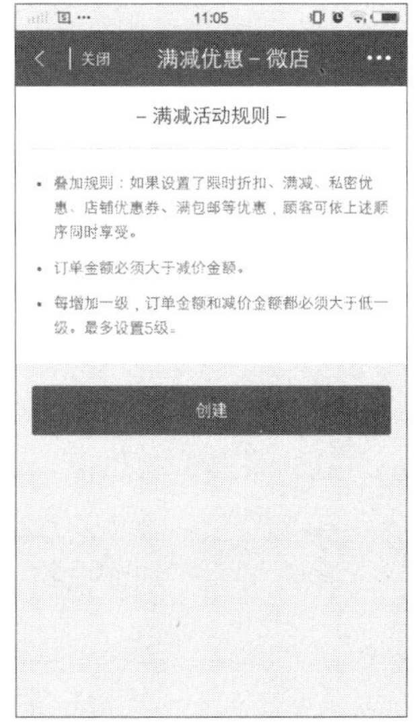

▲ 图 7-94 “满减优惠 - 微店 / 满减活动规则”界面

第 8 章

如何服务？将客服服务做到极致

俗话说“顾客是上帝”，对于商家来说，顾客就是他们获得利益的最关键的对象，因此微店商家在经营自己的店铺时，要做好顾客的服务，这样才能确保交易的达成，才能实现收益。本章，笔者将为大家介绍如何将客服服务做到极致，留住微店中的每一个顾客。

要点展示

- 如何定位目标客户？
- 了解用户有哪些需求
- 客服应具备哪些沟通技巧？
- 如何做好售前、售中和售后？
- 如何应对各种类型的顾客？
- 如何应对顾客询问回复？
- 如何从正反两面客观介绍商品？
- 如何消除客户的顾虑？
- 如何激发顾客的购买欲望？
- 客服应具备哪些服务的意识？

076 如何定位目标客户？

不同的微店，不同的产品有着不一样的经营方法，微信营销是借助微信这个移动互联网的战略级平台展开，但是它也并不是适用于所有的微店和所有的产品的。

现实中，很多微店商家跟风投身微信营销，原因大致上有以下两个：

- 希望通过这种新的营销方式让自己的微店获益；
- 跟上趋势。

这说明大家是愿意接受新鲜事物，愿意学习的，这本是一件好事，但是不少商家盲目跟风，没有任何专业知识，也没有任何策略。聪明的跟风者也许会获得成功，但是盲目跟风只会浪费钱财。

每个微店商家都应该考虑清楚，所在行业适不适合做微信营销？准备怎么做微信营销？目标用户是否在微博微信？总而言之，必须找准自己的定位，才能一步步开始步入微信营销。

接下来，笔者将为大家介绍定位目标客户的方法。

1. 根据商业目标定位

每个微店都有自己的特点和要求，这些特点和要求不尽相同，因此他们的营销目标也不可能相同，那么他们的微信营销在定位的时候，就不能人云亦云。

如图 8-1 所示，虽然两家微店都是主打女装产品，但是这其中差别却很大。

▲ 图 8-1 商业目标定位

2. 根据产品特色定位

当然，微店商家要对微信进行精准定位，并不能拘泥于某个固定的套路，服务式营销固然人性化，更受用户青睐，但它也并不适用于所有的微店。

对于广大投身微信营销的微店商家而言，最好的方法就是深入了解自己的产业特色、产品特色，有针对性地进行定位。比如手机微商，就应该根据手机的功能，锁定不同年龄层的用户，进行一对一宣传。

图8-2所示是根据手机的功能特色的不同，定位不同年龄层的用户的示例。

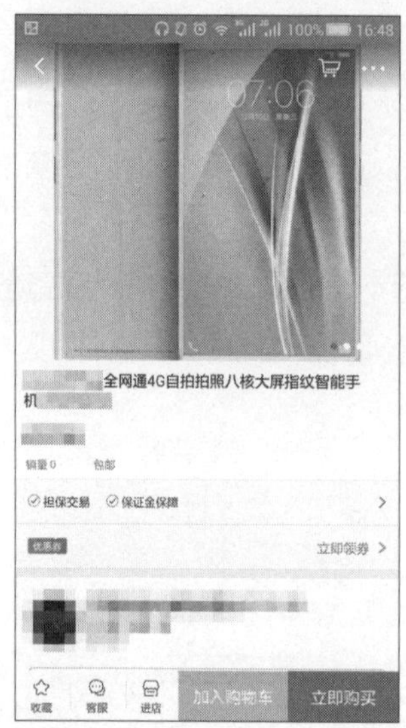

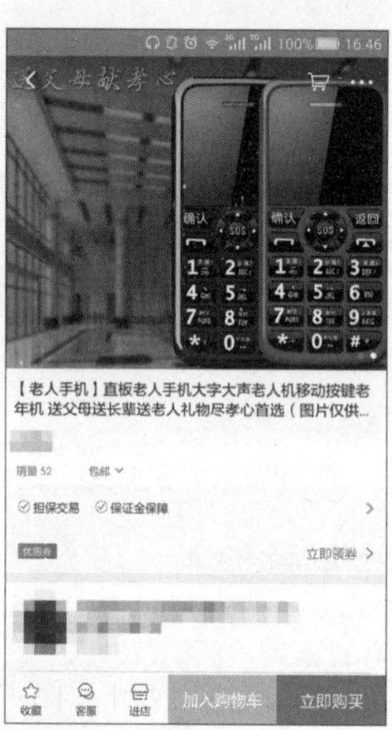

▲ 图8-2 根据产品功能不同定位不同用户示例

3. 根据目标群体定位

根据目标群体定位，可以分为以下两种：

（1）一是根据目标客户群体的年龄定位

不同年龄段的客户群体对产品、服务的需求会不一样。以服装女装行业为例，20岁左右的女性追求时尚、漂亮，所以商家如果将自己的微店的客户群体定位为这个年龄段，那么在选择商品的时候，就需要符合这个年龄段的要求。

（2）二是根据目标客户群体收入定位

人的收入会影响其消费的水平，不同收入层次的人，对商品的要求也会不一样。以购买衣服为例，月收入在5000元以上的女性，自身拥有一定的经济实力，她们在购买衣服的时候，相对于价格的高低，可能更加注重质量的好坏。

如果商家店铺的商品针对的是这种收入水平的女性，那么商家对于自家产品的面料、剪裁等就要比较注重，要争取为她们提供给更优质的服务。

4. 根据经营模式定位

除了商业目标、产品特色、目标群体这几种定位方式之外，不同的经营模式也决定了微店不同的定位。

例如，对于餐厅、酒店等服务行业来说，微信可以作为一个服务用户的工具，用户会主动地体验方便快捷的服务，比如招行查余额、南航值机手续等。

这样，微店商家就把自己定位在服务上，营销反而在其次，这实际上是以退为进，用户在体验周到的服务之后，自然也就成为商家的忠实粉丝。相比之下，那些靠信息群发来主动营销的方式不受欢迎也不长久。

077 了解用户有哪些需求

我们常说“顾客就是上帝”，顾客的需求应该是店铺发展的指南，因此，如果微店店家想要成功运营微店，了解客户并满足其需求就显得至关重要。微店想要留住顾客，获得顾客信任，必须能够为顾客带来价值，例如，顾客需要化妆品，美容产品店铺自然比服饰店铺更吸引顾客。

接下来，笔者将结合具体实例为大家介绍满足客户需求的重要性，以及了解客户需求，并利用客户需求来增加店铺流量的方法。

1. 客户需求的重要性

关于客户需求的重要性这一点，笔者将通过一个案例来向大家说明。这个案例的内容具体如下：

一名“80后”年轻人，通过微信接单卖烧烤，年赚百万元，关于这个创业点子，这位名为李烨的年轻人是在充分调查了市场及客户群体后，才付诸实施的。

首先是人们最关心的食品卫生问题，有感于一些路边烧烤摊色素、添加剂、假羊肉满天飞的同行恶评，他把每批食材的质检报告和进口报关单都清楚地晒到了网上。

其次，根据季节不同，烧烤店所卖的商品也做足了差异。他指出：“比如夏天用的炭晶和冬天就不一样，通常夏天的燃点比较低，卖的炭晶必须不那么容易自燃。四五月份适合春游，一些下单量比较大的顾客会获赠帐篷。”

同时，李烨还大胆跨界做分销，一手“混搭”玩得很熟练。通过对消费者心理的揣摩，他曾试探性地在烧烤店里卖起了面膜，主打“烧烤后护理”的概念，结果被一扫而空。他还敢卖玩具，推销的卖点是“让小朋友一边玩去”，防止其在大人烧烤的过程中捣乱受伤，同样迅速售罄。

关于创业成功的经验，他说了这么一句话“聪明的商人不但满足需求，还要创造需求”，对于同样是新兴产业的微店来说，店家们也可以从中学到不少经验。

2. 了解客户需求

对于微店的众多顾客来说，店主应该如何了解顾客需求呢？我们可以从以下几方面入手，解决这个问题。

（1）利用提问来了解客户的需求

要了解客户的需求，提问题是最直接、最简便有效的方式。通过提问可以准确而有效地了解到客户的真正需求，为客户提供他们所需要的服务，在实际运用中有以下几种提问方式可以供我们灵活选择运用：

- **提问式问题。**单刀直入、观点明确的提问能使客户详述你所不知道的情况。这常常是为客户服务时最先问的问题，提这个问题可以获得更多的细节。
- **封闭式问题。**封闭式的问题即让客户回答“是”或“否”，目的是确认某种事实、客户的观点、希望或反映的情况。问这种问题可以更快地发现问题，找出问题的症结所在。
- **了解对方信息的问题。**以服装行业为例，商家在与客户开始交流时，可以问一些客户自身最基础的问题，例如对方的身高、体重、年龄等。目的是获得解决问题所需要的信息。
- **描述性问题。**让客户描述情况，谈谈他的观点，这有利于了解客户的兴趣和问题所在。
- **澄清性问题。**在适当的时候询问、澄清客户所说的问题，也可以了解到客户的需求。
- **有针对性的问题。**例如要问客户对所提供的服务是否满意，这有助于提醒客户再次惠顾。
- **询问其他要求的问题。**与客户交流的最后，你还可以问他还需要哪些服务。通过主动询问客户的其他要求，客户会更容易记住你和你的店铺。

（2）通过倾听客户谈话来了解客户的需求

在与客户进行沟通时，必须集中精力，认真对待客户的回答，站在对方的角度尽力去理解对方所描述的内容，了解对方在想些什么，对方的需要是什么，要尽可能多地了解对方的情况，以便为客户提供满意的服务。

（3）通过观察来了解客户的需求

要想说服客户，就必须了解他当前的需要，然后着重从这一层次的需要出发，动之以情，晓之以理。在与客户沟通的过程中，商家可以通过观察客户的语音表达了解他的需要、欲望、观点和想法。通过语音表达，微商可以了解客户的需求和想法，更好地为他们服务。

3. 做好店铺引流

当店铺有了流量，店主需要让流动的客户产生购买行为，这里的关键在于提升店铺转化率。那么，微店主应该如何做好微店店铺引流呢?

（1）提高店铺产品的展现量

店铺和产品如果排名比较靠前，那么就可以被更多的人看到，这也就是展现次数增多。提升产品排名的方法如下：

- **优化产品标题。**产品标题中的关键词越精准，产品排名越容易靠前，商家在编写自己商品标题的时候可以参考销量高的店铺，总结出他们店铺标题名称的规律，观察他们店铺热销商品的关键词，选择竞争度适中又比较热门的关键词。
- **信息重发。**重发能够影响产品的新鲜度，新鲜度越高的产品排名越好，所以商家要找准商品上下架的时间，提高商品的排名。
- **加入买家保障。**商家加入买家保障，能够提高自己店铺在买家心中的信用度，能够给买家更多安全保障，他们在下单购买商品的时候后也会更安心。

（2）提高产品的点击转化率

消费者输入某个关键词进行微店搜索后，就会有很多产品展现在消费者的眼前，而消费者第一眼能看到的关于产品的信息主要就是：产品主图、产品价格等。

商家想要吸引消费者点击你的产品，那么展现在消费者眼前的这些产品的信息就必须要足够吸引人，这样就能够提高商品的点击率，点击率越高，提高转化率的可能性就越高。

- **产品主图。**主图必须要完整清晰，如图 8-3 所示。图片尺寸大小要合适，主图上除了有要展示的产品外，不要有其他抢眼的装饰，当然主图上可以在边角的地方打上一些标签，比如：厂家直销、现货批发、爆款或者折扣等字眼，这样更抢眼球。

▲ 图 8-3 产品主图要清晰

- **产品价格。**产品的定价要根据实际情况来定，如自己的成本、商品的质量，还可以参考同行的定价，总之价格要合理，在同行中要有竞争优势。除此之外，还可以采用小数位定价法，比如价格是60的，可以写成59.8或者59.9这样的，虽然实际上只相差一两角，但是十位数上的6和5给人的感觉就大大不同了，这也是从消费者心理的角度去考虑的定价方法，可以试用一下，如图8-4所示。

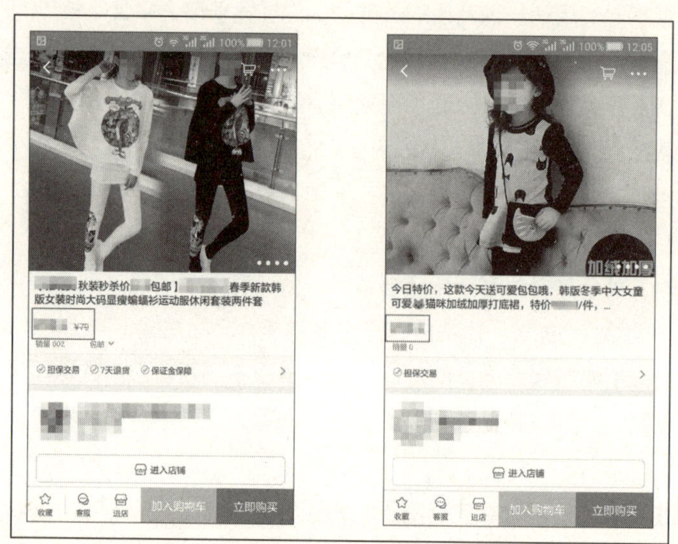

▲ 图8-4 产品价格

- **产品销量。**基本上消费者都会很关注销量这个问题的，但是销量本来就是商家在苦恼的问题。商家可以把线下的客户逐渐转移到网上来进行交易，这样可以提升产品的销量。

078 客服应具备哪些沟通技巧？

面对不同客户的不同需求，微店的店主和微店的客服们想要从容面对，就必须修炼出一身过硬的本领。微店的客服或店主在与客户沟通的时候要遵循一些最基本的原则和技巧，既不能损害微店的利益，也不能给客户留下不好的印象。

以下几种沟通原则是微店商家必须要掌握的：

1. 沟通的原则

古人云“和气生财”，这个做生意的黄金法则在什么时候都是适用的。接下来，笔者将为大家介绍一个关于微店与顾客沟通的案例。

李小姐在微店上看中了一条围巾，经过反复比较，选中了两家微店：店铺A和店铺B。由于她是初次在微店上购物，对微店很不熟悉，因此李小姐考虑得格外仔细，在下单之前想到要先用微信跟两位店主问清楚。

在李小姐向两位店主询问是否可以在标定的价格上再给一点儿优惠的时候，店主 A 的回答是：“请看商品详情，里面已经标明了‘谢绝还价，否则一概不回复’，所以我们是不能再少了哦”。

而店主 B 的回答则是：“亲爱的顾客您好，很高兴为您服务。这条围巾的利润已经很低了，您可以和其他店铺的相同商品比较一下，您自己就能看出来我这件的定价已经很低了。这样吧，咱们一回生二回熟，顾客都是上帝，以后您再来我的微店买东西，我都给您打九折可以吗？”

听了两位店主的话之后，李小姐毫不犹豫地选择了店铺 B 的围巾。

从上面的案例可以看出，两位微店店主都没有同意顾客的还价要求，但结果却是很不一样的。这是为什么呢？关键就在于店主与顾客沟通时的态度，即“礼貌为重，顾客是上帝”。

表 8-1 例举了微店客服的一些沟通原则。

表 8-1 微店的沟通原则

沟通原则	解析
保持良好的心态	这个是很重要的原则，因为微店上形形色色的人都有，有时候一些客户就是摆明来刁难客服的。如果遇上这样的客人，客服不要因此影响自己的情绪，做微店客服一定要学会自我调节，面对挑剔的客户客服们要很耐心的回答他们所提出的问题。有些客户比较多疑，一般是都是怕微店购物看不到实物，不太放心，面对这样的客户，客服要做的就是把微店的产品优劣跟客户说明白，不能只说优点，不要让客户把它想得太完美了，如果他收到的货物跟想象的不一样，可能就会给店铺留下中差评。
双方地位平等	微店中买卖双方的地位是平等的，新店也不用以哀求的姿态来对待客户，那样会使人怀疑商品的质量和店铺的专业水平。
	高级店铺更不能以专业自居，居高临下的态度会让客户心情不愉快，即使商品没什么问题，恶劣的态度也可能给微店带来中差评。
沟通能力和理解能力要强	有些客户说话比较含糊，因此客服需要理解能力强，实在不行还可以再重复问一遍顾客，这样才能准确地明白客户想表达的是什么意思，更快地促成成交。
给客户留面子	在买方市场中，买家有着众多的选择机会，购买的不仅仅是商品，也是商家的服务，因此在交易的沟通中，客服一定要照顾到买家的面子，让对方感觉得到了足够的尊重。
坚守微店的收益	只要是买家，大多数都比较喜欢杀价，所以微店客服应具备很好的说服能力，把产品的特色、优势、优惠策略、赠品给买家讲解清楚，让他们知道自己的产品本身就是很优惠的，客户都有贪便宜的心理，在坚持产品价格底线的情况下，尽可能给客户优惠，让客户知道这个已经是在优惠上再优惠，客户就会感觉赚到便宜了，并会很快下单。当然，沟通时，主要还得根据不同客户的心理做出不同的策略，但千万不要为了讨好客户而损害了微店的利益。

2. 沟通的技巧

商家与顾客的沟通是非常重要的，沟通结果的好坏，会对顾客最终是否下单购买商品产生影响。因此，商家需要掌握一定的沟通技巧。

掌握了这些与顾客沟通的技巧，店主就可以顺利地与顾客沟通，拉近与顾客的距离，促成销售。接下来，笔者将为大家介绍几种沟通的技巧。

（1）不要过分热情

商家在与顾客沟通的时候，不要过分热情。因为有时候，过分热情反而会令人反感。同时，在用微信与顾客交流时，尽量不要说“您想要买什么”之类太直白的话。特别是顾客刚联系上的时候，因为有很多人找你是因为他们还没拿定主意，这样问的话顾客可能会想：“非要买你的东西才能跟你说话吗？我打听打听就不可以吗？”或者会认为：“我还有很多问题没弄清楚呢，这个卖家怎么这么不耐烦。”

其实，商家和顾客的初次交流时，完全可以先不提买东西的事。如果顾客需要，他当然会和你说的，当顾客主动问起商品的情况时，那么商家就需要把握好机会。那时候及时跟进才是店主需要做的。刚开始和顾客在网上聊天时，恰到好处的热情和真诚就可以了。

在实体店铺中，导购人员和顾客是面对面的，商家可以通过表情和肢体语言让顾客感受到自己的服务态度。但是，微店是通过手机和电脑来完成的，没有肢体语言和表情的辅助，所以，商家更要用亲切友好礼貌的语言，让顾客感受到自己真诚的服务态度。

另外，微店商家或者店铺客服在与顾客聊天时，可以尽量多使用一些可爱表情，让顾客感受到自己的亲切和礼貌。

（2）商品的缺陷不要隐瞒

每个顾客都相信没有完美无缺的产品，如果店主自始至终只提自己产品中的优点，而对产品的缺点只字不提，那么的商品不仅不会在顾客心中得到美化，反而容易引起顾客更多的怀疑。

为了打消顾客的疑虑，店主可以主动说一些产品的小缺点，说这些缺点的时候，态度一定要认真，让顾客觉得自己说的足够真诚，但是在说缺点的时候，这些缺点一定是对方可以接受的。

店主主动把产品存在的问题说出来之后，顾客会认为商家更值得信赖。这种做法常常会使那些理智型或挑剔型的顾客迅速对商家产生好感，接下来的沟通就会通畅得多，顾客购买的概率也会大很多。

（3）不要显得太功利

商家尽管与顾客沟通的最终目的是成功签单，赢得利润，但在沟通过程中，商家不能时时想着利润，要抱着与顾客交朋友的心态与之沟通。在与顾客沟通的过程中，不能一味地为了让顾客下订单而层层逼近。要知道，严肃、功利的沟通过程，只会让顾客产生压力、反感，反而达不到沟通的目的。

商家可以在跟顾客洽谈的时候多聊些生活上的事情，或顾客感兴趣的话题，让顾客先喜欢上你的人，再引导顾客喜欢上你的商品，最后变成你的忠实顾客。

（4）卖家也要有底线

不要把自己当成卖家，要站在顾客的角度给其合理的建议，向顾客推荐最合适而不是最贵的商品，这样顾客容易认同你的建议，也就很容易达成交易。但将心比心并不是意味着你要一味迁就顾客，卖家也要有自己的底线。

对于那些提出无理要求的顾客，不要不理睬或冷嘲热讽，而要委婉地解释无法成交的原因。有时过分迁就还会让顾客觉得你的产品可能是质量上有什么问题。

（5）让顾客感受到你的诚意

以交易为目的的沟通，本来就是一个揣摩对方心理的过程，这一过程，对买卖双方来说都是一样。绝大部分顾客，对作为商人的卖家来说有一种天然的不信任感。所以，在沟通中，一定要让顾客感觉到你的专业和诚意。

顾客的负面情绪很大程度上是和价格无关的，顾客最讨厌的是买到价高质次的东西，感到自己被商家欺骗。所以商家要尽可能在与顾客交谈的过程中，让顾客感受到自己的诚意。

（6）让顾客自己掌握主动权

买不买东西，是顾客最大的权利，所有想代替顾客作决定的商家都是非常不聪明的。购物者在网上购物，除了想要满足对实际物品的需要之外，他们还要求获得一定的猎奇的满足感。

因此，商家一定要创造条件，让顾客高高兴兴地做出购买的决定，而绝不是靠花言巧语，让顾客在被说昏了头之后做出购买的决定。否则事后顾客冷静下来后会觉得上了你的当，从此不再光顾你的微店。

（7）找到共同话题

从谈生意的角度来讲，怎样才能迅速地和一个陌生人由生变熟，直到建立某种信任？发展关系就是需要沟通技巧的。

所以，商家要利用一切信息，迅速找到与顾客的共同话题。商家可以通过研究顾客的网名、研究顾客的个人资料、顾客以往的购物记录等来发现顾客的兴趣所在，聊聊对方感兴趣的话题，这样就很容易与顾客形成共鸣，店主介绍自己商品时，顾客也会很容易接受你了。

（8）赢了争辩，失了顾客

商家要清楚一点，自己在网上开店的目的只是卖东西，只要推销自己的商品就可以了。当商家与顾客双方观点不一致时，应该理性接受顾客的观点，即便不同意，也不必恶语相加，与其争辩。做生意和为贵，买卖不成仁义在，多一个朋友也就多了一个潜在顾客。

如果商家因为顾客不同意自己的观点，就与顾客争辩，纵然你占尽上风，赢了争辩，估计最后也会失去这位顾客。

3. 微店交流的6个步骤

与买家交流的技巧，应该应用于整个沟通过程，从顾客上门到产品咨询，再到售后服务，都需要店主掌握相应的沟通策略。接下来，笔者将为大家介绍微店交流的6个步骤，帮助大家做好整个与买家交流的过程。

（1）问候语

作为初次光临的买家，第一次咨询通常是“你好，在吗？”，作为客服你的回答应该是“亲，您好，欢迎光临，我是××（店铺名）的客服（店主），很高兴为您服务！”。

若是之前光顾过的买家，再次光临时，那么商家就可以“欢迎亲的再次光临，有什么需要帮助的吗，××很乐意为您服务！”这样的回答。

这种回答的方式，能给买家一种亲切感，同时也会让买家感觉到被重视，可能会使得买家整个购物过程中的心情更美好。

（2）反馈时间

商家要清楚，买家来咨询产品的时候，是怀着疑虑来的，是要得到答案的，不想一个问题丢出去，石沉大海没人回答，过长的反应时间很容易使顾客流失。

一般客服的反应时间最好在1分钟之内，因为在这个时间内，买家购物的热情还在，商家及时回复买家的咨询，才能及时解决买家的问题，才不会丢失顾客，导致失去生意。

（3）产品咨询

每个人都有好奇心，在买东西的时候肯定希望了解得全面一点才会下决心购买的。这时候就要求商家或者客户有足够的耐心去回答对方的每一个问题，因为买家的问题一般都会很细致的。

其实，一般的产品宝贝详情里都会介绍得很清楚，看过宝贝详情介绍的顾客心里都会有一定的了解，他们在咨询商家或者客服的时候，其实要的就是商家肯定的回答，给自己一颗定心丸。

（4）买家砍价

产品定价后，大部分买家还是会跟商家商讨价格问题。比如买家会说："价格还能再便宜点吗？"这个时候，客服就可以回答："亲，本店的特价商品已经是折后价了哦，很实惠的呢！"，对于正价产品，商家也可以说："亲，我们家的产品是有质量保证的哦，绝对正品，你买了我们的产品肯定会让您买的物有所值！"

如果买家还是不肯放手的话，一般这样的买家其实已经决定买了，就是看看能不能有机会再便宜点，这时客服的回答："亲，这是店主定的价哦，不能随意更改的，亲，现在购买就是我们的会员了哦，下次购物有优惠呢！"

（5）运输运费问题

关于运输、运费这一方面的问题大致的有以下三点：

- **第一点：快递费。**例如，买家："快递到 ×× 地方要多少钱？客服："亲，在产品的页面亲选择相应的城市，就会自动配对显示出到该城市需要的快递费用。"
- **第二点：发什么快递。**例如，买家："能发 ×× 快递吗？"客服："亲，我们合作的是某快递，亲不用担心，快递公司如果不到的话是不会接单的哦。我们有售后跟踪物流，请亲放心，亲可以及时的收到宝贝的！"
- **第三点：宝贝几天能收到。**例如，买家："我在 ××，3 天能到吗？"对于买家要求几天到这种问题，客服是不能给出确定答案的，这个决定于快递公司的工作效率和一些天气等不可抗力的因素。客服："亲，我们会尽快发货，按正常的派送时间，应该能按时送到的，但是如遇天气原因，航班延误，我们是承诺不了的，如过不能及时送到，还请亲谅解哦！谢谢亲的合作！"

079 如何做好售前、售中和售后？

和顾客交流时，还可以利用一些小技巧，这些技巧可以让顾客在短时间内相信你的见解，对你的推荐和介绍表示理解和信任。

1. 售前服务的工作

当买家关顾店铺并打开聊天窗口时，微店卖家可以主动发送消息促使买家购买商品。当接收到顾客发送的第一个消息时，首先要做到的是快速反应，不能让顾客等待超过 10 秒。

图 8-5 所示是两个微店店铺的欢迎语。

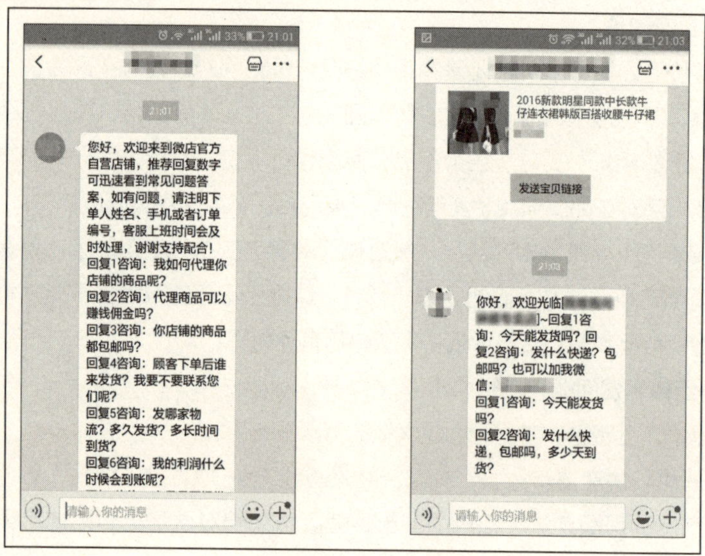

▲ 图8-5 微店欢迎语

2. 售中服务的工作

售中主要看商家、客服个人的交流能力。商家、客服需要时刻认真面对顾客，体现对顾客的尊重和诚意，在坚持原则的基础上，用顾客喜欢的方式方法对待他们，并且还要站在顾客的立场思考问题，关注顾客需求，提供资讯，帮助顾客更好地了解微店的产品。

（1）对话

对话环节是顾客了解产品的一个过程，客服首先要对微店产品有一个深入了解，站在一个专家级别的高度，解答顾客对产品的疑问，可以适当引用一些专业性术语，权威性数字，但在介绍产品的时候，要用让顾客便于理解的话语。

（2）议价环节

议价是当前客服工作中最常见、最头疼的问题，作为买家，在微店购物过程中，讨价还价已经成为大多数人的习惯。

对于这些顾客，首先需要声明我们产品是优质的，销售价格已经是最低了，价格无法做变动，这是原则。

通常到这一步，部分顾客不会再在价格上纠缠。如果你表达了无法降低的意思后，顾客表现出犹豫不决，那么可以转移顾客思想意识，告知其当前店铺有什么优惠活动，或者适当地在运费上给予一些优惠。

议价过程中的核心思想：告知其商品的价格是无法优惠的，产品质量是有保证的，这是原则，结合顾客的反应，适当给予一些赠品或者运费优惠，达成交易。

（3）支付环节

对于新手买家来说，在支付操作过程中很容易遇到一些问题，如果无法及时达成支付，你需要主动联系顾客，以关心的口吻，了解顾客碰到的问题，给予指导，直到顾客完成付款。

对于部分需要优惠运费的订单，在跟买家达成一致后，需要等买家拍下订单，然后修改价格，买家再进行支付。在顾客完成支付后，你可以说："亲，已经看到您支付成功了，我们会及时为您发货，感谢您购买我们的商品，有任何问题，可以随时联系我们。"

（4）物流环节

在微店购物过程中，物流是很重要的一个环节，牵动着买卖双方的心。微店客服可以主动询问顾客，根据顾客所在城市，告知顾客我们发货所用的快递。如果遇到很着急的顾客，要求你保证几天之内必须到货，则可以回复"我们会尽快给你送达的哦，请您耐心等待"等话语。

3. 售后服务的工作

除了售前和售中服务，售后服务也是非常重要的一个环节，接下来，笔者将向大家介绍售后服务的工作内容以及售后服务的 4 大要点。

（1）售后服务工作有哪些呢？

商家的售后服务主要有以下几个方面：

- **随时跟踪包裹去向。**买家付款后要尽快发货并通知买家，货物寄出后要随时跟踪包裹去向，如有运输意外要尽快查明原因，并和买家解释说明。
- **交易结束及时联系。**货到后，商家要即时联系对方，首先询问对货品是否满意、有没有破损，如对方回答没有，就请对方确认并评价。如果真的有什么问题，因为商家是主动询问的，也会缓和一下气氛，不至于产生双方之间"剑拔弩张"的现象，更有利于解决问题。
- **认真对待退换货。**商家在货品寄出前最好认真检查一遍，千万不要发出残次品，也不要发错货。如果因运输而造成货物损坏或其他确实是产品本身问题买家要求退换货时，商家也应痛快地答应买家要求。
- **平和心态处理投诉。**因为货物运输过程的不可控性、买家性格、天气等各种因素的存在，所以就会不可避免地出现各种各样的纠纷，能和平解决的尽量和平解决。如果真正遇到居心不良或特别顽固的买家，商家也要拿起合法武器去据理力争、奉陪到底。
- **管理买家资料。**随着店铺信誉的增长，买家越来越多，那么管理买家资料也是很重要的。除了买家的联系方式之外，商家还需要记录买家的以下几方面的信息：货物发出、到货时间、这个买家喜欢自己挑选还是别人推荐、买家的性格、在价格或产品问题上是随意还是苛刻等。

- **定时联系买家。**商家千万不要在交易结束后，就以为什么事也没有了，就此冷落了买家。适时的发出一些优惠或新品到货的信息，可能会吸引回头客。当然，也有的人不喜欢这些，店主要适度掌握并随机应变，尽量挑选自己认为比较随和、有潜在性的买家去发展从而使其成为忠实的买家。

（2）售后服务的要点

所谓售后服务，即是在商品出售后提供的各种服务活动，是提高企业信誉、扩大市场占有率以及提高企业效益的关键，那么，如何做好售后服务？店主要注意以下四大要点：

1）售后服务的原则

售后服务一般有以下几点原则：

- **礼尚往来的原则。**举个简单的例子：当我们到水果摊买水果时，我们看到很好吃的橘子或苹果，这时卖水果的老板会剥一个橘子，或者是切一片苹果让你尝一尝。你因为尝了他的水果，一不小心就会买一斤或是两斤。所以每次当你帮顾客的忙，那位顾客就会感觉到自己也应该替你做些什么似的，每当你对顾客要求做个什么让步，顾客内心就会感到对你好像有种亏欠，增进你们的关系，就有了做成下一次生意的可能。这叫礼尚往来原则。
- **承诺与惯性原则。**在心理学上，影响人们动机与说服力的一个最重要的因素叫承诺惯性原则。它是指人们对过去做过的事情有一种强烈连贯性的需求，希望维持一切旧有的形式，使用承诺来扩充观念。顾客有一种什么样的习惯，或者说他有什么样的旧的做法，做事的方法或处理事物的一些态度，你要掌握这种惯性的原则。这个承诺惯性的原则就是我们更进一步地与我们的顾客相处，以及找到顾客内心里一种需要层次的提升的方法。
- **社会认同原则。**购买某个产品和服务的人数，深深地影响着客户的购买决策。如果你与顾客关系处理得很好，这时公司又开发了一个新的产品，当你到顾客那里时，也可以用这种方法告诉顾客，“你看我们的产品还没有上市就已经有很多顾客向我们订了单子，你看这是某某报纸对我们这个商品的报道，社会对我们的评价都不错。”当他看到这样的一个东西或者一个信息时，他会觉得，“嗯，不错，人家都买了，我也应该买”，这叫社会认同原则。也就是购买某产品或者服务的人数深深地影响客户的购买决策。
- **同类认同原则。**假如你今天的顾客是个医生，这个群体都在使用这个产品，或接受这样的服务，那你给护士推销，护士也可以接受。假如律师都用这种产品，那你向其他的律师再推销这种产品时，其他律师也会接受。

2）恰当时机的感谢函

发放感谢函的时机包括以下几点：

- **初次访问的顾客反映不错时。**我们要在适当的时期致以感谢函，一个顾客无论有没有做购买的决定，有没有买你的东西都不重要，重要的是要在访问的时候顾客反映不错，这就需要你在拜访过后马上要发感谢函给他。现在发感谢函的方法都很简便，电子邮件或者微信语音几秒钟就过去了，可以省下你很多的时间。
- **签订契约的时候。**当顾客买了东西以后，你一定要心存感恩，感谢顾客。客户的第一印象来自于店主，当你和顾客寒暄的时候，你是否谦恭有礼，是否让人感觉到你很专业，都会影响印象分。
- **承蒙顾客帮忙时。**添加了顾客好友的店主，可以经常给顾客发送问候消息，不管他是否买过你的产品，就因为你送给他一点小小的礼物，他就会觉得心里有点内疚，会主动把店铺介绍给其他朋友。

（3）视察销售后的状况

对于购买你的商品的客户，你要经常做回访，直到顾客使用熟练为止。在还没有熟练之前，顾客总会遇到许多问题，特别是那些机械一类的东西，使用一段时间之后需要更换零部件，所以你要做经常性的售后访问。

对于消费型产品，有必要调查顾客的使用情况，这些都是比较重要的问题。

（4）提供最新的情报

商家要为顾客提供经营情报，介绍自己店铺的新产品、新服务项目，这都需要在做售后服务时去做，等于不断地在与客户建立良好的关系。商家要善于运用礼尚往来、承诺友谊等原则，在为顾客提供自己店铺的新产品、新服务的经营情报的同时，还可以从顾客那里以得到很多有关其他店铺的情报。

080 如何应对各种类型的顾客？

对于微信开店的商家而言，每天都要面对不同类型的买家，那么，针对这些不同类型的买家，商家和客服人员究竟应该如何应付呢？

1. 直接询问的顾客

通常，这些顾客都是已经看中了你的商品，联络你只是为了确定货源、价格以及运费。针对他们的问题，一定要以最快的速度回答，并且要清楚，不能含糊不清，不可拖拉时间，如果是急性子的顾客可能就会因此而流失了。

如果碰到一些问得特别细致的买家，这些买家通常不急于一时，就是想在买之前把产品的颜色、特点等了解得更清楚。此时，客服人员就更需要耐心且详细地向他介绍他所看中的产品的特点。如果因为买家询问的问题太多，客服就对他爱理不理，这样买家就会对你的店铺产生一种不敢信任的感觉。

笔者建议，商家和客服人员应在交流中善待顾客，尽一切努力去满足顾客的要求，不仅仅是为了顺利达成交易，也是为了给顾客一个好印象，希望顾客以后可以长期在店内消费，更希望老顾客可以引来更多的新顾客，也就是希望实现顾客为店铺做推广的愿望。

2. 正在考虑中的顾客

通常，正在考虑中的这些买家都是商家的潜在客户。因为不是着急要货，所以他们一般把产品的每一个细节都问得很清楚，这时商家就不能只求效率了，一定要慎重回答他们的问题。

针对买前喜欢先咨询的顾客，客服一定不要吝啬自己的文字，微信的自动回复功能一定要利用，无论你在不在计算机前，都要设置自动回复，这样顾客就可以第一时间收到卖家的回复。

通常情况下，自动回复可以设置两条，一条是直接回复首次询问的顾客，一条是顾客等待过久解释一下是客服正忙的回复，两条轮播设置，也可以营造忙碌接待诸多顾客的“假象”。

3. 讨价还价的顾客

通常，讨价还价的顾客可分为以下两类：

（1）习惯性压价

这类买家在生活中买东西已经养成了还价的习惯，所以不管你店里是否注明了“已为最低价，恕不还价”，他都会有一定程度的压价。针对他们的压价，客服人员一定要耐心解释，如果在没有亏损的情况下尽量地稍微降低一些价位，这让他们心理上得到了一种平衡。不然，他会觉得你是个很死板的商家，不愿意再同你交易。

（2）比价过后的压价

这些买家通常会在网上搜到同款商品，并进行比价。他之所以选择到你的店里购买，可能是你的产品图片更好看，或者是对你的信任，也可能是对方的服务不好。对于这种压价，客服人员就要更明智地对待了。

如果他说的价位正好是恶意压价的商家出的价，并且比你的进货价还低，那你就只能向买家耐心的解释并说明这款产品的市场价位是多少，自己的价位没办法再降低的原因。当然，如果你愿意用亏本换回一个信用值的话，也是可行的。

另外，针对以砍价开场的顾客，卖家不要生硬的回复“不议价不包邮”，那样的话没几个愿意留下来的，特别是像服装这种不是必需的产品，卖家要绕开价格话题，先帮顾客查询一下是否有库存，然后引导顾客深入了解产品，了解得多了，顾客觉得值了，如果他还砍价幅度也会降很多。

4. 微信购物新手

第一次在微信上购物的买家最怕的就是受骗上当，而且因为没有经验，所以很多购物、支付货款的过程都不是很了解。

这些买家在拍下商品之后，往往在付款时会有很多不懂的地方，他一般都会向客服询问怎么办。

此时，客服人员一定要耐心地解答，如果是你也不清楚的问题要帮他一起想办法解决，告诉他不用着急。这样会让他感觉你这个人很可靠，很愿意和他做朋友，不是一心只想着赚钱的卖家。例如，一些顾客可能咨询的时候，问题会显得莫名其妙，比如“我送妈妈这件衣服会不会显得太老？”“这件衣服的尺寸是不是适合我？”

这时先不要忙着给答案，首先要明白顾客看中的究竟是哪件商品，顾客的自身情况又是什么样的，在把现实情况了解全面之后，再对顾客的问题给出参考性的意见。确定好顾客选中的颜色尺码，有货的情况下再进行下一步，以免浪费半天时间结果没货，顾客会心生厌倦。

另外，在买家付款之后，商家一定要及时发货，告诉他几天之内收到货，在跟这种第一次微信购物的买家交易时，最好能适当的送些小礼物作为留念。这样买家会觉得很贴心，也很放心，以后再有需要的话也会直接找到你。

5. 找你闲聊的好友

这些微信好友要么是来讨经验的，要么是觉得商家人不错，想和商家聊聊的。此时，你千万不要觉得在他们身上花时间是白白浪费的，这些微信好友很可能成为商家以后的客户，他现在和你做了朋友，有需要店里同类产品的时候，自然第一个想到的就是你。

因此，如果不是特别忙的话，一定要非常真诚地同他聊聊，也许从他那里你也可以得到不错的经验。如果比较忙，也可以向他说明，一般都会得到对方的谅解。

6. 拍下后没付款的顾客

如果遇到顾客拍下商品没有付款的情况，商家和客服应主动联系买家，并针对不同想法或做法的顾客采取不同的引导策略，如表8-2所示。

表 8-2 顾客拍下商品却没有付款的应对方法

不同顾客	引导策略
先前是想买的，拍下后，又在网上比价，犹豫不定的顾客	可以给他小小的优惠，比如送小礼品等，用利诱的方法引导他付款。稍冲动点的顾客就懒得再去网上对比了，会直接付款。
顾客最后在别家付了款	针对这些顾客，也要注意礼貌，可以婉转地请教他为什么不买，如果是店铺的原因，我们后续可以对店铺进行调整；也可以适当的指出本产品和同行的优势和亮点，使顾客产生惋惜之情，也许他下次再买就会找你了。
有心要买的顾客	只需要提醒他及时付款即可。每当顾客拍下一样商品后，如果许久仍未付款。可以以审核地址的理由试探性地问："亲，还在吗?收货地址电话没有错吧。"这样联系顾客就等于间接地提醒他付款。

7. 给店铺留言的顾客

一般给你的店铺和帖子留言的顾客，都是对你的店铺和帖子比较认同的，回贴留言都代表了对你的支持和认可，在时间允许的情况下，商家最好一一给他们发微信消息表示感谢。

在这个过程当中，一般都会得到他们的再次回复，而你也可以自然而然地和他交上朋友。当以后店铺有什么活动或是好消息时，可以及时地告诉他们，一般都不会遭到他们的拒绝，甚至还有可能成为你的客户。

081 如何应对顾客询问回复?

笔者发现，有些微店并不缺流量，但是却形不成订单。店铺宝贝质量也不错，图片也不差，但是就是留不住用户，这是为什么呢? 问题可能出现在售前客服上，一些店主或客服的反应有点慢，并且对产品细节了解得不大清楚，这样的服务是不可能带来高的转化率的。

下面，给笔者向大家介绍一下微店售前客服经常接到的提问以及常用的回复术语，如表 8-3 所示。

表 8-3 售前客服回复术语

买家询问	客服回复	解释
你好，在吗?	亲，您好，在的，很高兴为您服务，请问有什么能帮您的吗?	这种回复风格比较正统、礼貌，在与顾客交谈的时候用"您"来称呼，能够让顾客觉得商家、客服在用心的为她服务，添加一个可爱的表情能够更好地拉近与客户的距离，调节气氛。

续表

买家询问	客服回复	解释
这件衣服有货吗？	我们宝贝上显示的都是实际库存，您能看到的都是有货的。	在这种时候商家、客服的语言一定要表示出一定的镇定与专业，让买家的内心感觉到踏实与信任。
你觉得这款哪个颜色比较好看，帮我推荐一下吧！	我觉得这款的两个颜色都不错，由于每个人的上身效果和喜好都不一样，顾客都是根据个人喜好选择的，暂时选择 ×× 颜色的顾客比较多噢！	给予顾客建议，不是给顾客做决定，因此商家、客服的语气一定要正常，不要一味推销店铺宝贝，可以从近来销售量较高的宝贝入手，给予顾客合理的建议。
我身高 ××，体重 ××，请问我该穿多大码的呢？	根据您的身高体重数据，我建议您购买 M 码的，S 码的您穿了可能会有些小！	这个时候商家、客服要尽可能的拿出自己的专业，让顾客感觉到你的可靠。
你们的衣服质量怎么样啊？	您选择的这款衣服是 ×× 品牌的，质量您绝对可以放心，如果有任何质量问题我们 7 天之内包退换。	这种时候一定要让顾客从你的话里感觉到你的肯定与自信，可以提供包退换服务的一定要告诉顾客，免除她的后顾之忧，以有效的提高成交概率。
这衣服和照片会有色差吗？	我们的照片都是 100% 实物拍摄的，但网上购物由于不同的显示器和每个人视觉感官的不同有些许色差问题是难免的，亲如果特别在意色差问题，建议您谨慎选购！	既不否认问题，但是也不放大问题，以专业的态度回复，轻描淡写地将尖锐的问题避开，同时从顾客角度入手，为顾客着想赢得顾客的信任。
这衣服价格能少一些不？	我们的商品都是品牌厂家统一售价的，质量有保障，所以不接受还价的！请您谅解！	这种时候商家、客服一定要表现出自己的坚决，不要在语言里面表现出你的犹豫，语气要肯定！同时在最后加上一句“请您谅解”以体现自己的得体。
你们大概多久才能发货？	您放心，在您付款之后我们会第一时间为您安排发货，我们承诺在 48 小时内会把商品发出。	这里用“第一时间为您安排发货”来表达商家对顾客的重视与商家工作的效率，能够承诺多久发货的把承诺告诉顾客，这里商家一定要注意提前算好发货的时间与速度，千万不要欺骗顾客。
我要多久才能收到货啊？	我们的发货地址是 ×× 省 ×× 市，一般地区预计 4 天内能收到货物，偏远地区预计 5 ~ 7 天能收到货物，您放心，如果有任何特殊情况延误我们会马上与您联系！	一商家定要告诉顾客自己的发货地址是哪个城市，让他对发货过来的距离有一个大概的估计，用真诚的语言告诉顾客，自己随时都关注着她的商品动态，以得到她最大程度的信任。
我再随便看看吧！	不知道亲喜欢的是哪种风格的衣服，您告诉我，我可以帮您一起看一下，给您一些推荐！	一般到了这种时候顾客大多都会直接走掉了，商家必须用一句技巧性的语言把她留下来，但一定要把握好度，不要让顾客对自己有反感的情绪。

082 如何从正反两面客观介绍商品？

在介绍商品的时候，必须针对商品本身的特点及商品的缺点，有技巧地向顾客解释并做推荐。商品的缺点本来应该尽量避免触及，但如果因此造成顾客事后的抱怨，反而会失去信用。所以，要让顾客了解商品的缺点，并努力让他知道商品其他的优点。

1. 突出商品的优点

对于商品的优点，自然要最大限度的突出，以服饰产品为例，店主可以将服装的细节图向买家展示出来，突出品质与做工，如图 8-6 所示。

▲ 图 8-6 展示宝贝细节图，突出优点

2. 展现商品的缺点

在售前咨询环节，店主或客服便坦诚地介绍商品的不足与缺点，其实可以无形中获得买家的信任，这种方法被称为不隐瞒缺陷成交法。具体是指要求商家或者客服在与客户开始交谈时，不但将商品的优点全部列出来，还要先列出客户可能介意的缺点。商家或者客服过于完美的推销说辞，往往会引起客户的怀疑。一旦客户接触了产品，发现了缺陷，就会产生受骗上当的感觉。

因此销售员只有向客户真实反映产品的优缺点，站在客户的角度考虑问题，才能取得客户的信任。下面我们结合一则销售实例，介绍这种成交方法的重要性。

小刘是一家房地产公司的销售员，有一次，公司让他销售一块土地，这块土地虽然交通便利，却紧邻一家木材加工厂，电动锯木的噪声使一般人难以忍受。每每上门销售，客户拒绝的理由都是噪声问题。

小刘突然想起有一位客户王某想买块土地，要求的价格标准和地理条件与这块土地大抵相同，而且王某以前也住在一家工厂旁边，也是噪声不绝于耳。那么，他一定对噪声具有“免疫力”了。

于是，小刘去拜访王某，他首先向王某说明：“这块土地处于交通便利地段，比起附近的土地价格便宜多了。当然，便宜是有原因的，它紧邻一家木材加工厂，噪声较大。如果您能容忍噪声，那么它的交通和地理条件、价格标准均与您的要求相符，很适合您购买。”

不久，王某去现场参观考察，结果非常满意。他对小刘说：“上次你特地提到噪声问题，我还以为多么严重，那天我去观察了一下，发现那种噪声的程度对我来说并不算问题。我以前住的地方重型卡车整天来来往往，这里的噪声一天只有几个小时，而且电动锯木的噪声要好得多，不像重型卡车通过时那样震动门窗，总之，我很满意。你这人真老实，换上别人或许会隐瞒这个缺点，光说好听的，你这么坦白，反而使我很放心。”

就这样，小刘顺利地成交了这笔原本很难做的生意。商品没有十全十美的，像上面说的那处土地，缺陷如此明显，想用花言巧语蒙混过关是不可能的，因为客户也不是傻子。

永远不要把产品的缺陷当成一项秘密，这只会破坏你的信用。给客户介绍你的产品或服务的缺陷，可以使客户对你以及你的产品更加信任，可以放心大胆地购买你的产品。

专家提醒

过于完美的推销说辞，往往会引起客户的怀疑，一旦客户接触了产品，发现了缺陷，就会产生受骗上当的感觉。店主或客服只有向客户真实反映产品的优缺点，站在客户的角度考虑问题，才能取得客户的信任。

083 如何消除客户的顾虑？

对于虚拟平台上的交易来说，买卖双方会因为信誉问题产生一些顾虑，这是无可厚非的，而店主想要留住上门的顾客，必须了解买家心中的顾虑，并且想办法消除客户心中的疑虑。

接下来，笔者从买家常见的疑虑和消除买家疑虑的两个方面来为大家进行这节内容的相关介绍。

1. 买家常见的疑虑

经过笔者的分析发现，买家最常见的问题有以下几种：

（1）价格方面的问题

网上购物影响最大的因素之一，就是商品的价格，买家往往是对商品价格进行过对比后，才会从中选择某个卖家的商品，当买家选择了商品，说明买家已经接受了该价格范围。

（2）质量方面的问题

网上购物的过程中，由于买家看不到商品实物，肯定对商品质量有疑虑，这也是买家与卖家交流时提出问题最多的地方。

根据不同类型的商品，买家关于质量方面存在的疑问也不同，针对这类疑问，卖家除了解答商品本身质量外，还可以从商品品牌、店铺历史销售以及针对商品所提供的售后保障服务等几个方面入手，来延伸回答并逐步取得买家对商品的信任。

（3）信誉方面的问题

由于很多买家都认为网上交易存在一定的风险性，因此在选择商品时，买家也会同时注重卖家的信用情况，好的信用可以让买家购物更加放心。如果卖家店铺已经积累了大量的好评，并且信用等级较高，这时就需要耐心细致地与买家沟通。

（4）售后方面的问题

对于一些特定商品来说，是否具备售后服务是非常重要的，如数码产品、电器等，购买这类商品的买家在选择商品时，也会注重卖家所提供的售后服务。卖家在与买家交流售后服务方面的话题时，必须实事求是，直观准确地告知买家所能提供的售后内容以及保障时间。

2. 消除客户顾虑的方法

对于卖家来说，有时生意能否成交完全取决于能否消除顾客的各种顾虑，即能否让买家对卖家以及商品产生信任。只有当买卖双方建立了良好的信任，才能使得卖家成功做成生意，让顾客满意地购物。

那么，店主应该消除买家的顾虑呢？

（1）用新闻媒体打消买家的顾虑

新闻媒体报道是作不了假的，毕竟那么多双眼睛在看，所以这也是最能消除买家顾虑最有力的方法。店主在推广宣传或者与买家联系时，便可以将关于产品的权威新闻展示出来，保证产品的正规性，赢得顾客信任。

（2）从工艺角度说话

我们以衬衫为例，店主可以介绍自身做的是高端品牌衬衫，在工艺上与低档的制衣工艺就很大区别，以此证明我们的品质更有说服力。

图8-7所示则是微店店铺在宝贝描述中，介绍的商品工艺相关的内容。买家在看

见这些内容之后，就能够对商品有更深的了解。

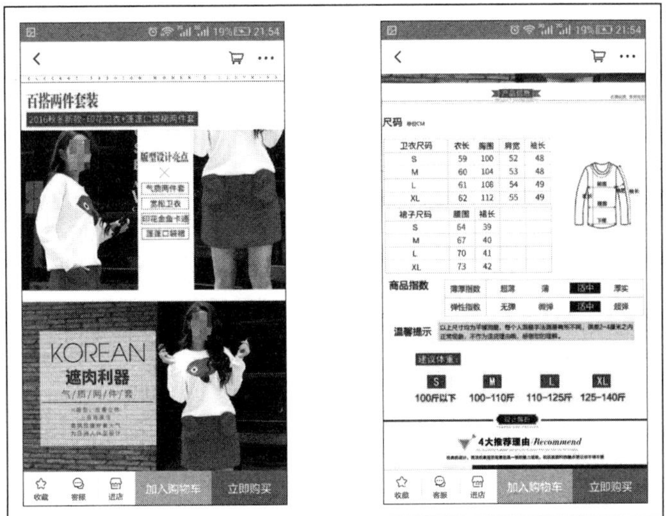

▲ 图 8-7 展示产品工艺，更有说服力

（3）用动态评分和购买者的真实体验来证明

销售记录、宝贝评价、动态评分是买家最关注的项目之一。如果没有买家评价过，新看到的买家会想：都没人评价过，会不会产品不好啊？而且人都有一种跟风习惯，销售量很高和好评很多的产品，很容易吸引人跟风购买。

图 8-8 所示为微店店铺好评示例，可以作为推广方式来消除顾客顾虑。

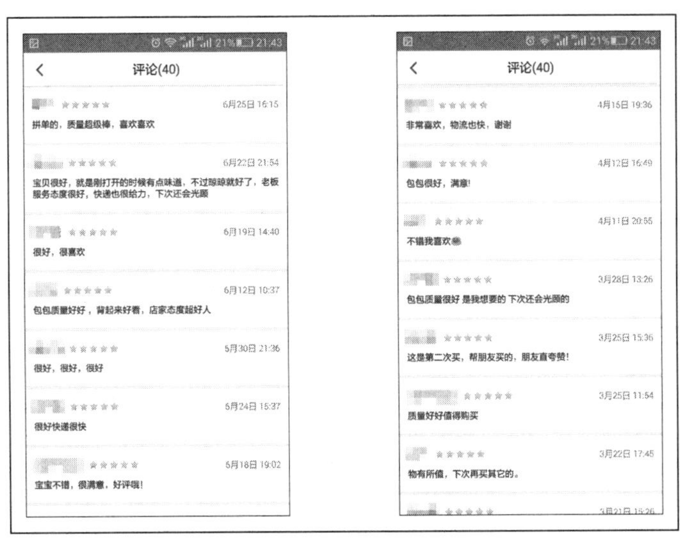

▲ 图 8-8 店铺商品好评更有说服力

（4）用检测报告来说话

对于店铺经常出售的美妆护肤产品，很多客户会怀疑产品的真实性，为了消除买家的顾虑，店主可以专门去权威机构做检验，如图 8-9 所示。

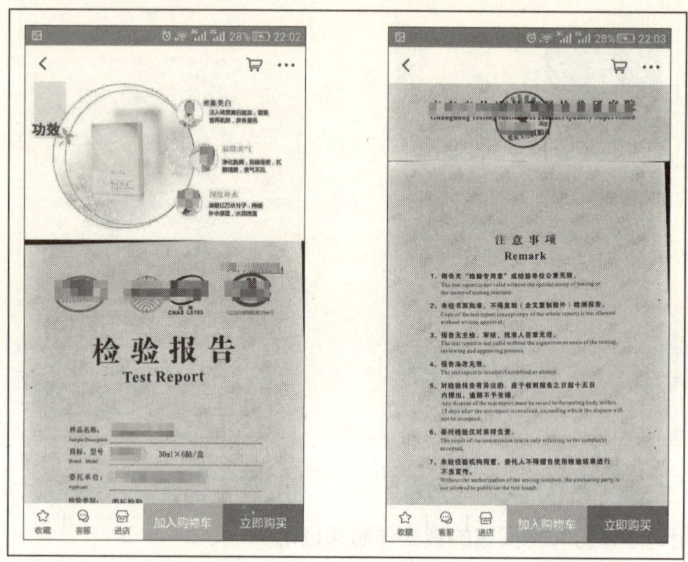

▲ 图 8-9　宝贝质检报告

（5）对比法

通过对比法，来体现我们产品的质量，如图 8-10 所示。

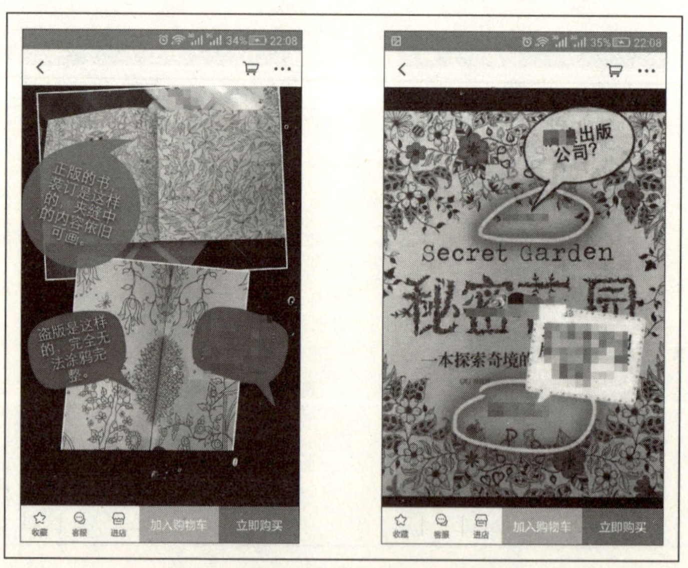

▲ 图 8-10　通过商品对比，凸显优势

（6）采用“挖痛点”的广告创意手法

这种广告创意大家应该都不陌生，最知名的一个广告是：“怕上火，喝王老吉”，如图 8-11 所示。

这种广告语的优点是：朗朗上口，简单、易记，让买家对你店铺的印象，可以直接加分。

▲ 图 8-11　创意广告

084　如何激发顾客的购买欲望？

购买欲望是指消费者购买商品或劳务的动机、愿望和要求，它是使消费者的潜在购买力转化为现实购买力的必要条件，它也是构成市场的基本因素。不同的顾客有不同的需要，产生不同的欲望，有不同的担忧与疑虑。

因此，不能用千篇一律的方法去激发所有顾客的购买欲望。店主或售前客服必须准备好很多理由与方式，然后因地、因人运用，应做到随机应变。

1．营造热销氛围

利用商品标题、店铺公告、店招、商品图片优化等方式，营造和渲染出热烈的销售气氛，以唤起顾客的好奇心。顾客一旦被热销氛围感染，就会产生购买冲动，从而达到刺激消费的目的。

图 8-12 所示是利用标题营造热销氛围的微店商品示例。

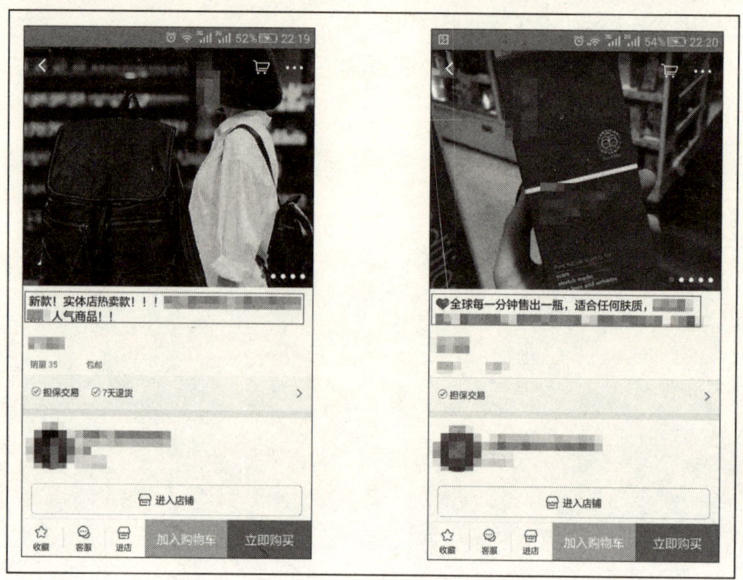

▲ 图8-12 营造热销的氛围，吸引顾客上门

2. 适时赞美买家

一句简单的赞美就可以拿下一笔交易，投其所好，适当赞美，满足买家的虚荣心，可以更轻松地拿下交易。赞美是一件好事，但绝不是一件易事。赞美买家需要审时度势，需要一定的技巧，否则可能将好事变坏事。所以，在赞美买家前，一定要掌握一些赞美的技巧。

经过笔者分析发现，商家实用的赞美的技巧具体有以下几种：

- 如果是新买家，商家不要轻易地去赞美，只要表示礼貌即可。因为在大家还不是很熟悉的情况下贸然去赞美买家，只会让其产生疑心甚至反感，弄不好就成了献媚。
- 商家如果要赞美别人，一定要从细节层面去赞美。例如，可以赞美买家的问题提得非常的专业或者看问题比较深入等方面，这样更让买家感觉你的赞美很真诚。
- 买家购买商品后，要通过赞美来坚定买家购买的信心。一般来讲，买家购买完商品后，总是怀疑自己买亏了或者买得不合适，他们会通过询问身边的朋友、亲戚、家人来判断自己这次所买的是否合适。所以如果买完后你能对他说：“先生 / 小姐，你真是太有眼光了，这款是我们目前卖得最好的，很多买家都很喜欢！”买家心里会很舒服。
- 赞美要有针对性。实践证明，有针对性的赞美比一般化的赞美更能收到好的效果。例如，年纪大的买家总希望别人不忘记他“想当年”的雄风，同其交谈时，应称赞他引为自豪的过去；和年轻买家交流，应赞扬其创造才能和开拓精神。

- 赞美要基于事实。虽然人人都喜欢听赞美的话，但并非任何赞美之词都能使对方高兴。基于事实、发自内心的赞美，更能赢得买家的认同。相反，若无根无据、虚情假意地赞美，买家他不仅会感到莫名其妙，而且会觉得你油嘴滑舌、蓄意讨好，为此心生厌恶。

专家提醒

买家的购买欲望存在许多不确定因素，这时候卖家要以积极的心态，熟练的交流技巧，不失时机地赞美买家，进而刺激买家的购买欲望，促成买家消费。

3. 利用价格拆分

关于利用价格拆分的方法，具体有以下几种：

（1）生命周期法——拆分价格

生命周期法是指将较高的价格分解为数额较小的价格，以免顾客产生恐惧感而无法接受。将高价位分解为每年、每月、甚至每天顾客所需花销的方式叫拆分价格。

例如，对一副 1000 元的眼镜，商家可以将其均分到 3 年中去，即每年花费 300 多元、每月花费仅 20 多元。最终金额就从最初的 1000 元表现为每月的 20 多元。

（2）“如同”——降低接受难度

将一副眼镜的价格拆解，并转化为顾客具体生活中所必需花销的数目，将其与顾客必须购买的其他商品等价，从而促使顾客在心理上接受，这种激发购买欲望的方式就是“如同”法。

例如，一位中年顾客在为购买一副价格为 2000 元的渐进多焦点眼镜而犹豫不决时，店主不妨这样向他分析：“先生，如果您对眼镜注意保护，佩戴 5 年应该没有问题，算下来，每月也不过 30 块钱，您每月少抽两包香烟就节省下来了。”相对 2000 元而言，30 元就让顾客比较容易接受。

4. 运用第三方的影响力

在销售过程中，运用第三方作为例证，可以使顾客获得间接的使用经验，从而引起相应的心理效应，快速认可产品及其性能，刺激购买欲望。如果能够运用名人和专家等充当第三方的角色，则说服力更强。

（1）名人

店主或客服可以将名人作为销售过程中的第三方，以名人的购买行为作为证据，可以使顾客在心理上更加信赖商品的质量和品位。

图8-13所示为某名人同款宝贝的相关介绍。

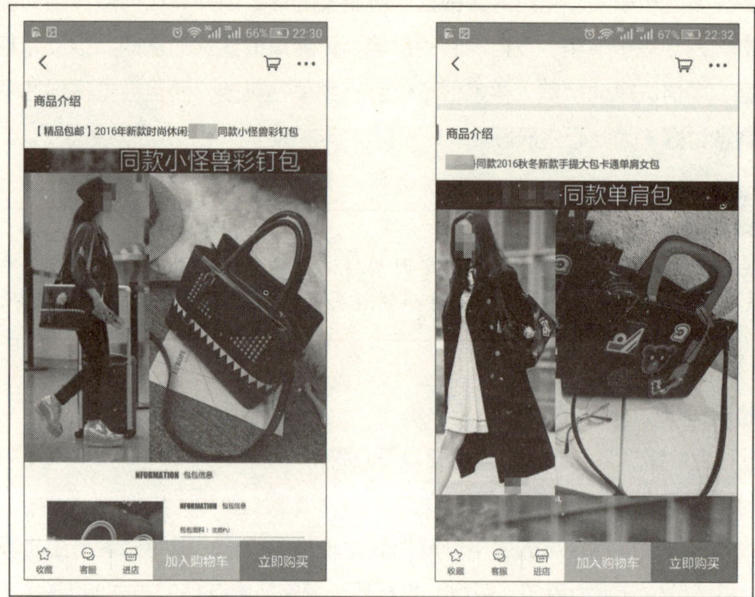

▲ 图8-13 利用名人做广告

要做到这一点，平时需要注意搜集名人购买和使用商品的信息，在激发顾客的购买欲望时，店主可以提供相应的资料和众所周知的事实，从而说服消费者进行消费。

（2）专家

专家在专业领域具有较强的权威性，因此以专家作为第三方可以使顾客增加对商品质量的信任度。若要采用专家作为第三方影响力，就必须出具有关的专家言论证据、证书或有关实验数据等。

5. 迎合顾客的购买心态

顾客在购买时的心态主要反映在占便宜、少花钱、喜欢尊贵、追求与众不同和互相攀比这几点上。

（1）占便宜

这种心态在购买中表现为希望花费相同数目的钱获得更多的利益。赠品可以很好地满足顾客占便宜的心理需求。

事实上，赠品常常附带有一定的购买条件，尽管赠品的价格不高，但是顾客并不愿意直接花钱购买相应的赠品，而宁可达到获得赠品的购买条件。这就是赠品的魅力，多数人总是认为获得赠品就是占到了便宜。

（2）少花钱

与占便宜的心态相对应，少花钱也是众多消费者的购买心理。促销、打折、会员卡、免费维修等，都可以使顾客少花钱。在这方面关键是要让顾客对原价和现价的差异进行比较，甚至明确告知其将少花多少钱，从而极大地刺激其购买的欲望。

（3）尊贵

优先权、金卡、会员卡、享受特殊的服务待遇都是荣誉和尊贵的象征。有时让你尊贵顾客的亲属也跟着沾点光，会起到意想不到的裙带销售效果。

（4）与众不同

年轻人往往喜欢追求与众不同的东西，以突出个性。流行、时尚、名牌都会刺激消费者强烈的购买欲望。因此，店主或客服需要告知顾客购买的商品与众不同之处。

（5）攀比

攀比心理非常正常，可以从同龄攀比、同单位攀比、同级别攀比等去寻找顾客的攀比切入点，然后从商品的功能和特性、使用者的情况等方面进行介绍和推荐，激发顾客心中的购买欲望。

085 客服应具备哪些服务的意识？

优质的服务意识，可以帮助店铺树立品牌形象，同时提升店铺口碑。那么，客服应该具备哪些服务意识呢？具体有以下几种：

1. 职业意识

所谓职业意识并非是单指职业卖家，兼职卖家，买卖家共同体同样需要具备这种意识。不论是哪种类型的卖家，一旦担上了卖家之名，就必须具备卖家的职业道德，否则在微店领域是无法长久存活的。

哪怕是拍卖一个一元物品，兼职卖家也需要学习淘宝规则，具备职业素养，不然投诉、举报接踵而来，这样的事情对于卖家来说是很不利的。

2. 服务意识

虽然卖家在微店出售的是商品，但是买家购买时会根据附加值来考虑到底到谁家购买，挑地点、挑价格、挑信誉的比比皆是，跟大卖家比起来，新手卖家的优势最大就只能是服务了。若是没有好的服务，又如何吸引买家来你店里购买呢？

3. 危机意识

作为微店新手卖家，本来买家光顾得就少，就怕遇到差评或中评，说不定一个差评下来，可能就不会有顾客上门了。所以每一单的货品发出后，都要及时总结经验，并联系买家，沟通相关问题，避免差评和不好的评论。

4. 公关意识

提前准备并非指做好被中差评然后申诉的准备，而是提前开始做售后服务，将这个中差评的苗头扼杀在摇篮里。

这里所谈的售后，不是指买家接到商品收货后的过程，而是指卖家发货之后的过程。那么期间就牵涉到一个物流问题，这里很多买家都有抱怨过物流快递太慢，可是买家也是人，大部分买家都是能理解大家的。所以只要店主用心多多沟通，物流问题还是可以解决的。

5. 换位思考意识

其实微店上的卖家们大部分也都是买家，卖家往往再抱怨买家不理解自己的同时，忘记了自己作为买家的时候对产品或者对卖家的期待。

举例来说，之前有位卖家发帖喊冤，说是快递私下自己转了物流，造成买家冒着大雨打车去取货，买家最后给了中评，说是付了几十元的快递费用还需要自己冒雨打车去取，太不像话了。

当时帖子里大家回复意见不一，部分卖家认为该买家也是卖家，应该体谅卖家不容易，可也有部分卖家认为，事态发展到当时的情况买家给出差评都不为过，因为就交易的过程及结果来说，买家经济和精神上都有不同程度的损失，换位思考一下，谁买东西能接受这样的结果呢？

6. 树立形象意识

很多人说树立形象不应该是前期宣传中的么，怎么会放在售后服务意识里面？其实不然，随着店铺的发展壮大，遇到不同的买家，能维持100%好评到永久的必然是少数。因此，店主不能在商品售出后便觉得万事大吉了，我们仍旧需要维护店铺形象，确保购买者物超所值，毫无怨言。

第 9 章

怎么管客户？
圈人、圈地、圈钱！

当商家的微店有了自己的顾客后，接下来商家主要要做的事情就是管理好自己的客户，保证自己的客户不流失，这才是确保顾客消费的前提。本章笔者将为大家介绍一些实用的管理微店客户的技巧，帮助商家利用好每一位顾客资源，创造出更多的价值。

要点展示

- 如何维护新老顾客？
- 如何面对顾客投诉？
- 如何处理店铺的中差评？
- 用什么态度对待客户？
- 如何利用用户反馈，促成新的消费？
- 如何利用空间营销，增加曝光率？
- 如何激发潜在客户的成交意向？
- 如何提升顾客的购买率？
- 如何打造精致的内容？
- 如何用活动吸引粉丝？
- 如何添加趣味游戏？
- 如何利用 CRM 营销？
- 如何对粉丝进行精准营销？

086 如何维护新老顾客？

微店如何才能有生命力？那就是不断吸引新客户并把他们变成老客户。接下来笔者将从维护老客户、发展新客户两个方面为大家介绍这一节的内容。

1. 维护老客户

对于一个商家来说，可以在一周内失去 100 个客户，而同时又得到另外 100 个客户，从表面看来销售业绩没有受到任何影响，而实际上为争取这些新客户所花费的宣传、促销等成本显然要比维护老客户昂贵得多，从投资回报程度的角度考虑是非常不经济的。

所以说，老顾客一直是店铺的财富之一，微店店主要精心维护老顾客，维护的方法如图 9-1 所示。

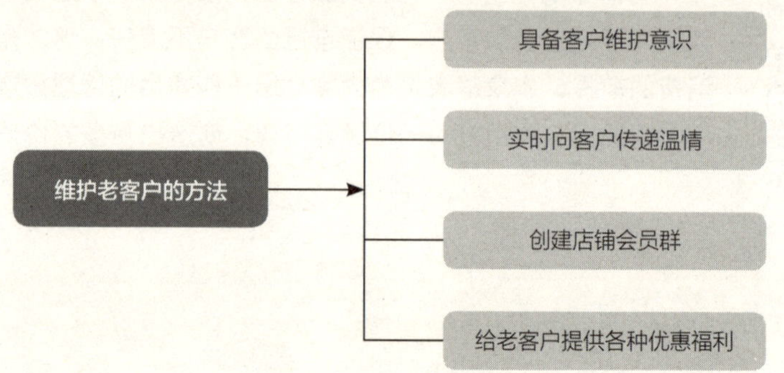

▲ 图 9-1 维护老客户的方法

（1）具备客户维护意识

这个适用于任何类目的卖家朋友，尤其是销售需要售后服务较多的产品的卖家，当买家拿到产品后，要及时联系他，询问是否顺利收到宝贝，并询问是否有损坏或者哪些方面有什么问题，并及时给予解决。

（2）实时向客户传递温情

微店商家给老客户送温暖，不是一定要亲笔书信，也不是一定要隔三差五嘘寒问暖，而是要注重一些细节，比如，送达保养建议、温馨的客服聊天术语，在快递包装上面写几句温暖人心的话语等，因为有时候细节更容易打动人。

（3）创建店铺会员群

这个群 QQ 或者微信都可以，但不要老发广告内容，也不一定每天都在群里推销你的宝贝，只是每天我们都要去活跃，最好是能和客户交上朋友，对微店商家今后做产品调研或者推销新产品都会很有帮助。

（4）给老客户提供各种优惠福利

“吃亏是福”这句话大家都知道，但真正用到的不多。很多微店商家不舍得“吃亏”，如果客户在同一家店铺购买多次之后，还得不到一点关照，是会很伤老客户的心的。

2. 发展新的顾客

发展新客户的常用方法是管理客户资料，挖掘发展忠实顾客。发展新客户，微店商家需要做好以下几点：

- 当你的客户越来越多的时候，管理客户资料的工作也变得越来越重要了。而且，当老顾客再次光临你的小店的时候，你能一眼识别出来的话，对于买家而言也会增加亲切感。管理资料的时候，除了客户的基本信息外，还应该记录发货、到货时间，客户性格、性别等。这样一来，一则客户下次购买时候更容易切入主题，二则更好的回答客户的问题，提高订单成功率。
- 比较好的客户管理工具包括“QQ或微信联系人”，店主可以按照自己的要求对所有上门的顾客进行分类，每当有促销打折或者新品上架的时候都可以利用联系人来做好挖掘新老买家的作用。
- 要适当发出优惠信息挖掘老客户。当本次交易结束之后，不应该放弃挖掘发展忠实顾客的工作。每当有新品上市或者优惠的时候，可以给顾客发去信息。

这里笔者为什么要强调“适当”呢？就是因为有些买家不太喜欢这样的方式，所以太多太频繁会给他造成骚扰，反而产生适得其反的效果。在给客户发信息的时候，一定要简洁明了，突出重点，要知道让人抓不住重点的信息是很少有人去关注的。

087 如何面对顾客投诉？

所谓顾客投诉，是指顾客因为对企业产品质量或服务上不满意，而提出的书面或口头上的异议、抗议、索赔和要求解决问题等行为。顾客投诉是每一个微店店铺都会遇到的问题，它是顾客对店铺管理和服务不满的表达方式，也是店铺有价值的信息来源，同时可以为店铺创造许多机会。

1. 顾客投诉的正负面影响

客户投诉对微店店铺来说，可以说是一把“双刃剑”，处理不但可能会对店铺信誉产生影响，可如果处理得当，可以无形中获得顾客信任，提升店铺形象。

接下来，我们了解一下顾客投诉正负面的影响。

（1）负面影响

顾客的投诉会造成客户的流失，一旦有中差评出现在店铺下方，无疑会给后来的消费者一个坏印象。如果处理不当，丢失的不仅仅是一个客户，而是数十个客户。这对店铺形象是一个极大的损害。

（2）正面影响

说完负面影响，下面我们谈谈顾客投诉的正面影响，如图9-2所示。

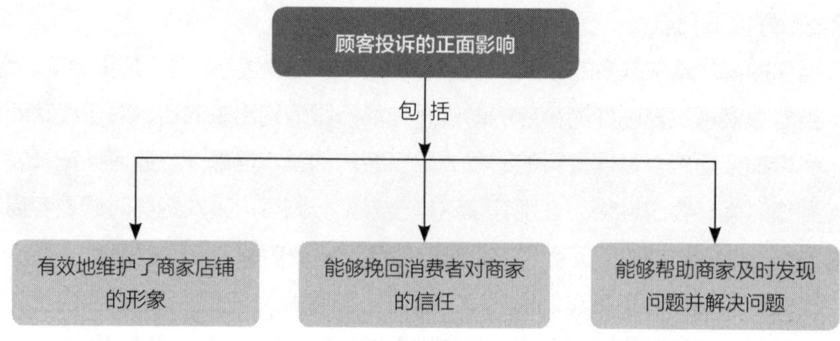

▲ 图9-2 顾客投诉的正面影响

- **有效地维护商家店铺的形象。**例如，有些客人对餐馆菜的质量不满意，什么也没说结完账就走了，但是以后也不会再来了，而有些客人则会提出菜炒得太咸或环境太差，服务员则会解释："可能您的口味比较淡，我下次给您推荐一些口味比较清淡的菜；环境以后也会改变，很快要进行装修。谢谢您提出的宝贵意见。"这样微店商家在客户心中留下的印象自然会比较好，因为他会觉得自己受到了重视。
- **能够挽回消费者对商家的信任。**也许店铺的产品有问题，会有投诉，但如果有很好的处理方法，最终会挽回客户对卖家的信任。举例来说：前些年，海尔集团推出一款"小小神童"洗衣机，推出时，它的设计存在着一些问题，当时这款洗衣机的返修率是相当高的。海尔调集了大量的员工，承诺客户"接到投诉电话以后，24小时之内上门维修"，很多客户的洗衣机都是经过海尔连续3次～4次甚至5次的上门维修才解决问题的，如此高的返修率，客户是否会非常不满呢？很多客户反映说："任何新的产品都会存在这样或那样的问题，但对海尔的服务，我们是满意的。"因为他们看到了一个商家对客户的尊重和重视。正是重视客户的投诉，才使得消费者继续保持了对海尔品牌的信任，这也是海尔在今天能成为一家国际性大企业的重要原因。
- **能够帮助商家及时发现问题并解决问题。**有一些客户投诉，实际上并不是抱怨产品或者服务的缺点，而只是向微店商家讲述对产品和服务的一种期望或是提出了他们真正需要的是一种什么样的产品，这样的投诉，会给店铺提供一个发展的机遇，同时也能够帮助微店商家及时发现问题，解决问题。

2. 顾客投诉的常见原因

顾客投诉的根源是不愉快的购物体验。这种不快，来自于顾客心理的落差，也就是顾客期望值与得到的实际价值之间的落差。这种落差，有可能指向有形的产品，也可能指向无形的服务。假若这种心理落差未得到有效控制和补偿，那顾客就会把这种感受转变成抱怨的行为，于是产生对微店商家的投诉。

这种投诉通常分为以下两种情况：

（1）与商品质量本身有关的投诉

这种情况大致包括：怀疑是假冒伪劣产品、怀疑存在价格欺诈、商品标识不清等方面的原因。

（2）与店铺服务有关的投诉

这种情况大致包括：客服态度不友好、承诺的优惠未做到位、其他意外事件的发生等方面的原因。

3. 5 步处理客户投诉

发生了客户投诉事件后，店主首先要做的不是推卸责任，而是按照以下步骤，迅速控制影响，合理解决售后问题，如图 9-3 所示。

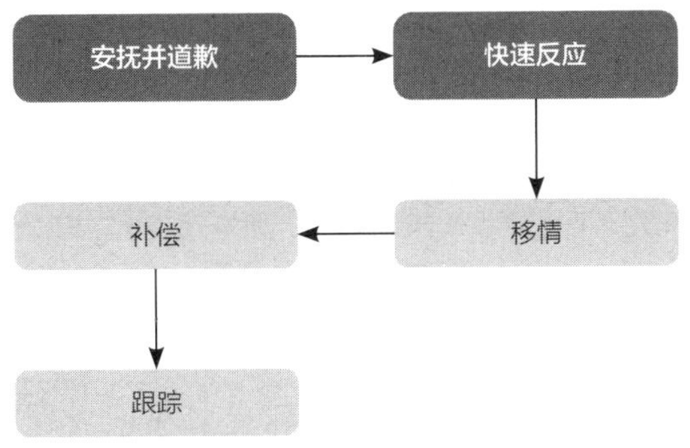

▲ 图 9-3 处理客户投诉的步骤

（1）安抚并道歉

不管顾客的心情如何不好，不管顾客在投诉时的态度如何，也不管是谁的过错，你要做的第一件事就应该是平息顾客的情绪，缓解他们的不快，并向顾客表示歉意，你还得告诉他们，店铺将完全负责处理顾客的投诉。

（2）快速反应

用自己的话把顾客的抱怨复述一遍，确信你已经理解了顾客抱怨之所在，而且对此已与顾客达成一致。如果可能，商家一定要告诉顾客自己愿想尽一切办法来解决他们提出的问题。

（3）移情

当与顾客的交流达到一定境界时，商家会自然而然理解他们提出的问题，并且会欣赏他们的处事方式。商家应当强调，他们的问题引起了自己的注意，并给了自己改正这一问题的机会。

（4）补偿

对投诉顾客进行必要的且合适的补偿，包括心理补偿和物质补偿。心理补偿是指服务人员承认确实存在着问题也确实造成了伤害，并道歉。

物质补偿是指一种“让我们现在就做些实际的事情解决这个问题”的承诺，如经济赔偿，调换产品或对产品进行修理等。尽己所能满足顾客，在解决了顾客的抱怨后，你还可以送给顾客其他一些东西，比如优惠券、免费礼物，或同意他（她）廉价购买其他物品。

（5）跟踪

顾客离开前，看顾客是否已经满足，然后在解决了投诉的那一周内，打电话或短信给他们，了解他们是否满意。切记一定要与顾客保持联系，将投诉转化为销售业绩，顾客投诉得到了令人满意的解决之时，就是销售的最佳时机。

4. 6个处理投诉的技巧

不得不说，顾客投诉是让店主很恼火的状况，可能很多时候解决下来自己劳心费力，还不一定能获得顾客的认可。

和实体店相比，微店的顾客纠纷解决有相同的地方也有不同之处，作为网店主，就要求同存异，把纠纷所造成的损失降到最低，而处理投诉的技巧包括以下几个方面，如图9-4所示。

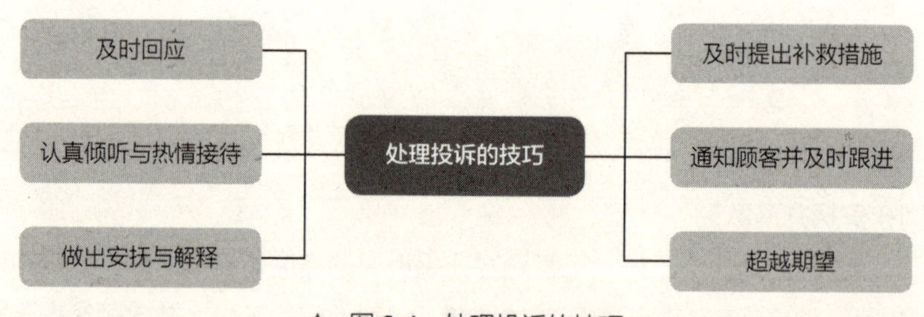

▲ 图9-4 处理投诉的技巧

（1）及时回应

顾客认为商品有问题，一般会比较着急，怕不能得到解决，而且也会不太高兴。

这个时候要快速反应，首先要表达歉意，如果微店商家已经非常诚恳的认识到自己的不足，顾客也不好意思继续不依不饶。

然后，迅速记下顾客的问题，及时查询问题发生的原因，及时帮助顾客解决问题。有些问题即使不是能够马上解决的，微店商家也要告诉顾客自己会马上给您解决，现在就给对方处理。

（2）认真倾听与热情接待

面对顾客投诉时，不要着急去辩解，而是要耐心听清楚问题的所在，然后记录下顾客的用户名和购买的商品，这样便于我们去回忆当时的情形。和顾客一起分析问题出在哪里，才能有针对性地找到解决问题的办法。

顾客收到东西后过来反映有什么问题，要热情地对待，要比交易的时候更热情，这样买家就会觉得你这个卖家好，不是那种虚伪的。不能刚开始的时候很热情，等钱收到之后，就爱理不理的那种，这样买家就会对你失望，即使东西再好，服务不好，他们也不会再来。

（3）做出安抚和解释

客户在投诉时会表现出烦恼、失望、泄气、发怒等各种情感，微店商家不应当把这些表现当作是对自己个人的不满。

首先商家要站在顾客的角度想问题，顾客一般总不会无理取闹的，她来反映一个问题的话，微店商家要先想一下，如果是自己遇到这个问题会怎么做，怎么解决。所以微店商家要跟顾客说：“我同意您的看法”或者“我也是这么想的”，这样顾客会感觉到商家是在为她处理问题，这样也会让顾客增强对商家的信任感。

（4）及时提出补救措施

对于顾客的不满，要能及时提出补救的方式，并且明确地告诉顾客，让顾客感觉到你在为他考虑，为他弥补，并且你很重视他的感觉。一个及时有效的补救措施，往往能让顾客的不满化成感谢和满意。

（5）通知顾客并及时跟进

商家给顾客采取的是什么样的补救措施，现在进行到哪一步，都应该告诉给顾客，让他了解你的工作，了解你为他付出的努力。顾客当发现商品出现问题后，首先他们担心能不能得到解决，其次担心需要多长时间才能解决，当顾客发现补救措施及时有效，而且商家也很重视的时候，就会感到放心。

（6）超越期望

商家不要弥补完过失，使客户的心理平衡后就草草收场，应当好好利用这一机会把投诉客户转变成忠诚客户。

当商家与客户就处理方案达成一致后，以超出客户预期的方式真诚道歉，同时再次感谢他购买了公司的产品和自己的服务。服务业的胜败关键就是回头客，所以“善终”比“善始”更重要。

088 如何处理店铺的中差评？

买家在微店购物完成后，可以给宝贝以及服务评分，好的评价自然可以吸引更多顾客，对店家有利；而中差评对于微店卖家的负面影响则是巨大的。所以每个卖家都在尽力减少中差评，合理应对中差评。

图 9-5 所示为店铺的一些评价的情况。

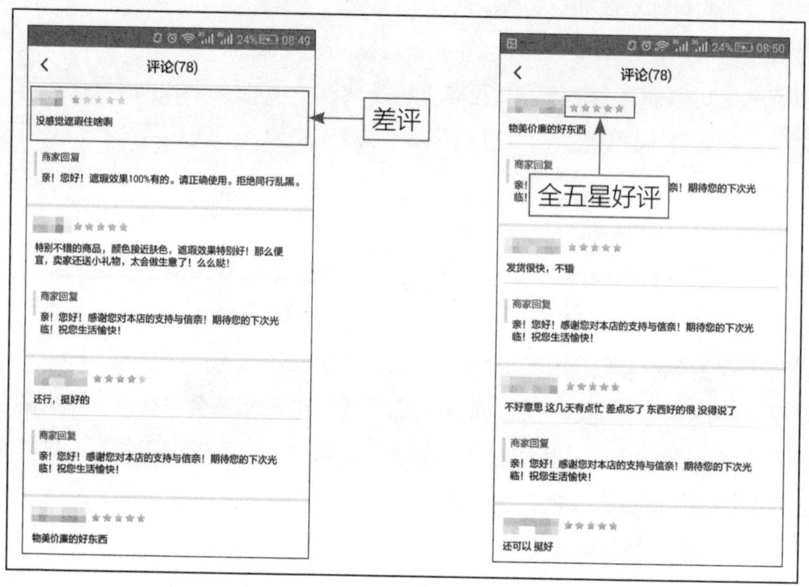

▲ 图 9-5 微店店铺的评价情况

1. 对待买家的中差评

当店铺出现了中差评，店主一定不要慌张，而要及时沟通处理，这就体现出了售后服务的重要性。同时，还要特别注意以下几个要点，如图 9-6 所示。

▲ 图 9-6 对待中差评需注意的要点

（1）查明原因

发生中差评后，商家一定要先查清楚是什么原因导致的中差评，绝对不能贸然地打扰买家。如果原因搞错了，那希望就小了。

（2）联系买家

联系买家时，商家应首选电话，这一点商家需要切记。因为商家能够通过电话更形象、生动地表达出自己的歉意，电话也更能反映出卖家的态度。

（3）沟通态度

商家与买家进行电话沟通的时候，态度语气一定要好，要以真诚感动买家，每天持之以恒，除非对方是职业差评师，不然这招一般来说是很管用的。

（4）沟通技巧

买家是否愿意修改，很大程度上也取决于商家的沟通技巧。所以，商家在与买家进行沟通前，最好事先周密组织一下自己的思路和要表达的内容，同时，在沟通过程中的随机应变也很重要。

（5）沟通诚意

沟通时切忌为自己找理由、找借口，这样会给买家的印象是你认为责任在买家而不在你，再好商量的买家也会拒绝你。

（6）沟通内容

在沟通时，商家主要是表达的是自己的歉意，并给出再次购物的优惠条件、适当补偿等，可根据实际情况应变和调整。

2. 处理中差评的 5 个技巧

其实，应对中差评是有技巧的。这方面微店与淘宝网店的立场是一致的，许多淘宝店主处理中差评的技巧，其实可以应用到微店运营中去。

接下来，笔者将为大家介绍一些处理微店中差评的技巧。

（1）时效性第一

时效性是指，在最短的时间内获取最新产生的中差评并第一时间联系买家。有过中差评处理经验的店家都知道，在买家给出中差评后，如果在最短的时间内能获知并进行联系沟通，解决效率是最高的（职业差评师除外），时间拖得越久，解决的可能性就越小，付出的补偿可能更大，将客户挽救成回头客的可能性就越小，原因就是如此简单。

（2）沟通时间点选择

在与买家沟通之前，需要考虑到沟通时间点选择问题。根据买家收货地址一般可判断出买家是什么性质的行业或职业，对于该行业或职业的作息制度要有个了解或提前做个功课。这样就能做到有的放矢，减少拒接、挂断、甚至被骂的概率。

（3）沟通时机选择

商家在选择与买家进行沟通时，选择好沟通的时间很重要。如果商家在买家不方便时给买家打电话会让对方很反感，这样反而会坚定对方给差评的决心。所以，商家在联系给差评的买家时一定要选准时间。挑大家基本上都空闲的时间再去联系买家，这样买家接电话的概率也会高一些。

（4）沟通判断选择

为提高处理效率，商家、客服需要在和买家的沟通过程中迅速做出判断，对方是否会通过与自己的沟通而改变给出的中差评，这样可以给商家自己留出更多的时间精力处理剩余中差评。

经验丰富的商家、客服通过沟通技巧能解决一部分中差评，但每个人都是不一样的，所面临的问题也不可能相同。所以除了沟通技巧，承诺适当补偿也是必要的。

一般情况下，很多淘宝商家给出的补偿标准是中评5元，差评10元，还有些就是如送优惠券、下次包邮、送店铺会员等级、送礼品等办法，微店店主也可以使用这种方法。如果买家对于补偿不动声色，态度坚决，第一次沟通就应尽快礼貌结束，并记录该买家的性格脾气特征或其他注意事项，以备后续联系作参考。

（5）沟通工具选择

在进行中差评售后处理时，在沟通工具的选择上，首选电话是公认的。语音沟通有文字沟通所无法企及的优势，电话实在打不通的情况下可以选择微信。

3. 避免买家的中差评

对付中差评的最好方法就是防患于未然，卖家防止中差评的方法只有不断完善细节上的问题，才能一步步实现100%的好评。微店店主们要避免差评，可以从以下两个方面去入手。

（1）服务方面

服务方面主要体现在以下几点。

- **制定专业的服务标准。**在回复顾客用语、客服的打字速度等方面入手，加强客服职业水平和专业素养的培训，以满足顾客的需求。
- **制定完善的售后制度。**对于顾客的不满，要及时沟通，在第一时间内消除顾客的不满和误解。而职业差评师，不在服务对象范围内。
- **要做到当天按时发货。**发货迅速是微店必须具备的基本素质之一，这个标准是行业内普遍认可的标准，尤其是在微店这种服务单位，更要严格把关发货速度。

（2）产品方面

产品方面体现在以下几点。

- **加大产品的质量把关力度。**最大程度上避免因质量问题对顾客造成的损失和不满。
- **产品拍照过程中，尽量避免色差问题。**色差是每个微店都有的困扰之一，美观的艺术性和真实再现往往得不到统一，色彩对于服装领域来说是一个尤其严重的问题，对于店铺信誉影响非常大。后期的修图、设计必须要遵循“真实再现”的原则。
- **产品描述方面，尽量做到全面而详细。**商家在进行商品描述的时候，不能出现误导消费者的词语，要是什么就说什么，不能为了让顾客消费，就将自己的商品说得多好多好，这样会让买家对商品产生过高的期望，从而容易让买家在收到货之后产生更大的失望。

4. 应对职业差评师

在众多的买家当中，隐藏着一类人，他们是一批靠给别人差评生活的人。这是由淘宝的兴起而催生的新兴职业，淘宝上有很多恶意买家做起职业差评师，专门以给网店差评为手段索要网店钱财，这类人被称为职业差评师。而在微店中，同样也存在这样的职业差评师。微店店主们在运营店铺时，一定要认准职业差评师，并合理应对，这样才可以降低店铺损失。下面让我们来看看差评师的特征和应对差评师的方法。

（1）差评师的5个特征

就像罪犯有一定的特征的一样，职业差评师也有自己的特征。职业差评师通常具有以下几个方面的特征，具体如图9-7所示。

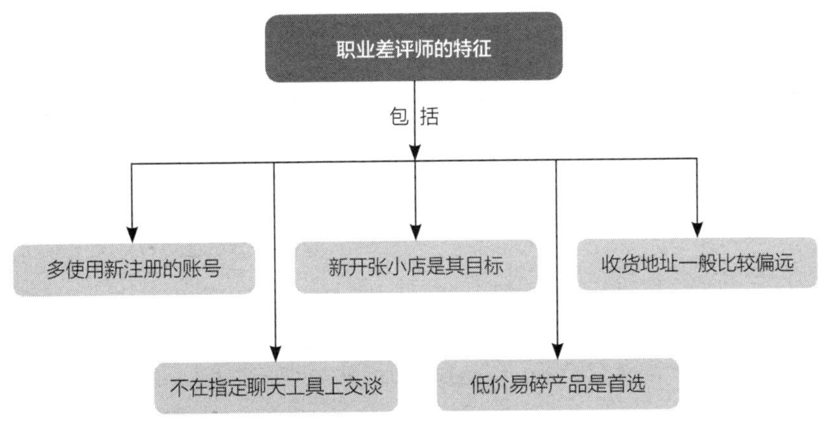

▲ 图9-7 职业差评师的特征

- **多使用新注册的账号。**“职业差评师”新注册的账号具备以下几点特点，如图 9-8 所示。

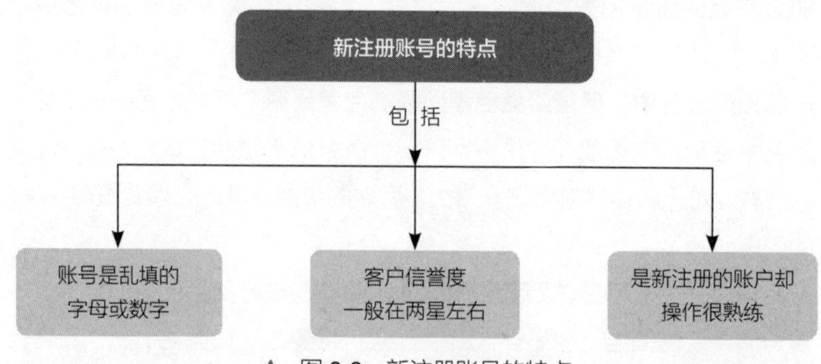

▲ 图 9-8 新注册账号的特点

- **不在指定聊天工具上交谈。**“职业差评师”，他们不用购物网站指定聊天工具和微商进行交流的原因，如图 9-9 所示。

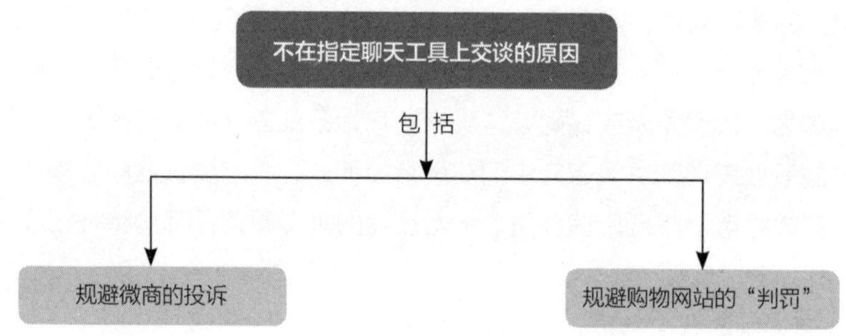

▲ 图 9-9 不在指定聊天工具上交谈的原因

- **新开张小店是其目标。**“职业差评师”专挑具备以下几个特点的微店下手，如图 9-10 所示。

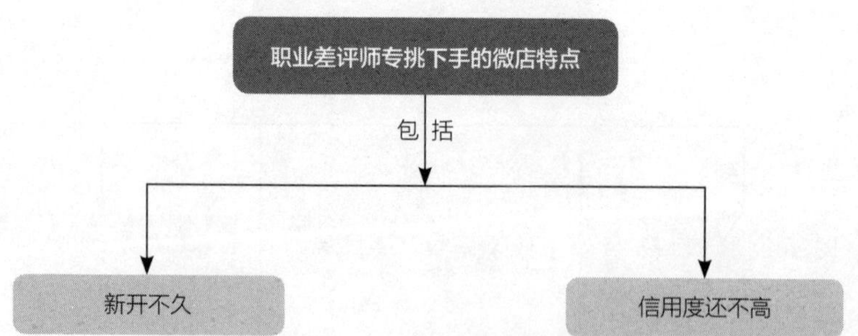

▲ 图 9-10 职业差评师专挑下手的微店特点

- **低价易碎产品是首选。**“职业差评师”专挑具备以下几个特点的微店产品下手，会使微商找不到证据，如图 9-11 所示。

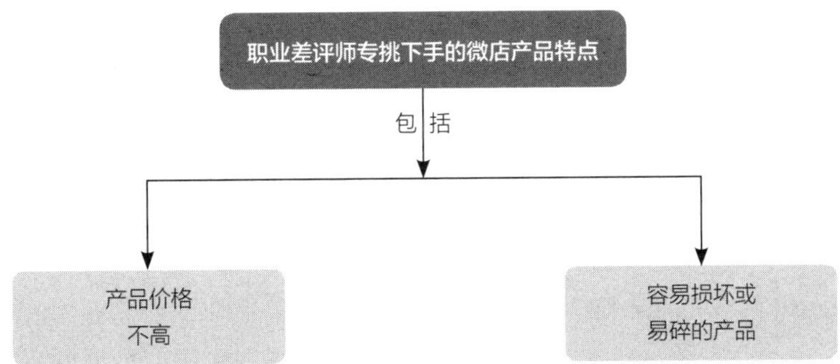

▲ 图 9-11 职业差评师专挑下手的微店产品特点

- **收货地址一般比较偏远。**“职业差评师”的收货地址一般会符合以下几点特征，如图 9-12 所示。

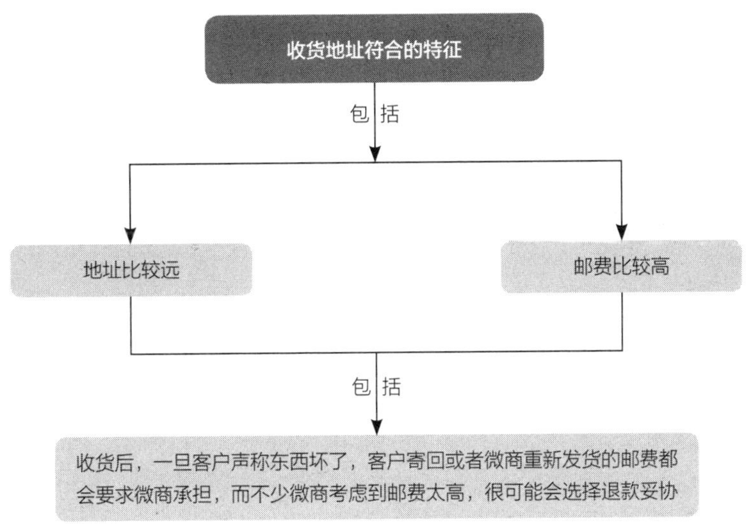

▲ 图 9-12 “职业差评师”收获地址的特征

（2）如何应对差评师

当店主遇到差评师的时候，不能为了避免麻烦而对此种行为听之任之，而应该采取积极的措施进行预防，保护自己的合法权益。因此，当微店商家需要掌握以下几个应对职业差评师的方法，这样才能在遇到职业差评师时从容应对，顺利解决。

- **提高维权意识。**商家在得到差评时，要保持充分的警惕，分析买家的行为特点，比如交易时，买家是否足够重视商品的质量和价格，其账号是否是随意注册，是否在指定工具上聊天等，来判断买家是否是“碰瓷”的。

- **做好防范措施。**对于可能是“碰瓷”的买家，商家应当做好电话录音，尽量使其亲口说出真实意图或者让其在聊天工具上留下文字信息，不要一次性回绝或者答应其请求，多与其交流几次，以留下更为充分的证据。
- **充分运用多种保护渠道。**遇到“网上碰瓷”，卖家可以先向官方网站投诉，进而向消费者协会投诉或者向法院提起诉讼。

089 用什么态度对待客户？

态度决定一切，细节决定成败。做任何事情，只要你有一个良好的心态，有一个认认真真做事的态度，能够勤于思考，脚踏实地地做好每一项工作，最终都会成功。店主们在对待顾客时，需要端正自己的服务态度，用心对待客户。

1. 积极

树立积极的态度对微店商家、客服人员来说尤为重要。尤其是当售出的商品有了问题的时候，不管是顾客的错，还是快递公司的问题，都应该及时解决，不能回避、推脱。

商家要积极主动与客户进行沟通，尽快了解情况，尽量让顾客觉得他是受尊重、受重视的，并尽快提出解决办法。除了与顾客之间的金钱交易之外，还应该让顾客感觉到购物的满足和乐趣。

店主积极的服务态度，集中表现在与客户的交流中。例如顾客首次咨询问题时，应该面带笑容回答“您好，有什么可以帮到您的吗？”或“您好，欢迎光临”，而不是冷淡干巴巴无表情的说“什么事啊”。

再如，面对顾客讨价还价时，应该面带笑容地说：“很抱歉呢，本店定价都是经过再三考虑的，利润有限不接受议价，请多多理解”；如果你不想与对方“理论”时间太多可以说“没关系，您可以再考虑下，不买都没关系的，非常感谢您的光临，希望以后有合作机会哦”。

如此的回复不仅仅是礼貌，更多的是以一种积极的、解决问题的态度，来面对每一位顾客，而不是推脱或是逃避问题。

2. 礼貌

俗话说“良言一句三冬暖、恶语伤人六月寒”，一句“欢迎光临”“谢谢惠顾”，短短的几个字，却能够让顾客听起来非常舒服，产生意想不到的效果。

商家通过礼貌的待客话语，会让人有一种十分亲切的感觉。并且可以先培养一下感情，这样顾客心理抵抗力就会减弱或者消失。对于彬彬有礼、礼貌非凡的网店客服，谁都不会把他拒之门外的。诚心致谢是一种心理投资，不需要很大代价，但可以收到非常好的效果。笔者总结了一些微店交易中容易用到的基本礼貌用语，供大家借鉴学习，这些礼貌用语具体有以下几种：

- 您好，欢迎光临小店！
- 请问有什么可以为您效劳的吗？
- 您真是好眼光，您挑的这款销得非常好。
- 好的，请稍等，我马上去仓库给您看一下。
- 不好意思，您要的这款已经断货了，我们还有很多新款供您选择的。
- 呵呵，您真的很幸运这款还有货。
- 不好意思，咱们店里的宝贝都是薄利多销的，这价钱绝对超值。
- 质量您放心，相信您买了一定会喜欢的。
- 我们会以最快的速度给您发货。
- 很高兴能为您效劳。
- 谢谢您，欢迎您再来！

这些最基本的礼貌用语，看似简短，其实则蕴含了非常大的力量，微店商家只要运用好，必定能为自己的店铺带来意想不到的效果。

3. 微笑

常言道“笑脸迎客、和气生财”，相信这个道理大家都明白。然而，微店不同于实体店，在于买家交流时是看不见、摸不着的，仅凭文字、图片、语言交流等方式打动顾客，如此经营特质，更需要店主付出更多的真诚、踏实、耐性与细心。

那么，如何做到笑脸迎客呢？我们都知道，微笑是对顾客最好的欢迎，当迎接顾客时，哪怕只是一声轻轻的问候也要送上一个真诚的微笑，虽然说网上与客户交流是看不见对方的，但只要你是微笑的，言语之间是可以感受得到的。

此外，多用些聊天表情，也能收到很好的效果。在平常的生活中，相信很多人在与人聊天的时候，都喜欢发一些有趣的表情，这样会让整个聊天显得生动又有趣，更容易让人留下深刻印象。

在微店中，商家也可以充分运用这一方法，利用表情，将自己的情感讯号传达给对方，营造一种愉快的沟通氛围。比如商家在跟顾客说：“欢迎光临！”“感谢您的惠顾”的时候，就应该轻轻的送上一个微笑，加与不加给人的感受完全是不同的。

图 9-13 所示是在微店中与客户聊天时，可以利用的一些符号表情。

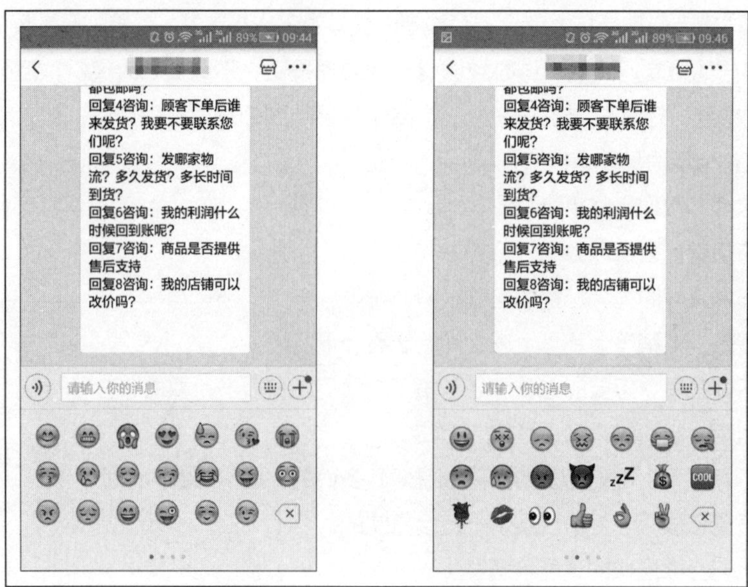

▲ 图 9-13　微店聊天时可以运用的表情

微店平台的买家除了在店铺和卖家进行联系外，还可以通过 QQ 或者微信进行聊天，商家只要坚持微笑法则，做到“笑脸”迎客即可。

图 9-14 所示是微信上可以运用的一些最基础的表情符号。

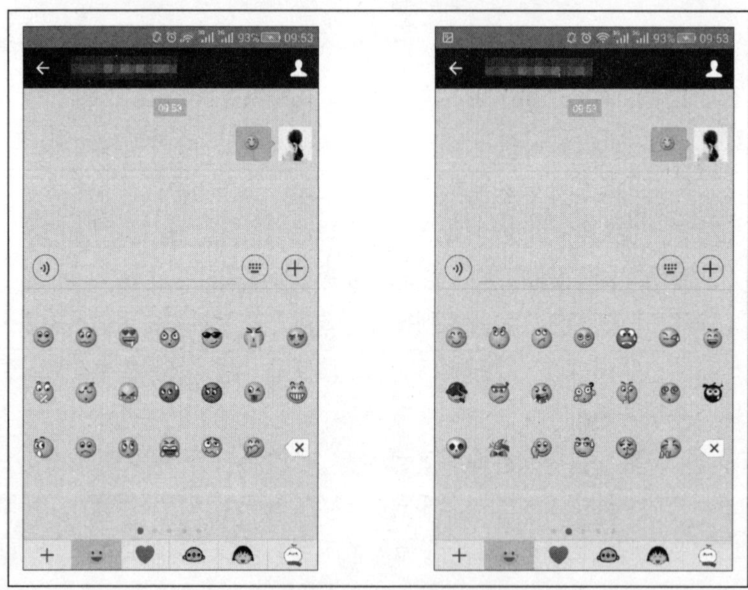

▲ 图 9-14　微信的表情

在微信上，除了这些表情之外，商家还可以在表情商店里下载一些表情，这些表情表会更加有特色、更加新颖，商家利用这些表情也会带来不错的效果。

图 9-15 所示是微信中可以下载的表情，这些表情有的是免费的，有的则是要收费的，商家可以根据自己的喜好选择。

▲ 图 9-15 微信的表情

4. 守信

做好微店交易的核心在于买卖双方相互尊重，履行承诺，信誉为本，秉持着这一理念。作为卖家，店主无论在售前、售中还是售后都要始终站在买家立场想问题，回答买家的咨询，尤其在售后方面，体现出异于寻常的、比售前更加耐心细致的态度回答解决买家所提出的问题，往往比商品层面更容易打动买家。

专家提醒

对于交易双方来说，买家虽然可能被骗，但相比卖家而言承担的风险较小，卖家由于诚信危机造成的风险则是长期性的。

实际上，大多数卖家是诚信的，但很多客观因素会造成他们的诚信度受损，比如沟通反馈的速度、物流运送的延误等。店主一定要从根源抓起，坚持诚信开店。

090 如何利用用户反馈，促成新的消费？

对于刚进行微信开店的创业者来说，收集用户使用产品后的反馈是一项十分重要的基础工作。商家都应该要知道，用户需求是一切产品的起点，获得用户、尤其是目标用户的各类反馈意见对于微信商家而言非常重要。

为了获得用户反馈意见，各个商家都花费了不少功夫，也有很多的实现手段，比较方便的莫过于通过微信解决这一问题。微信公众平台成为很多商家的一个营销渠道，商家经常会给用户推送消息，也经常举办一些活动来增加与用户的交流，但是如何收集用户的意见反馈呢?

商家可以做一个反馈表单来供用户填写，但是做一个在手机上能非常友好访问的页面可不是那些非技术人员的商家们所能做到的。

091　如何利用空间营销，增加曝光率?

QQ 空间其实就是一个宣传渠道，商家要利用 QQ 空间做好营销，原创文章的写作是最基本的。在 QQ 空间，心情日志更加逼近人的内心，情感更加真实，能够取得更多潜在客户的信任。但是，商家不能在 QQ 空间总是发布心情日志，有时也要适当写一些商业文章。

商家也可以适当地在空间发布一些产品的图片来吸引用户购买商品，不过必须注意不要一下发布太多的图片，因为这样会让用户反感，从而使其屏蔽商家发布的产品消息。笔者在这里建议，商家每天发布一条产品图片信息，并辅助以产品介绍是比较合适的选择，如图 9-16 所示。

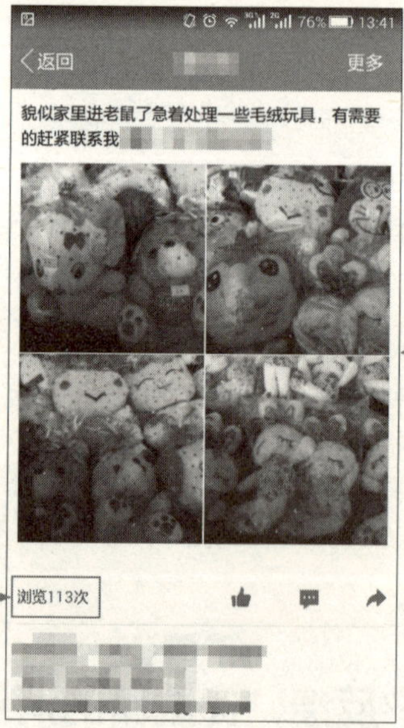

QQ 空间就像是一个对外的窗口，可以实现多种形式下的信息并存（如文字、图片、视频等），产生最直观的信息接受体验，随时都会受到用户的关注。此外，QQ 空间立足的是熟人关系和朋友圈，从 QQ 上过来的流量熟知度非常高，这样能够提高交易的成功率。

商家在 QQ 空间里发布一条最新的说说，会立刻引起很多好友的关注和转发，访客量和浏览量完全是透明的，方便商家去掌握和深入的了解用户数据。

▲ 图 9-16　发布空间图片

专家提醒

QQ空间的营销优势是天生具备的，微信商家利用好这个窗口能够赢得更大的市场。笔者认为，人们对空间的认可是一种交流的体现，更是一种认知的兴趣，这一切就像一个放大镜，放大了商品的营销途径，使得商品达到一传十，十传百的功效，从而让更多的人知道。

QQ空间中的商业气息流露着情感的交流，这样的优势可以完善人们眼中的微营销模式，为微店带来更大的利益。

另外，玩过空间的人都知道，空间里互动的途径有很多，用户可以利用它留言、评论回复等。QQ空间带来的互动沟通，不仅仅是感性方面的，其更多的是带着一种友好的认知度。比如，QQ空间会提醒商家，某个朋友或者QQ好友要过生日了，商家通过生日祝福，可以拉近与用户间的距离。

QQ空间的互动还表现宣传的力度上，它会超出人们的预料范围，不受时间限制地、广泛地进行推广。QQ说说的内容也会进入好友圈，能引起一定的关注度。此外因为空间又是和QQ窗口绑定的，所以它便于顾客更好地、更加深入地去了解商家的营销商品。

在QQ空间进行推广时，商家如果能合适地把握住用户对于广告、产品的敏感度，就很容易引起关注，并且获得不错的销量。因为，交易双方都是熟人关系，一方面信任感很足，另一方面朋友也会为商家做宣传，这种口口相传的效果和效率能够让商家收获到更大的营销效益。

092 如何激发潜在客户的成交意向？

对于任何一个商家来说，都面临着相同的一个问题，那就是找到客户，把产品或服务销售出去。除非你的产品或服务处于垄断地位，除非你的品牌处于一个非常强势的市场状况，否则，任何微信商家都将面临着如何寻找潜在客户的问题。

所谓的潜在客户，就是指对商家的产品或服务确实存在需求并具有购买能力的任何个人或组织。图9-17所示是区分各种类型的客户的相关方法，商家只要明白这些方法，就能够判断出，哪些人是准客户、哪些是潜在客户、哪些是目标客户。

众所周知，没有足够的客户资源，微店的生存与发展就无从谈起。任何销售人员都应该明白，在寻找潜在客户方面所做的努力越大，销售成绩将越好。

下面，笔者将给大家分享几个快速寻找潜在客户的技巧，这些寻找客户的技巧具体有以下5种：

- 从销售人员原来的客户资源中寻找客户；
- 让客户介绍朋友加入，或让同行的朋友介绍客户；

- 加入相关行业论坛和QQ群，或者通过行业企业名录查找客户；
- 通过商城或者市场咨询了解竞争对手的客户；
- 在相近行业寻找潜在客户。

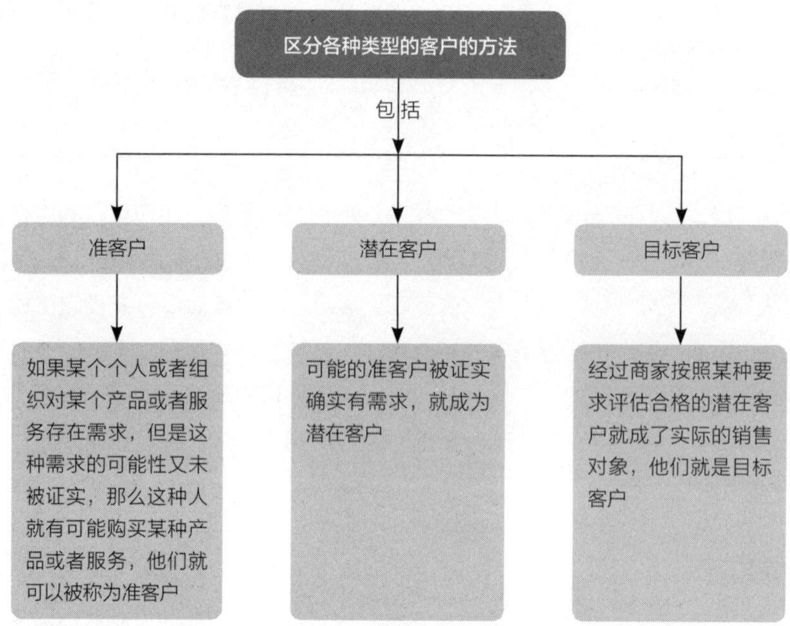

▲ 图9-17 区分各种类型的客户的方法

商家只要通过这些技巧，就能够找出自己的店铺的潜在客户，然后再通过一些方法和技巧，将这些潜在客户发展成为自己的目标客户，最终引导他们在自己的店铺消费，让他们成为自己店铺的顾客，甚至是老顾客。

093 如何提升顾客的购买率？

有了问题，客户就会产生痛苦；痛苦足够大，才会产生需求去购买；有了购买，才会产生销售。因此，商家只有抓住客户痛点，才能让客户对你推心置腹，无话不谈，让你更容易搞定客户，成为客户的朋友。

什么是客户痛点？简单来说，就是客户存在的某种敏感的隐性需求。那商家该如何抓客户痛点，搞定客户呢？抓客户痛点需要商家对人性有所了解，对客户行业有所了解，而这些都不是短期工程，是需要我们不断积累经验的。

总之，商家在挖掘客户痛点的时候，一定要注重执行力和沟通能力，否则将无法准确了解客户痛点，更谈不上提高客户购买率。另外，商家还必须保证自己提供的产品能够为客户带来价值，真的能够解决客户的问题，否则只会加大客户的痛点。

图 9-18 所示为挖掘客户痛点的一些技巧。

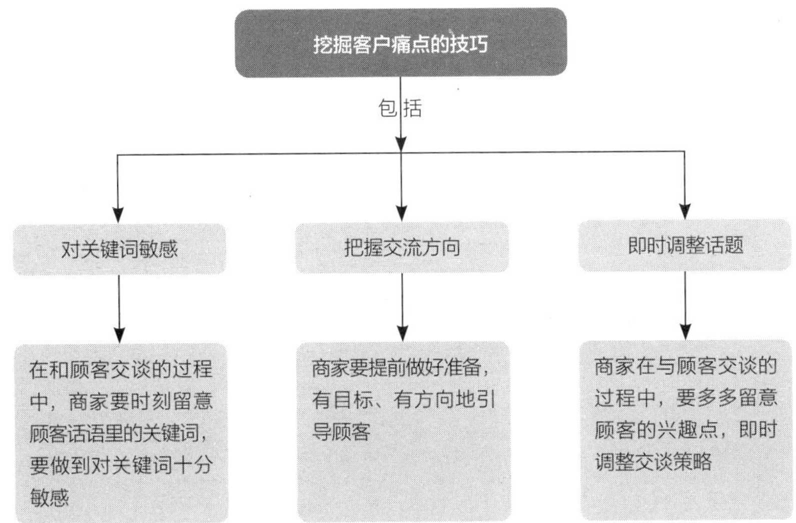

▲ 图 9-18 挖掘客户痛点的技巧

094 如何打造精致的内容？

如果商家不能积累真实的粉丝，那么后期所有的工作都会是白费的。因为，只有商家有了原始的粉丝积累后，商家提供的内容才能开始起到绝佳的作用。

商家推送的内容一定是要有主题性、有策略性的。只有有效的内容对应真实的受众才能收回相应的反馈，看人下菜是内容营销的标准策略。

商家为自己的粉丝提供他们感兴趣的话题他们才有参与互动的可能，经营微店，初期可能就是一个讨好粉丝的过程。

1. 内容营销

内容营销模式主要是通过优质的内容，吸引到精准的客户和潜在客户，从而实现营销的目的。

内容营销具有以下几个方面的特点，具体如图 9-19 所示。

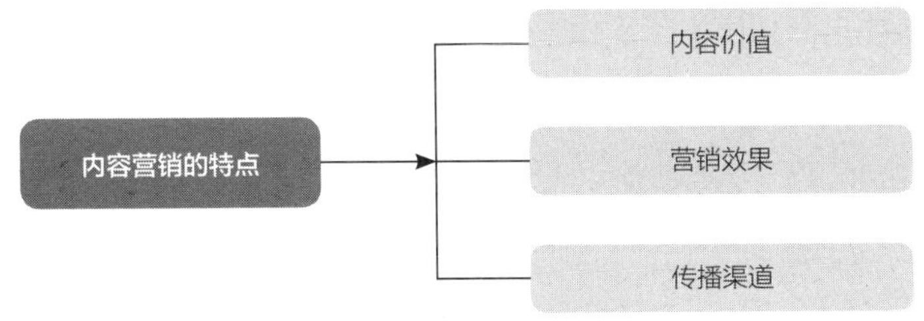

▲ 图 9-19 内容营销的特点

2. 互动营销，留住你的客户

商家在进行微店营销的过程中，与用户的互动十分重要，无论是对大品牌企业还是小品牌企业，商家都需要做好优质内容，通过微信或其他渠道为老用户或者新用户提供更多的、有价值的服务，并且与他们互动。

在微店营销中，增加用户黏性是非常重要的，也是非常有必要的，只有做到这一点才能最大限度地留住你的客户。通常情况下，商家如果只是单纯地向客户发布硬广告或者软文广告，是很难对粉丝形成转化率的，所以商家要学会用这种朋友交流的工具以朋友互动交流的方式来进行传播。

商家可以进行一些有新意的活动，这样微店营销就更像是一个浪漫的交友活动，能极大地提升对消费者的吸引力。

随着微店功能的不断完善，现在不少商家都是采用相关软件来实现智能回复，只需要直接下载软件进行设置，就可以智能答复用户问题了。

095 如何用活动吸引粉丝?

活动是微店营销最常用的一种营销模式，无论是送奖品还是共同参与同一个话题的探讨，这是粉丝增长速度提升最快的一种模式。

为了让整个微店营销活动更具有延续性和主动传播的动力，商家可以借助微信平台的漂流瓶功能，将漂流瓶打造成真心话分享站，让参与活动的受众用自己的故事为店铺传递影响力。

当然，要随机赠送礼品以激发消费者的主动性。活动营销最关键的一点在于它完全符合自己受众的需求，而且获得的粉丝全是真实粉丝，人群效应是口碑爆发的前提。商家如果充分了解自己的粉丝群，就能针对粉丝需求，制定符合粉丝兴趣的商业活动，有的放矢，通常宣传效果会更显著。

当然，商家在推出这样的商业活动时，要考虑一个适度的问题，太频繁的活动推送只会让用户感到厌烦，因此过度的广告推送是不建议的，商家需要制定合理的推送频率，坚持适度的原则。

096 如何添加趣味游戏?

玩过微信的用户大概都玩过“抢红包”“摇骰子”等，这些游戏并不算新奇，除了这些，微信旗下开发了很多有趣的小游戏，用户还在沉迷于这些游戏带来的欢乐时，不少商家已经将营销的目光转向了这些不起眼的游戏，商家可以借助这些小游戏，增加客户的黏度。

直白的广告谁都烦，创意的广告反而能激起别人的小兴趣。除了每天的微信推送模式，为了增加粉丝的活跃度，商家不妨开发一个有趣的小游戏，这并不是一件难事，难的是，商家如何把有自己想要传递的广告植入到游戏环节里。

例如，一款叫“疯狂猜图”的手机游戏曾在微信圈十分流行。这款并未在传统游戏平台进行过多宣传的“轻游戏”，却利用微信朋友圈的传播火了一把。

这款益智游戏的最大亮点就在于能够不断地扩大玩家的知识面，侧重于休闲和互动性，很适合消磨休闲时间，做一个有见识的人。

“疯狂猜图”游戏融入广告品牌营销，把 Nike、IKEA 之类的品牌的作为关键词，既达到了广告宣传效果，又不影响用户玩游戏的乐趣，而且因为融入了用户的互动，广告效果更好。

如果商家做不出这种类型的游戏，那么也可以借助一些简单易行的游戏，来增加与顾客的互动，宣传自己的店铺。

图 9-20 所示是微店商家借助“摇骰子”游戏，吸引顾客到自己的店铺中消费的示例。

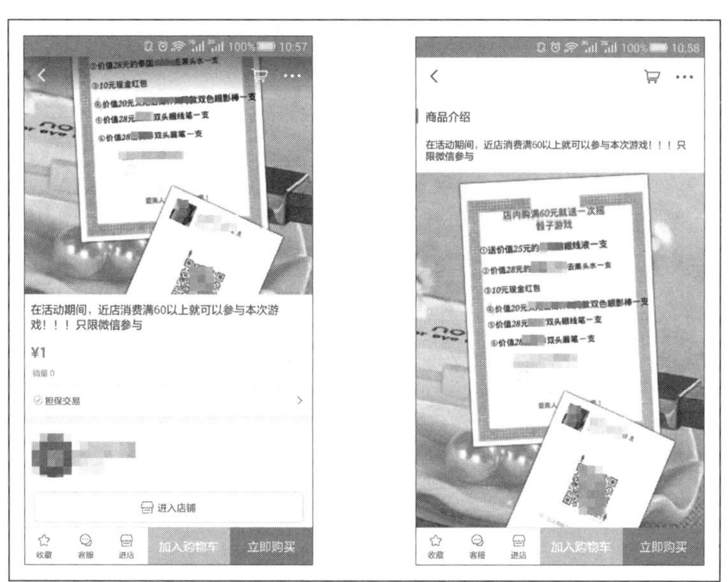

▲ 图 9-20 微店商家添加趣味游戏吸引粉丝

097 如何利用 CRM 营销？

微信不但是一个出色的营销渠道，更是一个 CRM（Customer Relationship Management，客户关系管理），微店商家可以把它当作一个有趣的客户关系管理系统，管理自己的客户。

例如，商家可以通过加顾客的微信，维护忠实粉丝，商家可以跟粉丝聊很多更有意义的东西，比如梦想、爱情、人生，而不只是聊一些无聊的商品信息。

而且，“二次营销”有一个重要的条件，就是要求商家拥有一款适用的 CRM 客户关系管理系统和管理能力，这要求商家建立详细的客户信息：姓名、联系方式、生日、购买记录、所属客户群体特征、爱好等，商家只要借助其中的标签功能就能实现这一客户管理目标。

这样，商家就可以进一步了解客户需求的变化，并对产品有一个长期的规划，设计的产品也就能满足相同客户群体的不同需求。

商家除了可以借助微信的标签功能管理客户之外，还可以通过建立微信公众号，然后通过微信公众号的 CRM 功能，管理自己的客户。

微店商家只要引导顾客关注自己的公众号，那么关注者的基本信息就会显示在用户管理中，如图 9-21 所示。

商家可以通过用户管理功能对关注者进行管理，如给关注者打标签、加入黑名单以及修改备注。其中的打标签功能，其实就跟 QQ 的分组、微信的标签管理功能一样，商家可以根据客户的情况给他打上标签，然后同一标签的用户就可以一起管理。

▲ 图 9-21　微信公众号的用户管理功能

微店商家除了可以借助微信以及微信公众号管理客户之外，也可以直接借助微店 APP 中的“客户”功能，管理自己的客户，如图 9-22 所示，这相对于上述两种方法会更加方便操作。

在微店 APP 的客户管理功能中，商家可以对自己店铺的客户进行分类，然后针对不同分类的客户，采用不同的营销策略。

▲ 图 9-22 微店 APP 的客户管理功能

098 如何对粉丝进行精准营销?

精准营销似乎是每一个微店营销人的梦想。每天有很多人都在不停地发广告，但是绝大多数广告并没有效果，消费者的不确定性是我们做营销最大的困惑。但是微信的出现，似乎正在逐步改善这个问题。

微店商家可以利用微信进行微信精准营销，微信营销的精准推送主要表现在两个方面，如图 9-23 所示。

目标客户精准：微信营销的一个最大的特点就是它所追求的不是粉丝量而是精准粉丝的数量，它要的是绝对的精准人群。因为粉丝再多，如果不能转换成价值，依然毫无用处，商家需要的粉丝是那些目标粉丝，粉丝的质量相对于数量来说，更重要。

内容的精准：微信营销的内容必须是完全有效的，不能为凑内容而产生营销内容，内容是能够激起别人情绪的一种调剂，所以生产的内容必须符合粉丝的需求。

▲ 图 9-23 微信营销的精准推送

商家每次在推送信息的时候，要选择一些有价值并对目标群体有帮助的高质量内容推送出去，再加上微信一对一的精准个性化营销，相信商家的商品及活动价值都会得到进一步的提升。例如，医院可以给病人推送一些健康知识，4S店可以给车主推送一些车辆保养技巧等。

这样有针对性地推送信息，才能培养自己的粉丝，让别人不会因为你的信息推送感觉到被骚扰。

第 10 章

有何借鉴？微店创业的成功案例

站在巨人的肩膀上，你会看得比巨人更远，借鉴前人成功的经验，你也有可能获得成功。因此，从他人的成功中借鉴经验，是每一个微店商家快速成长的一种方法。本章，笔者将为大家介绍几个成功的微店创业案例，帮助大家汲取他人的经验，丰富自己。

要点展示

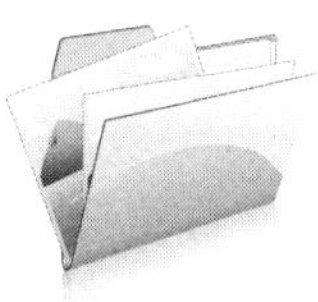

- 罗辑思维从卖月饼到卖书再到“卖匠人”
- 吴晓波把 90 多万公众号粉丝打造成一个社群
- 大学生微信卖水果月入 4 万元
- 保东借助微信平台打响“贺欣康”品牌
- “枫丹美业”用精细化顾客管理创造成功
- “伍藏”借助微信商城销售天然食材
- “酒仙网”用一个单品收获高销量
- “美美源”用微信实现引流与变现
- “三个爸爸”用精准客户定位收获成功
- “等蜂来”巧用分销商提供销售量

099 罗辑思维从卖月饼到卖书再到“卖匠人”

说到“罗辑思维”相信很多人对它都不会感到陌生。它就是那个坚持每天在微信推送一条 60 秒语音的公众号，如图 10-1 所示。

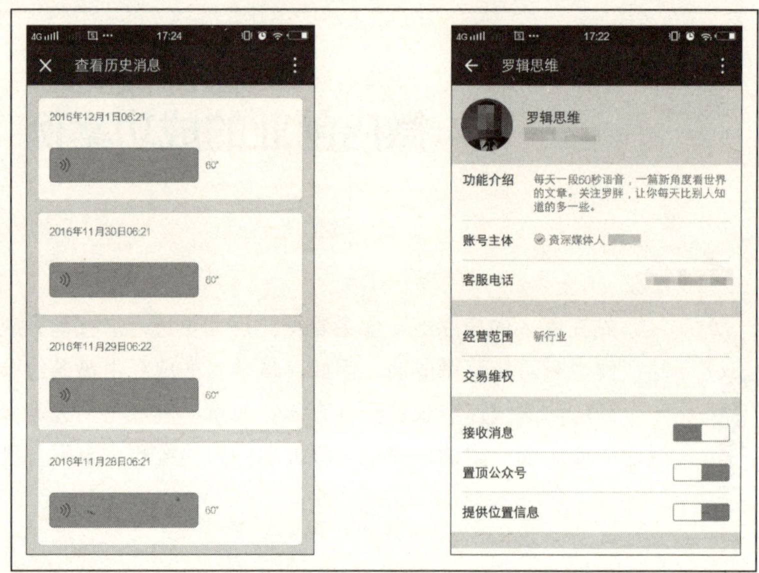

▲ 图 10-1 “罗辑思维”公众号

“罗辑思维”公众号的创立者是罗振宇，他是一位资深的新媒体运营者，他拥有多重身份，如“罗辑思维”脱口秀节目的主持人、内容创业者等。在内容创业的风潮中，“罗辑思维”通过丰富的内容树立个人品牌，凭借多样的运营模式吸引了一批粉丝，最终得以变现。

“罗辑思维”率先尝试以会员收费模式来实现内容电商变现，售卖会员是很多互联网内容创业者的主要盈利方式，“罗辑思维”也采取了这一模式进行盈利，图 10-2 是其平台会员的收费标准。

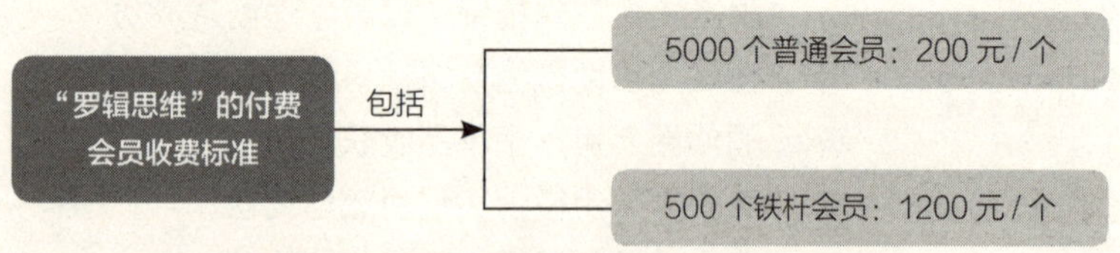

▲ 图 10-2 “罗辑思维”的付费会员收费标准

据悉，“罗辑思维”第一次只用了 5 小时就售卖会员费 160 万元，而第二次则仅仅用了 24 小时售卖了 800 万元的会员费，其吸金能力可谓惊人。其公众平台关注者众多，据悉早在2014年，“罗辑思维”公众号的粉丝就超过了100万，这众多的粉丝，为“罗辑思维”后来开展的一系列商业变现活动，奠定了人脉基础。

在这一时期，“罗辑思维”凭借拥有的人气，在2014年推出了“真爱特供”月饼众筹活动，为自己的会员定制中秋月饼。根悉，此次月饼众筹活动，单价199元一盒的月饼，共卖出了4万多盒，通过这次众筹活动，“罗辑思维”实现了商业变现，获得了不错的收益。

另外，“罗辑思维”的创始人罗振宇与优酷合作，创立了一档个人脱口秀节目，该节目名称也叫“罗辑思维”。凭借这一档脱口秀节目，“罗辑思维”收获了颇高的人气，赢得了不少赞誉。凭借着公众平台与脱口秀节目积累的人气，“罗辑思维”又开始进军电商领域，其在微信公众平台上，开始借助微信平台创建微信商城，开启了自己的卖书活动，以此实现商业变现。

在“罗辑思维”公众平台上，其运营者添加了一个“商城主页”按钮，粉丝只要点击该按钮，即可进入“罗辑思维”官方商城，在该商城中，粉丝可以购买多种类型的书籍，如图10-3所示。

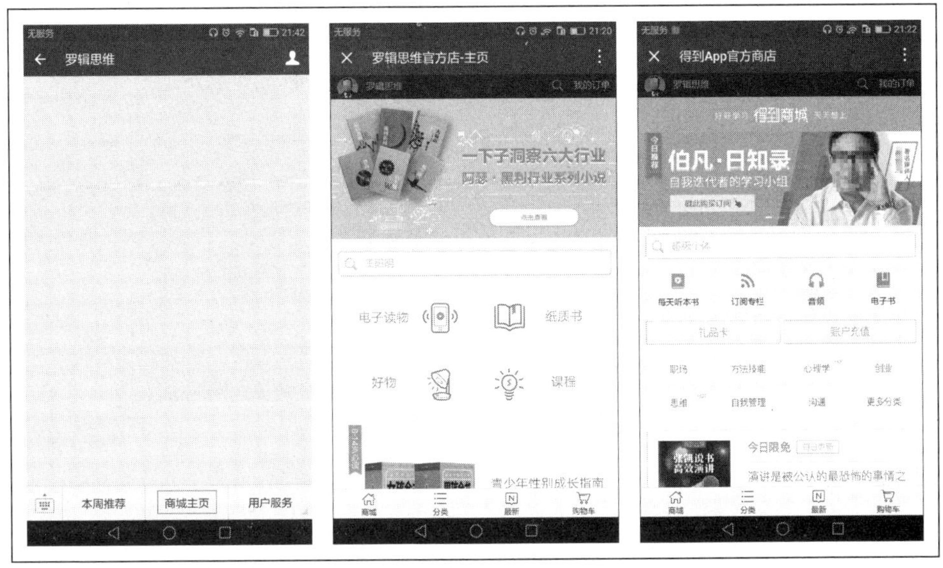

▲ 图10-3 “罗辑思维”商城

近年来，“匠人”“匠心”这些词，出现得越来越多，人们好像越来越看重“工匠精神”。

“工匠精神”是指产品创作者，对自己创作的产品，拥有精益求精的精神，他们全身心地投入一件事情，力争将其做到极致。“罗辑思维”创始人罗振宇的“死磕”精神正与这一精神有相同之处。

“罗辑思维”曾为自己平台的会员，打造了一个“匠人如神”的商业平台，让他们能够发挥自己的价值，让付出得到该有的回报。

“罗辑思维”选择了微信这个社交平台，借此与粉丝之间形成一种交互关系，并通过微信电商来将自己长期积累的人力资源变现，这一做法，真是广大微店商家需要学习跟掌握的。

100 吴晓波把 90 多万公众号粉丝打造成一个社群

在内容创业的时代浪潮下，永远都不缺人才，各路人才纷纷踏浪而来，吴晓波就是这些人中的一位佼佼者。据悉，其创立的“吴晓波频道”公众号早在 2015 年，就已经坐拥 90 多万粉丝。

图 10-4 所示是吴晓波的微信公众号“吴晓波频道”。

▲ 图 10-4 “吴晓波频道”公众号

数量庞大的粉丝群，对于内容创业者来说，无疑是一件值得高兴的事情，但是管理好自己平台的粉丝，却是一件不容易的事情。面对这一问题，吴晓波决定将其 90 多万的粉丝打造成一个社群，通过这一方法，将自己公众号平台的粉丝聚集在一起。

同时，吴晓波还认为，将 90 多万的粉丝聚集在一起成为一个社群，如果这个社群之间没有一个共同的支撑点，是一盘散沙的话，那将会是一件十分可怕的事情。于是，他在恰当的时机，发表了一篇文章。

这篇文章发出之后，吴晓波的公众号，陆续有人取消关注，但是也不断有新的关注者加入，但是吴晓波认为，这是一件值得高兴的事情，阅读这篇文章之后，仍然关注“吴晓波频道”这个公众号的粉丝，在一定程度上，代表着他们大部分人的价值取向有共同点，这对打造“吴晓波频道”社群来说是有利的。

在吴晓波的眼中，“吴晓波频道”社群的成员，需要具备 4 个特质，这四个特质具体如图 10-5 所示。

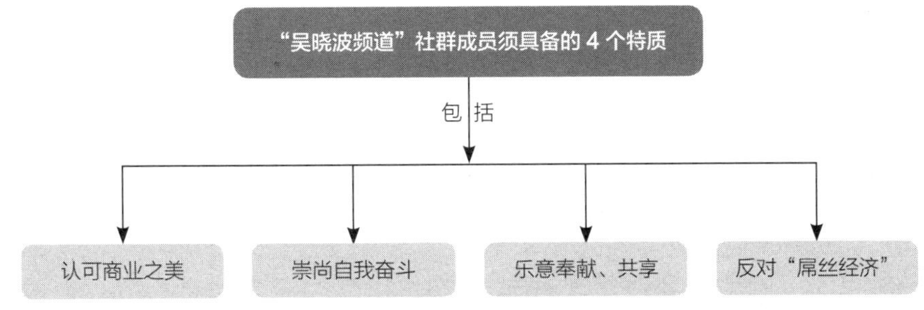

▲ 图 10-5 “吴晓波频道”社群成员须具备的 4 个特质

吴晓波为了将自己的“吴晓波频道”社群发展得更好、更有凝聚力，决定实施组织化管理，于是建立了班委组织，以及各种兴趣小组。这些兴趣小组，涉及了众多的领域，如书友会、旅游小组、理财大组、创意大组、创业大组等。

以书友会为例，其最开始的形态是存在于 QQ 群之中的，到后来慢慢发展壮大，有了微信群、各地的吴晓波书友会公众号，同时，这些书友会成员之间还举办了多场活动。图 10-6 所示是吴晓波书友会的微信官方公众号（左一）和部分各地的公众号。

▲ 图 10-6 吴晓波书友会相关公众号

这些粉丝，借助“吴晓波频道”这个社群，慢慢从陌生到相互熟悉，群成员之间相互帮助，在这个社群中，人人都是获利者，同时也是贡献者。每一个成员，用自己的力量推动着“吴晓波频道”这个社群，走得更好。

吴晓波在运营了“吴晓波频道”这个社群一年多之后，他认为有3点自己的体会可以供大家分享，这3点体会具体如图10-7所示。

相信每一个微店商家，在了解了吴晓波将自己的公众号打造成一个社群的案例，以及他运营这个社群总结出的这些体会之后，对经营自己的微店会有所启发。

- **第一个，有态度的内容。**好内容和坏内容很不容易区分，但是我们的内容必须有价值，这样才能把人聚合在一起，人不是因为认识在一起，而是因为兴趣、因为认同感才在一起的。
- **第二个，圈层化互动。**如果这个社群还是在空中，很容易变成泡沫就消失了，如果这个社群在地面，那就是很真实的，就跟谈恋爱一样，可以帮助创业者，社群可以产生大规模的互动。
- **第三个，共享中互利。**每个人在社群中是一个获利者，也是一个贡献者。通过共享和互利，让这个社群变得更加长久。

▲ 图10-7 吴晓波运营“吴晓波频道”社群的体会

101 大学生微信卖水果月入4万元

微信的发展，使得一大批人加入了创业热潮中，创业人群覆盖的范围十分广泛，其中不乏众多在校大学生。石家庄经济学院经济学专业一名叫许熠的男生，就抓住这一热潮，开启了自己的微信创业之路。

对于生活中的一些小事情，只要留心了，也许就会带来大转机。据许熠本人所说，他的这次创业的想法，来源于每天熬夜后，第二天还得起早给自己的女朋友送早餐的经历，当时他就想如果有人可以专门代送就好了。正是这一想法，再结合女生爱吃水果的特点，于是他就有了在学校利用微信卖水果的想法。

有想法是好的，但是还得考虑可行性。根据他的分析，学校差不多有1.7万左右的学生，而女生的比例占了三分之一左右，这就意味着客源是充足的。同时，随着微信在大学生之间的火热，以及学校内微信营销市场的空白，许熠觉得用微信卖水果这个想法是可行的。

将想法付诸行动，才是每个创业者成功的前提。于是，许熠便在微信平台上申请了一个公众账号，创立了自己的微信小店，并为其取名为“优鲜果妮”，开始了自己的卖水果创业之路。

但是，有句话叫“理想是丰满的，现实却是骨感的”，许熠的微信卖水果计划开始之初，收获并不好，有时候的等上一天，才有一个小订单。现实的惨淡并没有将许熠的创业热情打倒，他意识到要进行微信创业，那么自己的微信平台就一定需要大量的粉丝。

于是，许熠和他的小伙伴们，开始了积极的吸引粉丝的计划。因为他们的目标群体是自己学校的学生，而学生基本上都是住学校的，这就意味着客源的集中，这对许熠他们的吸引粉丝的计划来说是非常有利的。

既然要吸引粉丝，那么就需要宣传自己的生意，许熠和他的小伙伴们自己制作打印了大量的宣传单，然后开始了全校范围的宣传模式。他们的宣传采用了三种方法，具体如图 10-8 所示。

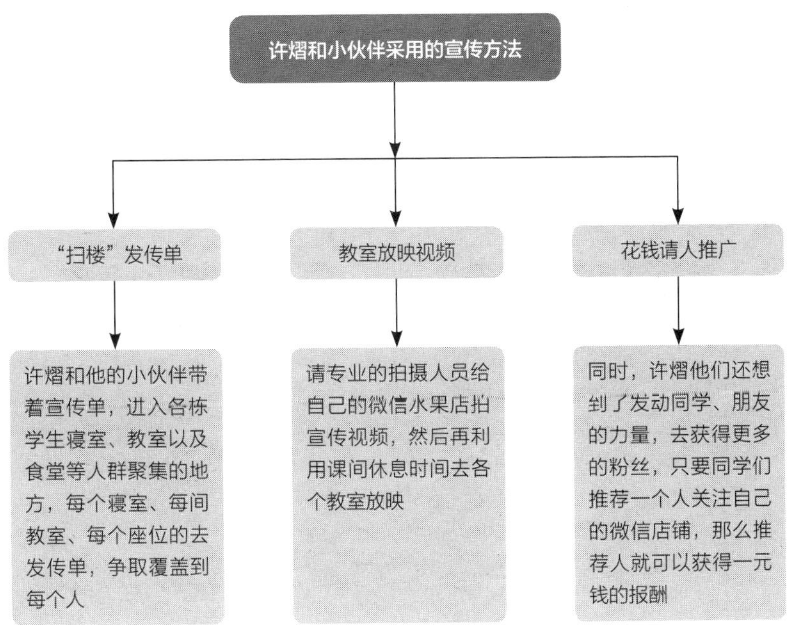

▲ 图 10-8 许熠和小伙伴采用的宣传方法

有付出，就会有回报，经过一段时间的扫楼后，许熠的“优鲜果妮”微信店铺的粉丝越来越多，在店铺开张 3 个月之后，店铺的粉丝数已接近 5000 人左右，成为了学校微信开店效益最佳的一个。

许熠把“物美价廉、服务贴心”作为店铺的主要经营策略。于是，许熠根据同学们的需求，推出了不同的水果套餐，这些套餐有以下几种：

- 考研套餐；
- 情侣套餐；
- 土豪套餐。

这些水果套餐，是由各种水果搭配而成，如香蕉、苹果等。“优鲜果妮”的不断发展，为许熠带来了非常可观的收益，月收入可达 4 万元左右，这也使得许熠成为了学校的“水果哥”。

102 保东借助微信平台打响“贺欣康”品牌

贺欣康是美国的一个专业康复营养品牌，它在中国地区有且只有泰合良瑞这一家运营商，而保东则是泰和良瑞创始人。

专业且品质高的营养康复品牌对于国内市场来说目前还比较缺乏，且这种康复产品对于需要康复治疗的人来说是必不可少的。正是这两个原因使得保东看到了市场的潜力，于是便同美国贺欣康生产商进行洽谈，最终拿下中国地区的独家代理权。

之后，保东经过专业的分析，最终决定将这一产品的运营模式定位为：以微信营销为主并结合多种渠道共同运营的模式。

因此，保东决定将微信平台作为贺欣康品牌的主要运营模式，所以他建立了“贺欣康”微信公众号，如图 10-9 所示。

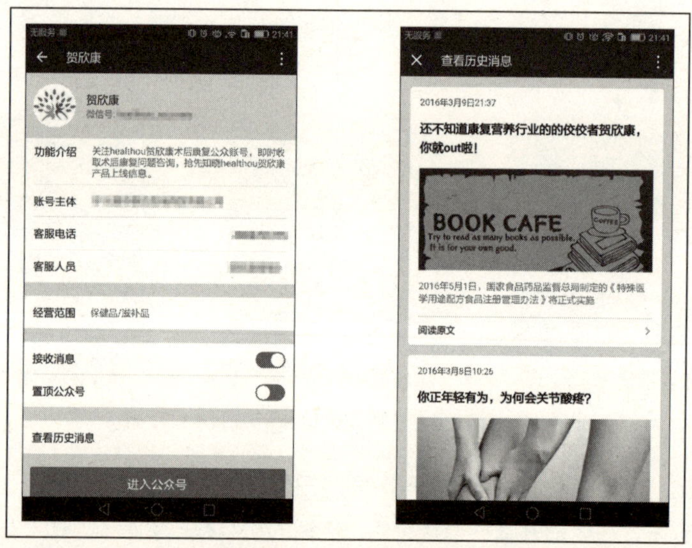

▲ 图 10-9 “贺欣康”微信公众号

用户关注“贺欣康”微信公众号后，就会在公众号的首页界面的菜单栏中，看见一个“微信商城”按钮，商家只要点击该按钮，即可进入贺欣康的微信商城，如图 10-10 所示。

保东既然决定以微信平台为主，销售自己的产品，那么吸引更多的粉丝，则成了必不可少的一项工作。为了吸引更多的粉丝，保东采取了以下几种办法，具体如图

10-11 所示。

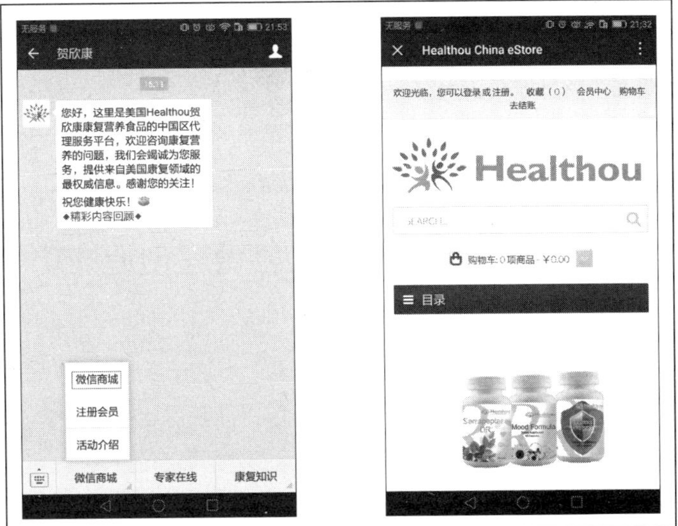

▲ 图 10-10 “贺欣康”公众号上的微信商城

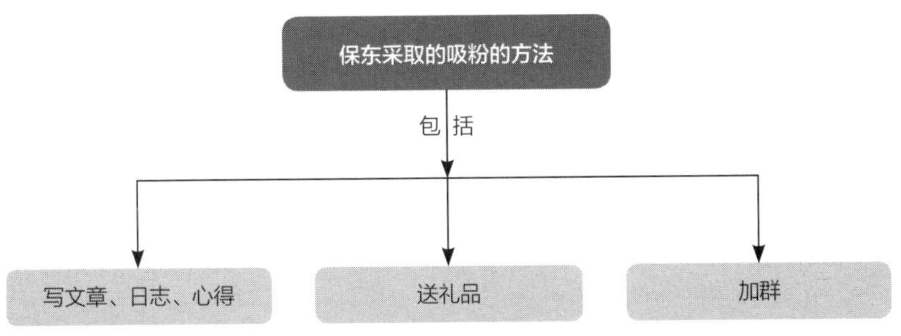

▲ 图 10-11 保东采取的吸粉的方法

但是，经过实践之后，保东发现，写文章、日志、心得，虽然可以获得一定的粉丝量，但是这些粉丝却并不能很好地转化成购买力，所以他认为这一种吸粉的方法并不适合自己。

同样的，保东发现送礼品的吸粉方法，因为客户转化率低，所以这一种方法也并没有给自己的产品带来更多的销售额。因此，保东得出结论，这种送礼式的吸引粉丝的方法，适合成本低的商品。

保东在吸引粉丝的同时，还招收了大量的品牌代理，这些代理也成为了“贺欣康”公众平台的粉丝组成部分之一。

经过一定时间的吸粉实践，保东总结了微信创业需要做好的几个方面，具体如下所示：

- **挑选合适的商品。**保东认为，商家在进行创业的时候，一定要选好合适、有竞争力、强需求的商品，这样才能确保自己拥有绝对的优势。
- **吸引有用的粉丝。**同时，商家在进行吸粉引流的时候，一定要尽量找精准粉丝，因为精准粉丝才能真正为自己带来效益。
- **用自身行动去宣传。**最后一点，也是最重要的一点，商家一定要用自己的行动去告诉大家自己经营的是一款好产品，这样才能更有说服力。

103 “枫丹美业”用精细化顾客管理创造成功

“枫丹美业”，是由张丹创立的一个品牌，属于枫丹美业（北京）健康科技有限公司，其主要经营的是高端护肤品。“枫丹美业”专注于皮肤护理，在这一领域拥有骄人的成绩，其月流水达到200多万元。其之所以能获得这样的成绩，一部分是因为产品的优秀，但是相信这些成绩也离不开其采用的管理顾客的方法。

“枫丹美业”在管理自己的客户上，拥有一套系统的方法。他们会对自己的客户进行细致的分类，给客户贴上不同的标签。根据性格，他们将客户分为了4种不同的类型，这些类型具体如图10-12所示。

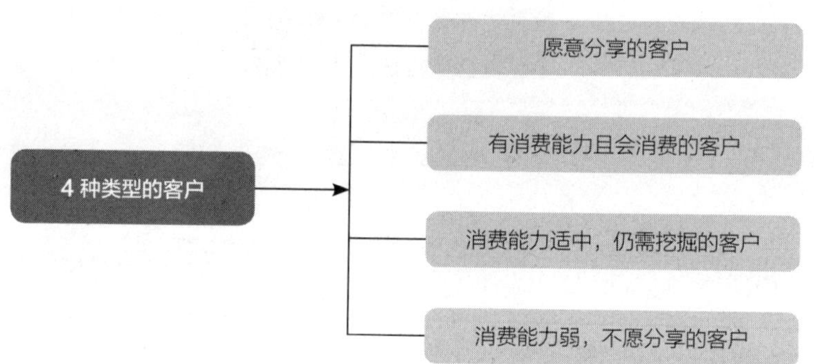

▲ 图10-12 4种类型的客户

对客户的细致分析，为他们带来了不少的好处，如针对顾客的具体情况提供个性化服务、了解客户的需求，改进服务方式、节省时间，提高工作效率等。“枫丹美业”的这种管理客户的方法，很好地挖掘了每一位客户的潜在消费能力，也为引导客户去自己的商城购买商品打下了基础。

说到引导客户购买商品，那么就不得不提到“枫丹美业”的商城。枫丹美业拥有自己的网上商城，其实体店主要为客户提供美容护肤服务，而网上商城则主要负责护肤品的销售。枫丹美业的网上商城，主要分为两部分，一部分是微信店铺，另一部分是自己创建的一个商城，商城的名字就叫“枫丹美业”。

同时，“枫丹美业”还创建了自己的微信公众号，如图 10-13 所示。

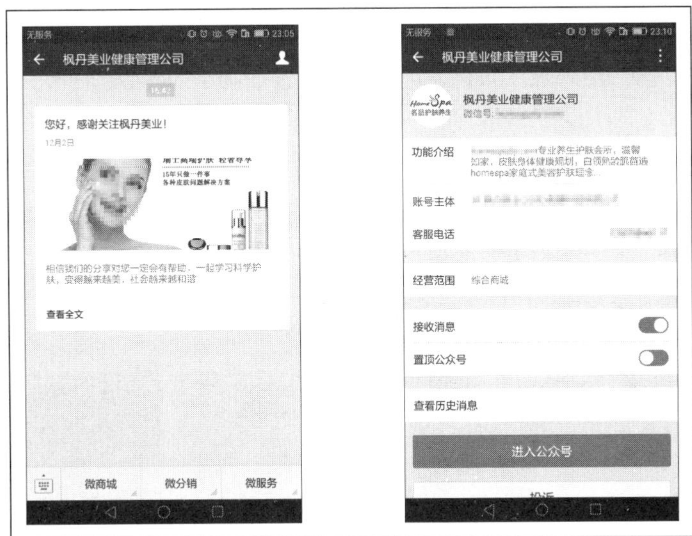

▲ 图 10-13 “枫丹美业”微信公众号

在“枫丹美业”微信公众号上，粉丝可以通过微信公众号首页界面中的菜单按钮进入商城，在该商城中粉丝可以看见多种商品，如图 10-14 所示。

“枫丹美业”为用户提供了一个创业的渠道，在其商城中用户可以看见一个“申请微店”菜单栏，如果用户有意向的话，还可以申请开一家属于自己的护肤品店。

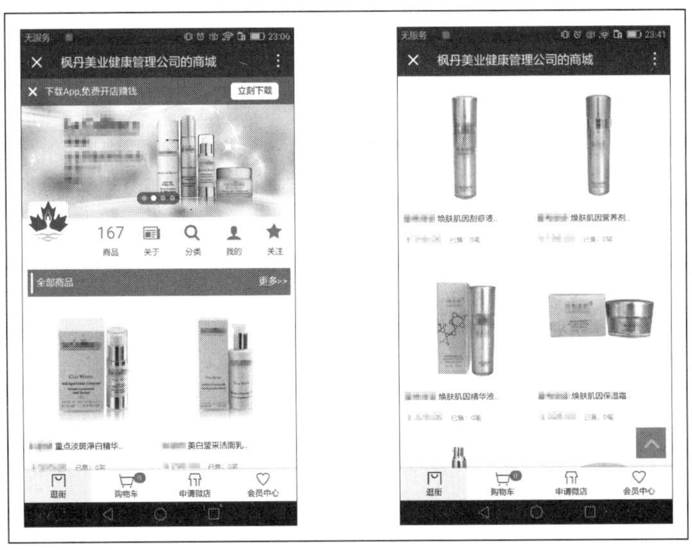

▲ 图 10-14 “枫丹美业”商城

104 “伍藏”借助微信商城销售天然食材

“伍藏”品牌的创始人是阿伦，是一个以食材为商品的创业人。“伍藏”品牌经营的主要是西藏、西域原生食材，刚开始一直都是以传统的经商形式在经营，但是收益并不乐观，后来随着微信的发展，开始转战微信营销，借助微信平台，阿伦创建了自己的微信公众号“伍藏”，在公众号上分享美食与自己的故事，如图 10-15 所示。

同时，阿伦还借助微信平台开了一家叫“伍小藏”的店铺，用于售卖自己的食材，用户通过点击“伍藏”公众号菜单栏中的“买买买 / 伍藏店铺首页”按钮就可以进入该店铺，如图 10-16 所示。

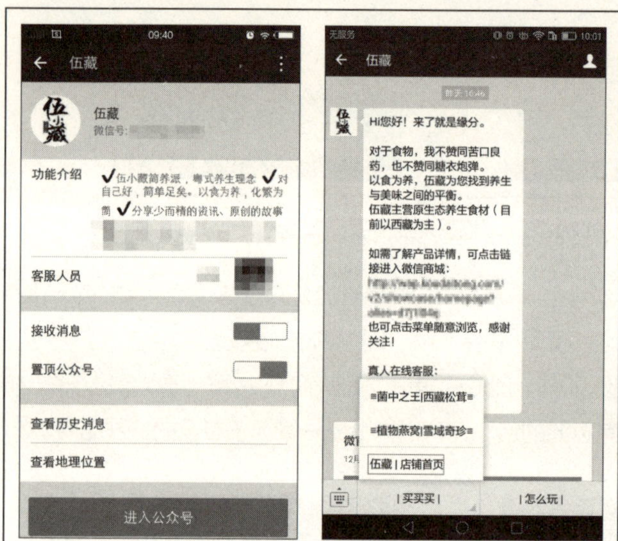

▲ 图 10-15 微信公众号“伍藏”

▲ 图 10-16 “伍小藏”店铺

除此之外，用户还可以通过点击欢迎词中的微信商城链接或者点击菜单栏中的“怎么玩”按钮中的“逛一逛 / 这里”进入微信商城购买，如图 10-17 所示。

阿伦在转战微信平台营销之后，其销售量有了飞跃式的上升，现在轻松就可以实现几万元的月收入。

阿伦能够获取现在的成绩，跟其的经营方法有密不可分的关系。阿伦的经营拥有明确的定位，他对自身以及产品拥有明确的定位，明确自己作为中间商要怎样才能获得更高的利润收入，同时对自己要经营的产品也有着非常清晰的目标。这一点也是他对每一个微信创业者的建议。

除了拥有明确的定位之外，他对产品的质量也严格把控，以商品质量体现商家的人品。同时，他对产品的包装也有自己的心得体验，认为商家在给自己的产品包装时，要有独特的包装风格，再者，他认为作为一个商人，做事要有始有终，做好对顾客的售后服务也是必不可少的。

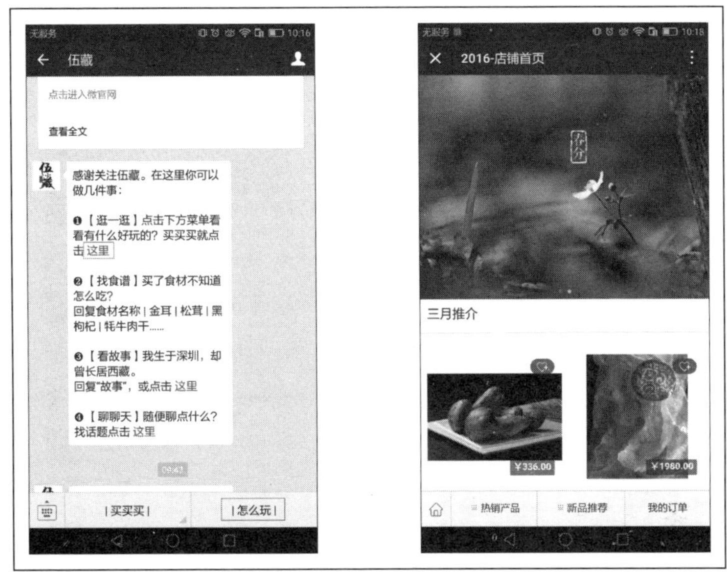

▲ 图 10-17 “伍藏”的微信商城

阿伦的这些经验，相信也能为广大微店商家提供一些开店、经营的启发。

105 “酒仙网”用一个单品收获高销量

“酒仙网”是一个主营国内外众多酒类品牌的线上零售网站，它属于酒仙网电子商务股份有限公司。

在2013年，该公司开始借助微信平台进行营销推广，同时结合自己的网站与APP共同经营，创造了一个单品2个多月销售额达到7000万元的成绩。

“酒仙网”为了更好地进行微营销，通过微商代理以及微信公众号去进行产品推广和引流。图10-18所示是“酒仙网”的微信公众号。

用户只要点击公众号菜单栏中的“我要买酒”和“值得买”按钮，就可以进入酒仙网商城购买商品，如图10-19所示。

同时，“酒仙网”还利用微信公众平台推广自己的APP，这一做法能够很好地帮助“酒仙网”将自己平台的粉丝引导到商成或者APP上消费，实现商业变现。

“酒仙网”的成功不仅表现在借助微信平台进行吸粉引流，同时还体现在其对顾客的精细化管理。就目前而言，“酒仙网”已经拥有了上百万的顾客群，他们会从以下两个方面对顾客进行划分：

- 消费额度；
- 消费喜好。

▲ 图 10-18 “酒仙网”微信公众号

▲ 图 10-19 酒仙网商城

这一客户细分管理，为“酒仙网”带来了非常不错的效果。通过这一管理方法，酒仙网能够使得自己在采购酒品的时候有计划地采购，可以避免采购的酒品不受欢迎而导致商品积压，增加采购成本。

同时，这一管理方法，还能够帮助酒仙网实现精准客户营销，从而提高客户二次采购的概率。

106 “美美源”用微信实现引流与变现

“美美源”指是北京美美源生物科技有限公司，其主营产品是女性生殖护理产品。偶然的机会让其开始转向微信平台营销。

“美美源”深知，要开辟微信营销道路，那么就必须要沉淀大量的粉丝。因此，其建立了自己的微信公众平台，进行吸粉引流。图10-20所示是“美美源”的微信公众号。

▲ 图10-20 “美美源”微信公众号

“美美源”借助微信公众号吸粉引流主要采用了以下两大方法：

- **开展大型促销活动。**“美美源”开展的大型促销活动，因为其推广范围广、并且采取了包邮、送奖品等方式，吸引了大批精准的粉丝。
- **推送多主题内容。**“美美源”在推送多主题内容的时候，将主题分为了时尚主题和专业主题以及娱乐主题，不同的主题推送的内容有差异，保证了内容的多样性，因此也获得了不错的吸引粉丝的效果。

在拥有了一定的粉丝量之后，那么就要将粉丝转化为收益，因此在“美美源”的微信公众号上，运营者为粉丝开通了购买渠道。用户只要点击平台公众号中的“我的商城”按钮，即可进入“美美源”商城，“美美源”商城粉丝不仅可以购买商品，只要达到要求后，还可以申请成为分销商拥有一家属于自己的微店，粉丝进行产品推广即可获得相应的收益。图 10-21 所示是“美美源”商城相关信息。

▲ 图 10-21 “美美源”商城相关信息

107 “三个爸爸”用精准客户定位收获成功

“三个爸爸”是由三个爸爸家庭智能环境科技（北京）有限公司制造的一款专为孕妇和 10 岁以下儿童提供的空气净化器产品。

“三个爸爸”品牌属于微商创业品牌，它的诞生源于三个创始人本身的需求。创始人想要给自己的妻子和孩子买一台优质的空气净化器，但是经过认真找寻也没有找到符合要求的产品，因此就针对这一类型的产品进行了市场研究，进而诞生了为自己的孩子、妻子制造一台净化器的想法。

“三个爸爸”空气净化器，创造了一个月销售额过 1100 多万元的惊人业绩。“三个爸爸”品牌之所以能够获得成功，与其的经营方法有着密不可分的关系。

“三个爸爸”在整个营销过程中，首先拥有明确的客户群体定位，因为其产品的诞生源于自身的需求，所以，该品牌创始人，将目标群体锁定在与自己具有一样需求的父母人群中。

其次，“三个爸爸”能够找到用户群体的痛点，“三个爸爸”品牌的创始人经过相关调查找出了消费者的痛点所在，然后针对消费者的痛点进行不断地改进，这样就能根据消费者的需求，真正打动消费者。

再者，“三个爸爸”能够恰当的抓住热点事件，进行病毒营销，从而宣传了自己的平台，让自己的品牌进入到大众的视线，为后期的销售打下了基础。

“三个爸爸”同时还建立了自己的微信公众号，借助公众号吸粉引流的同时，也引导粉丝消费，因为在其微信公众号上搭建了粉丝购物通道，粉丝只要点击公众号中的“购物专区”按钮，即可进入其京东旗舰店购买商品，如图 10-22 所示。

▲ 图 10-22 通过“三个爸爸”公众号进入京东商场购买商品

由这个成功的案例可以看出，商家选择拥有准确的商品定位之后，就能够准确找出自己的目标客户群，从而实现准确营销。这对微店商家来说，是非常值得借鉴的。

108 “等蜂来”巧用分销商提供销售量

“等蜂来”是“你好植物”公司主营的一款蜂蜜产品，它在 2014 年 6 月，借由微信公众平台正式进入人们的视野。

无论是个人微商还是品牌微商，做好自身角色和产品的选择都是创业开始的第一步。“你好植物”品牌为自己的公司选择的角色：一家为用户健康生活服务的公司。旨在为每个客户提供原生态、健康的食材产品。

“你好植物”公司在选择好自身角色和产品之后开始了微营销之路，凭借“等蜂来”这一纯天然蜂蜜品牌，在经营不满一年的时间里就实现了 100 万元的月流水额，这一骄人的成绩，是“你好植物”公司认真定位自己、选择产品以及采用多渠道吸粉引流的结果。

“等蜂来”品牌，吸粉引流是采用微信公众平台与分销平台结合的方式，进行多方位的宣传语推广。

图 10-23 所示是“你好植物”公司创建的微信公众号“你好植物等蜂来”。

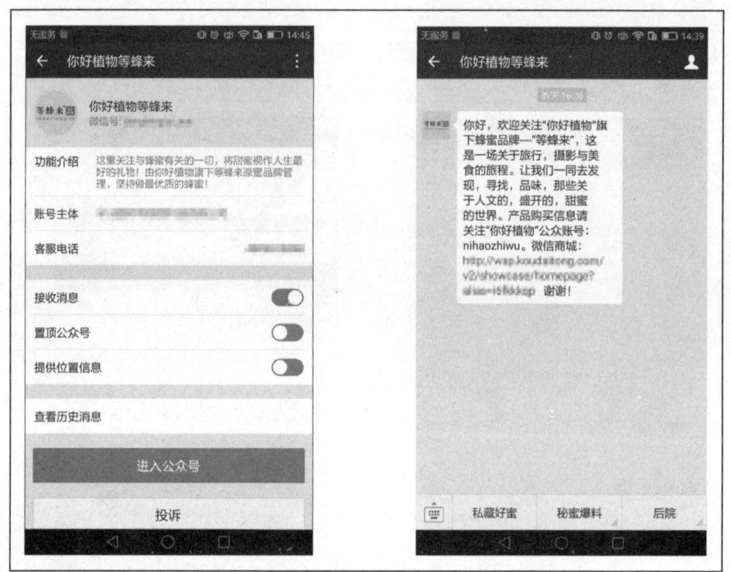

▲ 图 10-23 “你好植物等蜂来”微信公众

“你好植物”公司，坚持通过微信公众号为粉丝推送优质的文章，同时借助自己的个人微信号进行分享推广，渐渐地平台的粉丝数量增加了。

有了粉丝，那么就需要将粉丝进行转化，因此运营者还在自己的公众号开通了微信商城，粉丝只要通过微信公众平台上推送的欢迎词，以及点击“私藏好蜜”按钮，即可进入商城购买商品。

有了微信公众平台还不够，“你好植物”还加入有赞分销平台，摇身一变成为供应商，借助更多的人加入来扩充自己的销售队伍。通过众多分销商的参与，“你好植物”发展得越来越好，其销售量也有了很大的提高。

“你好植物”公司的成功，在一定程度上得力于其双平台吸粉引流、推广的做法。可见商家在选择引流方式的时候，要多方位思考，要做到多种资源的合理整合，以创造更大的价值与收益。